Georg Fassott

Internationaler E-Commerce

nbf neue betriebswirtschaftliche forschung
Band 353

Georg Fassott

Internationaler E-Commerce

Chancen und Barrieren
aus Konsumentensicht

Deutscher Universitäts-Verlag

Bibliografische Information Der Deutschen Nationalbibliothek
Die Deutsche Nationalbibliothek verzeichnet diese Publikation in der
Deutschen Nationalbibliografie; detaillierte bibliografische Daten sind im Internet über
<http://dnb.d-nb.de> abrufbar.

Habilitationsschrift Technische Universität Kaiserslautern, 2006

1. Auflage März 2007

Alle Rechte vorbehalten
© Deutscher Universitäts-Verlag | GWV Fachverlage GmbH, Wiesbaden 2007

Lektorat: Brigitte Siegel / Nicole Schweitzer

Der Deutsche Universitäts-Verlag ist ein Unternehmen von Springer Science+Business Media.
www.duv.de

Umschlaggestaltung: Regine Zimmer, Dipl.-Designerin, Frankfurt/Main
Gedruckt auf säurefreiem und chlorfrei gebleichtem Papier
Printed in Germany

ISBN 978-3-8350-0670-6

Für meine Kinder
Sina, Lukas und Oliver

Vorwort

Das Internet hat sich in den letzten Jahren einen festen Platz als Einkaufsstätte für die Konsumenten erobert und dementsprechend auch das Interesse der Marketing-Forschung geweckt. Unter all den Aspekten, wie die Nutzung des Internets das Kaufverhalten der Konsumenten „dramatisch" beeinflussen und ändern soll, findet sich auch die internationale Ausweitung der Einkaufsmöglichkeiten. Doch Belege dafür sind dünn gesät. So ist mir bei der Zusammenstellung der Materialien für meine Vorlesung International E-Business aufgefallen, dass die meisten internationalen Studien zum Käuferverhalten im Internet im Grunde über einen Vergleich der Internetnutzung in den jeweils untersuchten Ländern nicht hinauskommen. Wer aus welchen Gründen in welchem Umfang die geographischen Grenzen seines Heimatlandes hinter sich lässt, um die internationalen Einkaufsmöglichkeiten des Internets zu nutzen, bleibt unklar. Letztendlich stellt sich die Frage: wie weit reicht das Internet für die Konsumenten wirklich?

Diese Frage bildet den Ausgangspunkt der vorliegenden Arbeit, die im Januar 2006 vom Fachbereichsrat Wirtschaftswissenschaften der Technischen Universität Kaiserslautern als Habilitationsschrift genehmigt wurde. Großer Dank gebührt meinem verehrten akademischen Lehrer Prof. Dr. Friedhelm Bliemel für die vertrauensvolle Zusammenarbeit, konstruktive Kritik und wertvollen Hinweise sowie nicht zuletzt den Freiraum für eigenverantwortliches Forschen und Lehren, den er mir bei meiner Tätigkeit am Marketing-Lehrstuhl der TU Kaiserslautern gewährte. Für die Übernahme des Zweitgutachtens in meinem Habilitationsverfahren danke ich Herrn Prof. Dr. Oliver Wendt.

Für die tiefgehenden Diskussionen sowie die kollegiale und inspirierende Zusammenarbeit möchte ich meinen ehemaligen Kollegen des Marketing-Lehrstuhls Herrn Dr. Kai Adolphs, Herrn Prof. Dr. Andreas Eggert und Herrn Universitätsdozent Dr. Jörg Henseler danken. Frau Stefanie Jung danke ich für die organisatorische Unterstützung, insbesondere während der Endphase des Habilitationsprojektes, die in die Zeit meiner Beurlaubung von der TU Kaiserslautern für eine Tätigkeit bei der Robert Bosch GmbH fiel. Die Herren Dipl.-Wirtsch.-Ing. Martin Hoffmann, Marc-André Hubig und Hanno Wolff haben im Rahmen von Diplomarbeiten an den Vorstudien zu dieser Arbeit mitgewirkt. Den Teilnehmern des Projektseminars „Internet-Marktforschung" im Wintersemester 2002/03 danke ich für ihr außerordentliches Engagement im Rahmen der Datenerhebung. Mein ehemaliger Kollege Herr Dr. Axel Theobald gebührt Dank für

die Bereitstellung der Rogator-Befragungssoftware. Schließlich danke ich Herrn
Folker Michaelsen von der GfK Marktforschung GmbH für seine Diskussionsbe-
reitschaft und die vorzügliche Abwicklung der Online-Befragung.

Ganz besonderer Dank gebührt meinen Eltern für ihre wohlwollende Be-
gleitung und Unterstützung meines wissenschaftlichen Werdegangs. Schließlich
möchte ich an dieser Stelle ganz herzlich meiner Frau danken, die mich während
der Erstellung dieser Arbeit mit ganzer Kraft unterstützt hat. Meinen Kindern, die
geduldig immer wieder nach dem Fortschritt des Buches fragten, widme ich diese Arbeit.

Priv.-Doz. Dr. habil. Georg Fassott

Inhaltsverzeichnis

Abbildungsverzeichnis

Tabellenverzeichnis

1 Einleitung

1.1 Motivation

„Any organization that has a Web presence is international by definition" (*Pitt/ Berthon/Watson*, 1999, S. 11). Darauf vertraute auch der Verfasser dieser Habilitationsschrift, als er im Jahr 2002 eine internationale Fachkonferenz mitorganisierte (*Bliemel/Fassott/Eggert*, 2002a u. 2002b). Nachdem die für die Konferenz vorgesehenen Namensschilder, die der Verfasser in den USA kennen gelernt hatte, bzw. vergleichbare Produkte nicht im Kaiserslauterer Fachhandel lieferbar waren, konnten relativ zügig amerikanische Internetshops ausfindig gemacht werden, die die gewünschten Namensschilder im Sortiment führten. Leider verweigerten sämtliche Internetshops eine Lieferung nach Deutschland. Sogar das freundliche Angebot eines in Ramstein stationierten amerikanischen Professors, seine amerikanische Militäradresse zur Verfügung zu stellen, schlug fehl. Letztendlich konnte doch ein deutscher Hersteller vergleichbarer Namensschilder, die jedoch im Vergleich zu den amerikanischen deutlich „over engineered" und wesentlich teurer waren, im Internet ermittelt werden. Und der Kaiserslauterer Fachhändler schaffte es dann sogar, auf Basis dieser Information die Namensschilder so rechtzeitig anzuliefern, dass sie am Tag vor dem Konferenzbeginn bedruckt werden konnten.

Offensichtlich ist die eingangs zitierte Aussage bezogen auf die konkreten Aktivitäten des einzelnen Internetshops in ihrer Allgemeinheit abzulehnen bzw. greift zu kurz, „wenn die Rechnung ohne den König Kunden gemacht wird" (*Wiedmann et al.*, 2004a, S. 13). Bezogen auf die Nachfragerseite ist es zwar wie obiges Beispiel zeigt denkbar, dass potenzielle Nachfrager auf das Internetangebot von Unternehmen in anderen Ländern aufmerksam werden und dadurch den Anstoß zur Ausweitung der Geschäftsaktivitäten solcher Unternehmen liefern. Das Verhalten der amerikanischen Internetshops könnte aber auch darauf hindeuten, dass keine (für ein Unternehmen lohnenswerte) Nachfrage aus anderen Ländern besteht. Entsprechend ist für die internationalen Internetaktivitäten eines Unternehmens im Sinne des einleitenden Zitates auch die notwendige Bedingung zu prüfen, inwieweit Nachfrager die internationale Dimension des Internets nutzen, also teilhaben am „virtual global village" (*Oehmichen/Schröter*, 2002, S. 377).

Das Potenzial des Internets für das internationale Marketing von Unternehmen stößt nicht nur im wissenschaftlichen Bereich auf Interesse *(z.b. Dickson, 2000; Guillén, 2002; Fantapié Altobelli/Grosskopf, 1998; Quelch/Klein, 1996; Samiee, 1998a u. 1998b; Wißmeier, 1997).* Auch im politischen Bereich steht das „grenzüberschreitende" Geschehen im Internet nicht nur auf der Tagesordnung der Finanzpolitiker, die um Steuereinnahmen fürchten *(Coppel, 2000, S. 17 f.).* So ist es z.b. zentrale Motivation der eEurope-Initiative der Europäischen Union, dass Anbieter und Nachfrager mit Hilfe des Internets von den Vorteilen des gemeinsamen Marktes profitieren *(Schulze/Baumgarten, 2001, S. 8 f.).* Auch Verbraucherschutzorganisationen untersuchen mit Augenmerk auf Risiken und daraus ggf. erforderlichem Regulierungsbedarf die internationale Nutzung des Internets *(Scribbins, 1999 u. 2001).*

Die vorliegende Habilitationsschrift nähert sich der internationalen Dimension des Internets für das Geschäftsgeschehen über die Sichtweise der Konsumenten. Zentrales Ziel ist es, ein Modell zum Konsumentenverhalten bezüglich der Nutzung ausländischer Internetshops zu entwickeln und empirisch zu prüfen. Darauf basierend sollen Empfehlungen an Anbieter und ggf. auch an Drittinstitutionen abgeleitet werden. Bevor in Abschnitt 1.3 die zentralen Forschungsfragen und der Aufbau der vorliegenden Arbeit dargestellt werden, behandelt Abschnitt 1.2 die Relevanz der Thematik mittels eines Überblicks über den Status des Internets als Einkaufsstätte für Konsumenten.

1.2 Internet als Einkaufsstätte für Konsumenten

1.2.1 Internetnutzung in Deutschland

In den letzten Jahren ist die Zahl der Internetnutzer in Deutschland stetig gestiegen. Allerdings hat sich das Wachstum mittlerweile deutlich abgeschwächt. Im Jahr 2004 nutzt etwas mehr als die Hälfte der Bevölkerung über 14 Jahre zumindest gelegentlich das Internet, was ca. 35 Millionen Internetnutzern entspricht. Neben den Nutzerzahlen weisen die in Abbildung 1.1 dargestellten Auszüge aus den seit 1997 durchgeführten ARD/ZDF-Online-Studien auch die Anteile der Internetnutzer aus, die das Internet mindestens einmal wöchentlich zum Einkaufen nutzen, sei es über Onlineauktionen, für die Bestellung von Büchern bzw. CDs oder sonstigen Kaufaktivitäten. Nach einem Einbruch der Käuferanteile im Jahr 2001, der aufgrund des Ausscheidens vieler Internetneugründungen in den Jahren

2000 und 2001 (vgl. z.B. *Mahajan/Srinivasan/Wind*, 2002) plausibel erscheint, wächst insbesondere die Zahl der Nutzer von Online-Auktionen. Die GfK schätzt dementsprechend, dass mittlerweile ein Viertel der Ausgaben der Konsumenten in Deutschland für Interneteinkäufe auf Onlineauktionen entfällt (*GfK*, 2004a). Der aktuelle Rückgang des Anteils der Buchbesteller ist dagegen vermutlich mit der zurückgehenden Wachstumsrate der Internetnutzung zu erklären. Eignet sich diese Produktkategorie doch hervorragend, um das Einkaufen im Internet auszuprobieren. Dadurch ist dieser Bereich besonders eng mit der Zahl der Interneteinsteiger verknüpft.

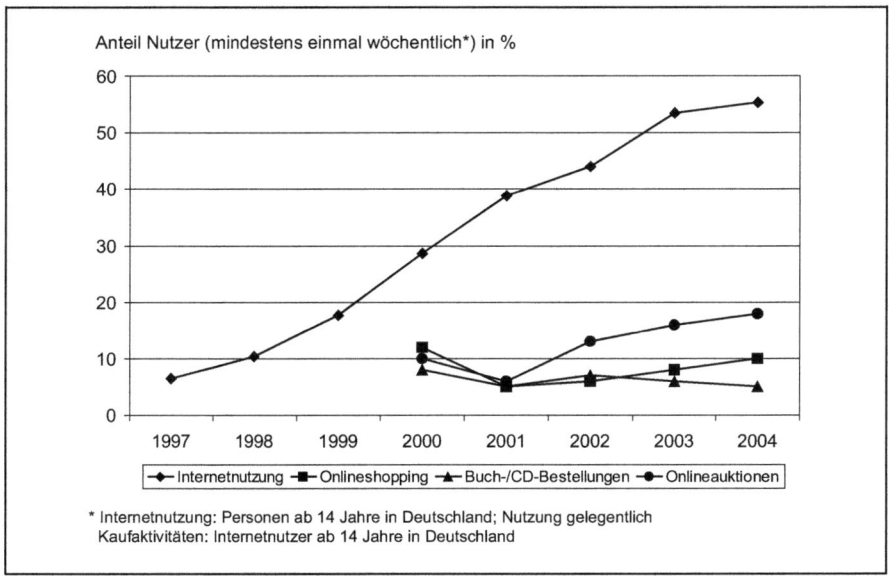

Abb. 1.1:   Entwicklung der Internetnutzung in Deutschland von 1997 bis 2004 (Quelle: *van Eimeren/Gerhard*, 2000, S. 342; *van Eimeren/Gerhard/Frees*, 2001, S. 387; 2004, S. 351 u. 356)

Aus den ARD/ZDF-Online-Studien lässt sich allerdings keine Aussage über die Zahl der Onlinekäufer machen, da die in Abbildung 1.1 gezeigten Nutzungen auch Mehrfachnennungen enthalten. Nach Untersuchungen der GfK hat sich die Zahl der Onlinekäufer in Deutschland von 6,8 Millionen im Jahr 2001 auf 23 Millionen und damit 71 % der Internetnutzer im Jahr 2003 erhöht (*GfK*, 2001 u. 2004b). Dies erscheint deutlich höher als die gezeigten Zahlen der ARD/ZDF-

Online-Studie vermuten lassen, ist aber hauptsächlich durch die betrachteten Abgrenzungszeiträume zu erklären: ARD/ZDF wöchentlich, GfK halbjährlich. Dabei hatte etwa die Hälfte der Onlinekäufer in der GfK-Studie nur ein einziges Mal in dem Untersuchungszeitraum eingekauft, und nur 8 % der Onlinekäufer, in der Terminologie der GfK die „Intensivkäufer", hatten mindestens ein Mal pro Monat das Internet zum Einkaufen genutzt (*GfK*, 2001).

Auch eine Detailanalyse der ARD/ZDF-Online-Studie des Jahres 2002 bezüglich des Umfangs und der Intensität der Internetnutzung belegt die Unterscheidung zwischen gelegentlicher und umfassender Internetnutzung. *Oehmichen/Schröter* (2002, S. 378ff.) unterscheiden bei Internetnutzern mit mindestens einjähriger Interneterfahrung zwischen den beiden etwa gleich großen Gruppen der aktiv-dynamischen und selektiv-zurückhaltenden Nutzer. Die aktiv-dynamischen Nutzer sind relativ häufig und kontinuierlich online, greifen auf eine Vielzahl von Internetanwendungen zu und sind daran interessiert, ihren Erfahrungs- und Nutzungshorizont bezüglich des Internets zu erweitern. Verglichen mit der Gruppe der selektiv-zurückhaltenden Nutzer ist diese Gruppe schon viel länger im Internet aktiv (im Durchschnitt mehr als vier Jahre gegenüber drei Jahren). Generell nehmen selektiv-zurückhaltende Nutzer nur wenige Internetanwendungen in Angriff, das Internet ist bei ihnen wenig in den Alltag integriert und sie gehen weniger routiniert und souverän mit dem Internet um.

Die Unterschied zwischen den beiden Gruppen zeigen sich auch in ihrem Online-Kaufverhalten. Begreift man die in Abbildung 1.1 gezeigten Nutzungsanteile für die drei Kaufaktivitäten als Indexmaß 100, dann sind die aktiv-dynamischen Nutzer viel kaufaktiver (*Oehmichen/Schröter*, 2002, S. 384). Die größten Unterschiede weist die Auktionsnutzung auf (154 zu 62), gefolgt von Onlineshopping (150 zu 67). Die geringeren Unterschiede bei Buch-/CD-Bestellungen (129 zu 77) sind konsistent mit dem Testkaufcharakter dieser Produktkategorie. Da die Hälfte der selektiv-zurückhaltenden Gruppe erst zwischen einem und drei Jahren im Internet ist, befindet sich ein Teil dieser Gruppe möglicherweise noch in einer Erkundungsphase und wird im Verlauf der Zeit Umfang und Intensität der Onlinekäufe steigern (vgl. auch *Silberer/Yom*, 2001, S. 437). Auf der anderen Seite kann man die beiden Gruppen im Sinne von *Rogers* (1995, S. 22) als Innovatoren/Frühadoptierer bzw. frühe Mehrheit (aktiv-dynamische Gruppe) sowie späte Mehrheit bzw. Nachzügler (selektiv-zurückhaltende Gruppe) auffassen. Dann ist von zukünftigen Interneteinsteigern[1] zu erwarten, dass sie eher dem selektiv-zurückhaltenden Typus angehören werden (*Oehmichen/ Schröter*, 2002, S. 388) mit entsprechend eingeschränkten Kaufaktivitäten im Internet.

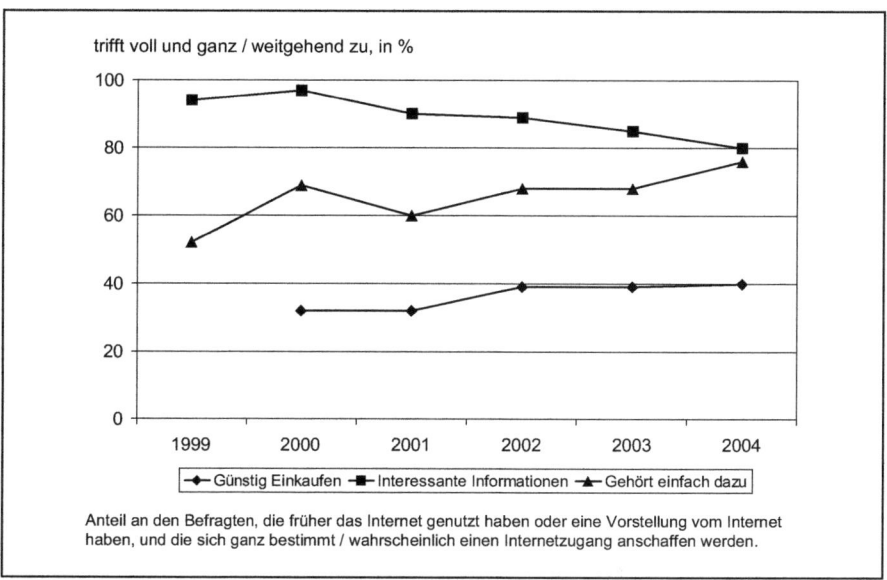

Abb. 1.2:   Entwicklung ausgewählter Anwendungsinteressen von potenziellen Internetnutzern in den Jahren 1999 bis 2004
(Quelle: *Gerhards/Mende*, 2002, S. 367; 2004, S. 383; *Grajczyk/ Mende*, 2000, S. 356)

Diese Einschätzung künftiger Internetnutzer findet sich auch in den Anwendungsinteressen von Personen, die eine Internetnutzung planen. So stellt die Einkaufsmöglichkeit kein zentrales Motiv für den Einstieg in die Internetnutzung dar. Abbildung 1.2 zeigt einen bei 40 % stagnierenden Anteil der Einkaufsinteressenten. Dominierend, wenn auch mit abnehmenden Anteil, ist der Wunsch, interessante Informationen im Internet zu finden. Schließlich wird die Internetnutzung zunehmend als im Trend liegend eingeschätzt, so dass viele Personen sich

---

[1]   Dies bezieht sich auf Erwachsene, die potenziell ja schon vor einigen Jahren mit der Internetnutzung hätten beginnen können.

auch aus sozialen Motiven dem Internet zuwenden wollen (vgl. auch *Oehmi-chen/Schröter*, 2002, S. 376).

Zur Abrundung der Darstellung des Internets als Einkaufsstätte von Konsumenten in Deutschland sollen im folgenden die E-Commerce-Umsatzzahlen thematisiert werden. Abbildung 1.3 zeigt die diesbezüglichen Prognosen des Hauptverbandes des Deutschen Einzelhandels (HDE). Sie stellen aufgrund der recht weiten, für die Zwecke der vorliegenden Arbeit aber adäquaten, Begriffsabgrenzung eher eine am oberen Rand liegende Schätzung dar[2]. Im Jahr 2001 stellten Reisebuchungen inkl. Kauf von Flug- und Fahrscheinen mit 29 % die umsatzstärkste Produktkategorie dar, gefolgt von Bekleidung und Schuhen (13 %), Computer und Computerzubehör (10 %) und Büchern (9 %) (*GfK*, 2001).

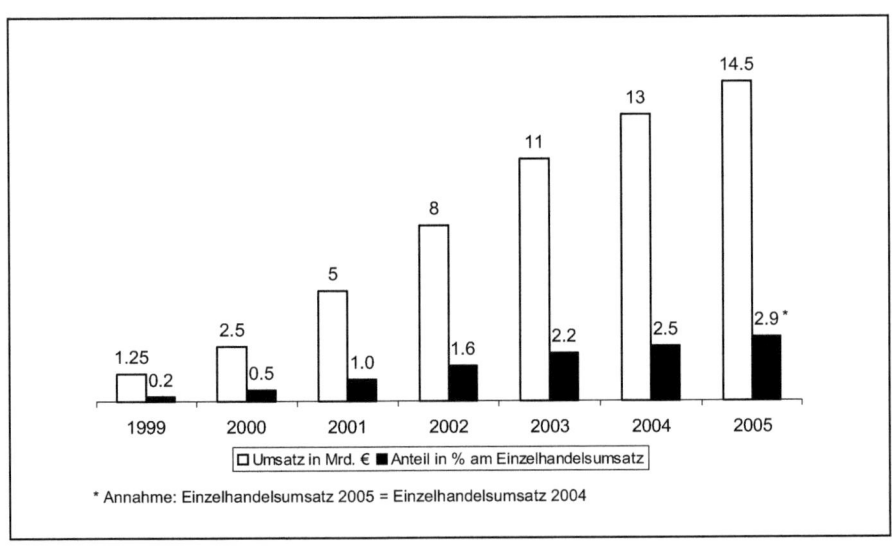

Abb. 1.3:   Umsatzprognosen für Konsumenteneinkäufe im Internet in
             Deutschland für die Jahre 1999 bis 2005
             (Datenquelle: *HDE*, 2004a, S. 9 u. 15; *HDE*, 2004b; *HDE*, 2004c)

---

[2]   Beispielsweise schätzt die *GfK* (2004a) den E-Commerce-Umsatz des Jahres 2004 im Konsumgütergeschäft in Deutschland auf 11 Mrd. EURO. Die HDE-Umsatzprognosen berücksichtigen „Transaktionen über materielle Güter, Dienstleistungen (z.B. Lieferservice), Nutzungsrechte (z.B. Reisen, Eintrittskarten) und Informationen (z.B. kostenpflichtige Downloads)" (*HDE*, 2004a, S. 15).

Insgesamt wächst der Onlineumsatz in Deutschland deutlich schneller als im traditionellen Handel, der in den letzten Jahren teilweise sogar Umsatzrückgänge zu verzeichnen hatte. Entsprechend bewegt sich der Onlineumsatz auf einen Anteil von drei Prozent am gesamten Einzelhandelsumsatz in Deutschland zu (s. Abb. 1.3). Dies erscheint angesichts der euphorischen Prognosen zur Jahrtausendwende sehr gering, relativiert sich jedoch vor dem Hintergrund des Anteils des Versandhandels, der sich in den Jahrzehnten vor der Internetnutzung im Bereich von 5 % am Einzelhandelsumsatz bewegte. Zudem ist das Internet nicht nur durch die dort getätigten Einkäufe, d.h. den Kaufabschluss, Bestandteil des Konsumentenverhaltens. Auch im Rahmen der Kaufvorbereitung wird es von Konsumenten genutzt und nimmt somit auch Einfluss auf die Kaufabschlüsse im traditionellen Einzelhandel. Beispielsweise kommt eine aktuelle Studie aus den USA zu dem Schluss, dass US-Bürger für jeden Dollar, den sie online bezahlen, nach Internetrecherchen zusätzlich 1,70 Dollar im stationären Handel ausgeben (*ECIN*, 2004; vgl. auch *Hagen/Preißl*, 2004).

1.2.2 Nutzung ausländischer Internetshops

Die Datenlage bezüglich der Nutzung ausländischer Internetshops durch Konsumenten ist bisher sehr dünn (*OECD*, 2002, S. 68f.). Auch in der Außenhandelsstatistik ist das Problem der Erfassung und (getrennten) Ausweisung grenzüberschreitender E-Commerce-Aktivitäten noch nicht gelöst (*Kuhn*, 2001).

Die Unternehmensberatung Ernst & Young hat im Jahr 2000 dieses Thema in einer 12-Länder-Studie zum Konsumentenverhalten im Internet aufgegriffen (*Ernst&Young*, 2001, S. 51 ff.). Abgesehen von den USA, wo aufgrund des zum damaligen Zeitpunkt bereits weiter fortgeschrittenen Internetangebots die Konsumenten weniger Anlass zu internationalen Aktivitäten hatten, hatten in den übrigen elf Ländern im Durchschnitt mehr als die Hälfte der Online-Käufer schon in einem ausländischen Internetshop eingekauft (s. Tabelle 1.1). Dabei war der Anteil in Deutschland am geringsten (42 %), während in Israel, Kanada und der Schweiz fast drei Viertel der Online-Käufer international aktiv waren. Dass das gekaufte Produkt im eigenen Land nicht verfügbar war, wurde in allen Ländern am häufigsten als Grund für den Kauf in ausländischen Internetshops genannt. Deutlich seltener wurden Preisvorteile als Grund genannt. Insbesondere in Deutschland (5 %) und der Schweiz (12 %) wurde dieses Argument kaum erwähnt.

In % der Online-Käufer (Zeile 1) bzw. Nutzer ausländischer Internetshops	USA	Andere Länder (n=11)	Deutsch-land	Frank-reich	Groß-britan-nien
Online-Kauf in ausländischem Internetshop	12	58	42	53	50
Weil Produkt im Inland nicht verfügbar	53	55	49	50	43
Weil Produkt billiger	25	29	5	39	50

Tab. 1.1:   Nutzung ausländischer Internetshops
            (Quelle: *Ernst&Young*, 2001, S. 51)

Die Boston Consulting Group hat im Jahr 1999 Internethändler in 14 europäischen Ländern untersucht und dabei auch den Gesamtumsatz abgeschätzt. Entgegen den Erwartungen („by its very nature, online retailing will be more international than traditional retailing", *BCG*, 2000, S. 25) waren die europäischen Internethändler sehr stark auf den nationalen Markt fokussiert. Im Durchschnitt erzielten sie nur 5 % ihres Umsatzes durch Konsumenten aus anderen europäischen Ländern und 2 % von außereuropäischen Kunden. Gleichzeitig kauften europäische Konsumenten aber auch bei amerikanischen Anbietern, die einen Marktanteil von 20 % in Europa erzielten. Dabei verteilten sich die Einkäufe hälftig auf europäische Niederlassungen amerikanischer Unternehmen (z.B. Amazon, Dell) und Direktbestellungen bei Internetshops in den USA.

Zusammenfassend sind die folgenden Aspekte von besonderer Relevanz für die vorliegende Arbeit: Angesichts der (a) geringen Relevanz der Einkaufsmöglichkeit für die Entscheidung, das Internet zu nutzten, (b) der noch relativ großen Kaufzurückhaltung insbesondere derjenigen, die das Internet noch nicht lange nutzen, und (c) des relativ geringen Anteils internationaler Einkäufe an den Onlineeinkäufen der Konsumenten erscheint es sinnvoll, in der vorliegenden Arbeit das Konsumentenverhalten bezüglich der Nutzung ausländischer Internetshops auf aktuelle Onlinekäufer zu fokussieren. Denn für die Entscheidung zur Internetnutzung bzw. zur Nutzung des Internets für Einkaufszwecke ist die Möglichkeit, auf ausländische Internetshops Zugriff zu haben, nicht bzw. nur für sehr wenige Konsumenten relevant[3].

---

[3]   Das Internet-Nutzungsmotiv „Welt-Zugriff auf Knopfdruck" (*Ziems/Ohlenforst*, 2000, S. 36) bezieht sich also vor allem auf das Internet als Informations- und Kommunikationsmedium und weniger auf das Internet als Einkaufsstätte.

1.3 Zielsetzung und Gang der Untersuchung

Im Mittelpunkt dieser Arbeit steht die Frage, wie sich die Nutzung ausländischer Internetshops durch Konsumenten beschreiben und erklären lässt[4]. Daraus leiten sich die folgenden Forschungsziele ab:

- Aufarbeitung des Schrifttums zum Thema ausländische Internetshops,

- Ermittlung des Ausmaßes der Nutzung ausländischer Internetshops,

- Entwicklung und empirische Prüfung eines Modells zur Erklärung der Nutzung ausländischer Internetshops,

- Ableitung von Empfehlungen für Internetshops, die ausländische Konsumenten als Zielgruppe gewinnen wollen,

Ableitung von Empfehlungen für die Gestaltung von Rahmenbedingungen, die die Nutzung ausländischer Internetshops ermöglichen bzw. erleichtern.

Neben diesen inhaltlichen Zielen verfolgt diese Arbeit auch methodische Forschungsziele vor dem Hintergrund von Anwendungsdefiziten bei Strukturgleichungsmodellen[5]. Hier gilt der Augenmerk insbesondere dem Partial-Least-Squares-Strukturgleichungsansatz (PLS), der bisher in der deutschsprachigen betriebswirtschaftlichen Literatur im Vergleich zu kovarianzbasierten Strukturgleichungsverfahren wie LISREL vernachlässigt wurde. Im einzelnen werden folgende Forschungsziele verfolgt:

- Darstellung der Eigenschaften alternativer Messmodelle in Strukturgleichungsmodellen und Ableitung von Handlungsempfehlungen insbesondere für die Entwicklung und Verwendung formativer Messmodelle,

- Darstellung des PLS-Strukturgleichungsansatzes und vergleichende Gegenüberstellung mit kovarianzbasierten Strukturgleichungsmodellen,

- Ableitung von Empfehlungen für die Anwendung des PLS-Strukturgleichungsansatzes.

---

[4] Der Konsumentenperspektive entsprechend steht dabei keine absolute Definition eines ausländischen Internetshops im Vordergrund. Vielmehr ist entscheidend, ob der Konsument einen Internetshop als ein ausländisches Angebot wahrnimmt.

[5] Vgl. exemplarisch „Das süße Gift der Kausalanalyse" (*Diller*, 2004, S. 177).

Diese Forschungsziele werden mit folgender Vorgehensweise umgesetzt (s. Abbildung 1.4). Zunächst werden basierend auf einer Literaturanalyse in Kapitel 2 Erklärungsansätze für die Nutzung ausländischer Internetshops entwickelt. Dabei wird neben der erst im Anfangsstadium befindlichen Literatur zum Thema ausländische Internetshops auf Erkenntnisse zum internationalem Konsumentenverhalten im stationären Handel und zum Konsumentenverhalten im Internet zurückgegriffen. Diese Erklärungsansätze werden in Kapitel 3 um Erkenntnisse aus zwei empirischen Vorstudien ergänzt und münden dann in die Entwicklung eines Strukturgleichungsmodells, das die Nutzung ausländischer Internetshops erklärt.

Den methodischen Forschungszielen ist Kapitel 4 gewidmet. Hier werden die konzeptionellen Grundlagen zu Messmodellen und dem PLS-Strukturgleichungsansatz entwickelt. Weiterhin werden die Variablen des empirischen Teils dieser Arbeit operationalisiert und insgesamt die Vorgehensweise der durchgeführten empirischen Studien erläutert. Die Ergebnisse der empirischen Studien werden dann in Kapitel 5 dargestellt.

In Kapitel 6 werden schließlich die Ergebnisse der empirischen Erhebung diskutiert und wesentliche Implikationen für Betreiber von Internetshops abgeleitet. Wesentliche Rahmenbedingungen für die Nutzung ausländischer Internetshops bilden gesetzliche Regelungen insbesondere auch unter dem Aspekt des Verbraucherschutzes. Entsprechend wird in diesem Kapitel auch diskutiert, wie ein die Nutzung ausländischer Internetshops förderndes Umfeld gestaltet sein sollte. Schließlich wird der durch diese Arbeit angestoßene weitere Forschungsbedarf analysiert. Mit einer Zusammenfassung in Kapitel 7 wird diese Arbeit abgeschlossen.

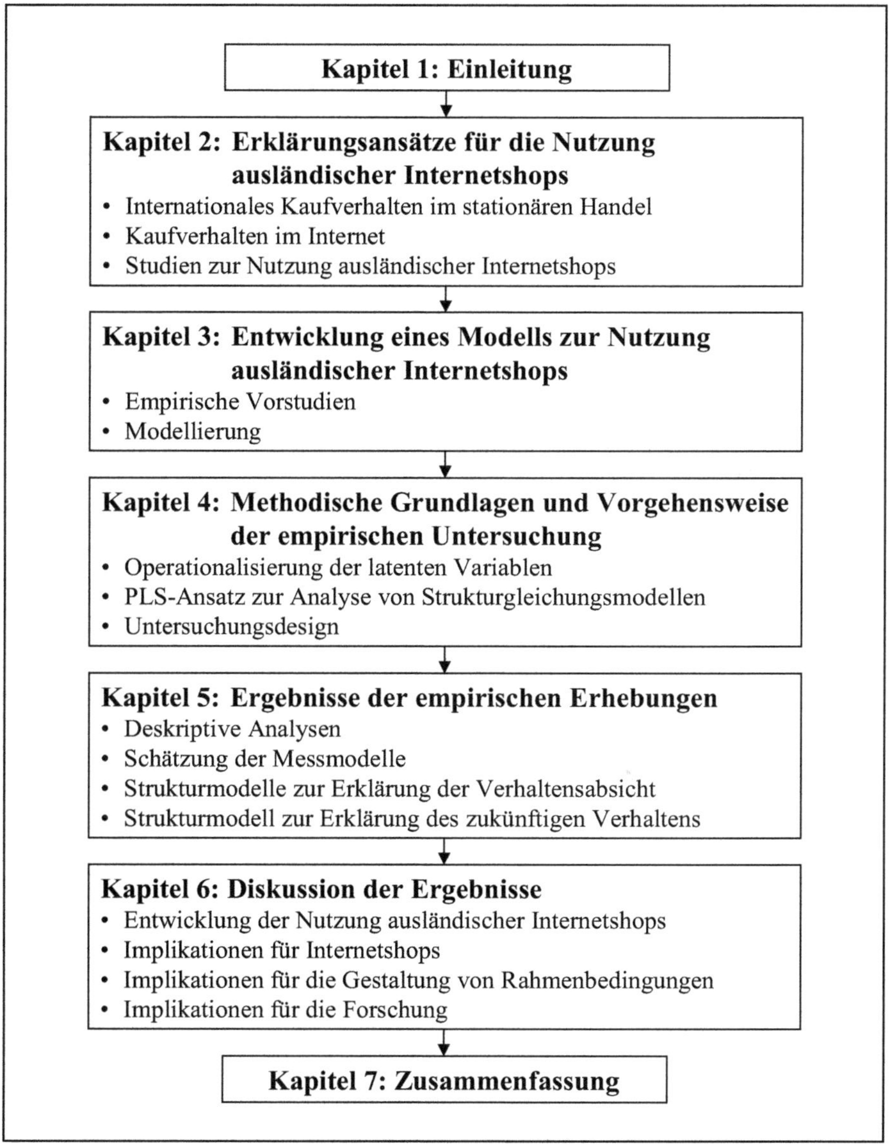

Kapitel 1: Einleitung

↓

Kapitel 2: Erklärungsansätze für die Nutzung ausländischer Internetshops
- Internationales Kaufverhalten im stationären Handel
- Kaufverhalten im Internet
- Studien zur Nutzung ausländischer Internetshops

↓

Kapitel 3: Entwicklung eines Modells zur Nutzung ausländischer Internetshops
- Empirische Vorstudien
- Modellierung

↓

Kapitel 4: Methodische Grundlagen und Vorgehensweise der empirischen Untersuchung
- Operationalisierung der latenten Variablen
- PLS-Ansatz zur Analyse von Strukturgleichungsmodellen
- Untersuchungsdesign

↓

Kapitel 5: Ergebnisse der empirischen Erhebungen
- Deskriptive Analysen
- Schätzung der Messmodelle
- Strukturmodelle zur Erklärung der Verhaltensabsicht
- Strukturmodell zur Erklärung des zukünftigen Verhaltens

↓

Kapitel 6: Diskussion der Ergebnisse
- Entwicklung der Nutzung ausländischer Internetshops
- Implikationen für Internetshops
- Implikationen für die Gestaltung von Rahmenbedingungen
- Implikationen für die Forschung

↓

Kapitel 7: Zusammenfassung

Abb. 1.4: Ablauf der Untersuchung

2 Erklärungsansätze für die Nutzung ausländischer Internetshops

In Anbetracht des Neuartigkeitsgrades des Internets ist es nicht verwunderlich, dass der wissenschaftliche Erkenntnisprozess hinsichtlich des Konsumentenverhaltens beim Online-Shopping erst am Anfang steht und dabei vorwiegend auf das nationale Kaufverhalten abzielt. Entsprechend finden sich nur wenige Studien, die sich der Nutzung ausländischer Internetshops auf theoretisch und empirisch fundierter Basis nähern. Bevor diese in Abschnitt 2.3 diskutiert werden, liegt es deshalb nahe, im Sinne eines theorienpluralistischen Ansatzes zunächst nach Erklärungsansätzen Ausschau zu halten, die sich in anderen Disziplinen bzw. Fragestellungen bereits bewährt haben. Diese gilt es dann basierend auf einer begründeten und nachvollziehbaren Auswahlentscheidung auf das Thema Nutzung ausländischer Internetshops zu übertragen. Dabei bieten sich zwei zentrale Bereiche für eine intensive Literaturauswertung an. In Abschnitt 2.1 wird analysiert, inwieweit internationales Kaufverhalten der Konsumenten im stationären Handel bisher untersucht wurde. In Abschnitt 2.2 stehen dann Erklärungsansätze national ausgerichteter Studien zum Konsumentenverhalten im Internet im Mittelpunkt.

2.1 Internationales Kaufverhalten im stationären Handel

Die Literatur zum internationalen Kaufverhalten von Konsumenten ist geprägt von der Fragestellung, inwieweit sich das Konsumentenverhalten in den verschiedenen Ländern unterscheidet, wie sich etwaige Unterschiede erklären lassen (vgl. z.B. die Modelle von *Luna/Gupta*, 2001, S. 47; *Samli*, 1995, S. 6; *Sheth/Sethi*, 1977, S. 373) und ob das Konsumentenverhalten in den verschiedenen Ländern sich mit der Zeit vereinheitlicht oder die Unterschiede bestehen bleiben (vgl. z.B. *Cannon/Yaprak*, 2002; *de Mooij/Hofstede*, 2002; *Ganesh*, 1998; *Keillor/D'Amico/Horton, 2001; Leeflang/van Raaij*, 1995)[1]. Daraus wird

---

[1] Beispielsweise sehen *Leeflang/van Raaij* (1995) eine durch die Politik der europäischen Union geförderte Konvergenz der europäischen Konsumenten. Die von den Autoren prognostizierte steigende Preissensitivität der Konsumenten in allen EU-Ländern könnte dazu führen, dass die Verbraucher auch das Internet nutzen, um von Preisunterschieden im gemeinsamen europäischen Markt zu profitieren.

dann der Anpassungsbedarf für Anbieter, die ihre Produkte in verschiedenen Ländern auf den Markt bringen wollen, abgeleitet.

Die dominierende Sichtweise ist dabei, dass die Konsumenten in ihrem eigenen Land mit Produkten ausländischer Anbieter konfrontiert werden. Inwieweit die Kenntnis über die ausländische Herkunft von Produkten im Kaufentscheidungsprozess der Konsumenten berücksichtigt wird, wird in der in Abschnitt 2.1.1 besprochenen Literatur zu Country-of-Origin- bzw. Herkunftslandeffekten ausgiebig untersucht. Dagegen befassen sich nur wenige Studien mit dem Aspekt, dass Konsumenten zum Einkaufen auch ins Ausland reisen können. Dieser der Nutzung ausländischer Internetshops näher kommende Fall wird in Abschnitt 2.1.2 behandelt.

2.1.1 Country-of-Origin-Effekt

Der Frage, ob das Herkunftsland (Country of Origin = CoO) eines Produktes einen Einfluss auf die Produktbeurteilung der Konsumenten und auf deren Kaufentscheidungen hat, wird in der Marketingforschung seit etwa 40 Jahren intensiv nachgegangen. Entsprechend umfangreich ist mittlerweile der Literaturbestand. Schon aus den ersten 30 Jahren zählt *Papadopoulos* (1993, S. 12) mehr als 300 Veröffentlichungen und das Forschungsinteresse an diesem Thema hält unverändert an (vgl. z.B. *Ahmed et al.*, 2004; *Balabanis/Diamantopoulos*, 2004a; *Insch/McBride*, 2004; *Wang/Siu/Hui*, 2004). Auch in der deutschsprachigen Literatur wird das Thema umfangreich behandelt (vgl. z.B. *Häubl*, 1995; *Hausruckinger*, 1992; *Hausruckinger/Helm*, 1996; *Kühn*, 1993; *Möller*, 1997; *Sattler*, 1991; *Scholzen*, 2001) und ausländische Autoren beziehen in internationalen empirischen Studien auch deutsche Konsumenten mit ein (vgl. z.B. *Papadopoulos/Heslop/Bamossy*, 1990).

Einen Überblick über die CoO-Literatur bieten mehrere Literaturübersichten (vgl. z.B. *Dinnie*, 2004; *Häubl*, 1995, S. 41ff.; *Scholzen*, 2001, S. 64ff.) und Meta-Analysen empirischer CoO-Studien (vgl. z.B. *Liefeld*, 1993; *Peterson/Jolibert*, 1995; *Verlegh/Steenkamp*, 1999) sowie der Sammelband von *Papadopoulos/Heslop* (1993). Im folgenden werden die Wirkungsmechanismen des CoO-Effektes (Abschnitt 2.1.1.1) und seine Determinanten (Abschnitt 2.1.1.2) beschrieben sowie die für die Nutzung ausländischer Internetshops besonders relevanten Erkenntnisse aus der CoO-Literatur zusammengefasst (Abschnitt 2.1.1.3).

2.1.1.1 Wirkungsmechanismen des CoO-Effektes

Auf *Obermiller/Spangenberg* (1989, S. 455) beruht die Unterscheidung in kognitive, affektive und normative Prozesse, die die Verarbeitung der Herkunftsland-Information durch den Konsumenten steuern. Die damit verbundenen Wirkungsmechanismen sind in Tabelle 2.1 erläutert. *Verlegh/Steenkamp* (1999, S. 527f.) weisen darauf hin, dass kognitive, affektive und normative Wirkungsmechanismen des CoO-Effektes in der Realität nicht separat und unabhängig voneinander sind, sondern miteinander interagieren.

Mechanismus	Beschreibung	Erläuterung
Kognitiv	Produktherkunft ist eine Schlüsselinformation für Produktqualität	Kenntnis der Produktherkunft strahlt auf die Wahrnehmung anderer Produkteigenschaften aus bzw. wird als zusammenfassendes Signal für die Gesamtproduktqualität genutzt.
Affektiv	Herkunftsland hat symbolischen oder emotionalen Wert für den Konsumenten	Positive oder negative Gefühle gegenüber einem Land und seinen Produkten z.B. aufgrund von direkten Erlebnissen wie Urlaubsaufenthalte oder Kontakt mit Einwohnern des Landes; Besitz von Produkten aus einem bestimmten Land dient als Statussymbol
Normativ	Konsumenten haben in Bezug auf das Herkunftsland bestimmte soziale oder persönliche Normen	Kauf einheimischer Produkte zur Unterstützung der Wirtschaftskraft des eigenen Landes; Vermeiden von Produkten aus Ländern, die gegen eigene Werte verstoßen (z.B. durch Kriegsaktivitäten, Menschenrechtsverletzungen)

Tab. 2.1: Beispiele für Wirkungsmechanismen des CoO-Effektes (Quelle: vgl. *Verlegh/Steenkamp*, 1999, S. 524)

CoO-Effekte können auf unterschiedlichen Ebenen wirken. Am häufigsten werden in der Literatur die Effekte des Herkunftslandes auf Ansichten bezüglich der Produktqualität, Einstellungen bzw. Präferenzen und/oder Verhaltensabsichten untersucht (*Scholzen*, 2001, S. 36). Während der kognitive Wirkungsmechanismus vorwiegend die Ansichten bezüglich der Produktqualität berührt und somit nur indirekt auf Einstellungen und Verhaltensabsichten wirkt, beeinflusst der affektive Mechanismus ohne diesen Umweg direkt die Einstellung. Bei normativen CoO-Wirkungsweisen wirkt sich die Herkunftslandinformation dagegen tendenziell direkt auf die Verhaltensabsicht aus (*Hausruckinger*, 1993, S. 95).

2.1.1.2 Determinanten des CoO-Effektes

Grundvoraussetzung für einen CoO-Effekt ist, dass Konsumenten das Herkunftsland eines Produktes wahrnehmen. Angesichts der internationalen Wirtschafts-
verflechtungen inklusive der Verlagerung von Produktionsstandorten in Niedrig-
lohnländer wird es für Konsumenten allerdings zunehmend schwieriger, solche
„Hybridprodukte" (*Häubl*, 1995, S. 77), bei denen Erzeugungsland und Marken-
herkunft nicht übereinstimmen, einem Herkunftsland zuzuordnen. Berücksichtigen Konsumenten als Herkunftsland nur das Land, in dem der Stammsitz eines
Anbieters bzw. seiner Marke liegt (*Scholzen*, 2001, S. 26)? Oder haben aufgrund
der einzelnen Produktionsstufen (z.b. Design, Komponentenfertigung, Endmon-
tage), die ein Anbieter in unterschiedlichen vom Stammsitz des Anbieters abwei-
chenden Ländern ausführt, die einzelnen Länder differenziert Einfluss auf den
Produktbeurteilungs- und Kaufentscheidungsprozess (vgl. z.B. *Chao*, 1998;
Han/Terpstra, 1988; *Häubl*, 1995, S. 238f.; *Insch/McBride*, 2004; *Johanns-
son/Nebenzahl*, 1986)?

Letztendlich ist aus Marketingsicht immer entscheidend, welches Land
bzw. welche Länder von den relevanten Konsumenten als Herkunftsland angesehen wird/werden (*Hausruckinger*, 1993, S. 3). Dabei besteht auch die Möglichkeit der Falschzuordnung, d.h. Konsumenten verbinden ein Produkt mit einem
Land, mit dem es nichts zu tun hat, und berücksichtigen entsprechend diese Herkunft in ihrer Kaufentscheidung. Dies hat auch zu Konsequenz, dass auch Unterschiede zwischen einzelnen Konsumenten bezüglich des wahrgenommenen Herkunftslandes eines Produktes bestehen können (*Möller*, 1997, S.79). Diese
Unsicherheit der Konsumenten in der Beurteilung des Herkunftslandes eröffnet
Anbietern die Möglichkeit, für sich vorteilhafte Herkunftslandzuordnungen an-
zustreben (*Häubl*, 1995, S. 32f.). Beispielsweise ist es einem britischen Anbieter
von Staubsaugern mittels eines japanisch klingenden Markennamens gelungen,
den (in diesem Falle positiven) Eindruck zu erwecken, dass es sich um ein japa-
nisches Produkt handelt (*Balabanis/Diamantopoulos*, 2004b).

Hausruckinger (1993, S. 19ff.) fasst die Erkenntnisse zum Einfluss perso-
nenbezogener Merkmale auf die Höhe des CoO-Effektes wie folgt zusammen:
Sozio-demographische Merkmale hängen nur unwesentlich mit CoO-Effekten
zusammen. Psychographische Merkmale wie z.B. Konservatismus, Ethnozentrismus oder Patriotismus können CoO-Effekte deutlich besser erklären. Insbesondere Ethnozentrismus führt zu einer Niedrigerbewertung ausländischer
Produkte (*Hausruckinger*, 1993, S. 183f.), d.h. je ethnozentrischer eine Person

ist, desto bedeutsamer wird für sie das Herkunftsland (*Hausruckinger/Helm*, 1996, S. 274f.; vgl. auch *Granzin/Olsen*, 1998; *Granzin/Painter*, 2001; *Klein*, 2002; *Klein/Ettenson/Morris*, 1998). Wie generell die Stärke des CoO-Effektes mit der jeweiligen Land-Produktkategorie so ist auch der Einfluss von Ethnozentrismus je nach Land-Produktkategorie-Kombination unterschiedlich hoch (*Balabanis/Diamantopoulos*, 2004a, S. 87f.)

Der CoO-Effekt tritt nicht bei allen Produkten auf gleiche Weise und im gleichen Ausmaß auf. Einige Merkmale eines Produktes bzw. einer Produktkategorie haben eine Einfluss darauf, wie intensiv Herkunftsinformationen von Konsumenten im Produktbeurteilungs- und Kaufentscheidungsprozess herangezogen werden. So gewinnt das Herkunftsland an Bedeutung, wenn komplexe, langlebige und risikobehaftete Produkte gekauft werden (*Loeffler*, 2001, S. 483).

Der Kauf bzw. die Nutzung von Dienstleistungen ausländischer Anbieter wird in der CoO-Literatur eher selten untersucht (*Javalgi/Cutler/Winans*, 2001, S. 570). Insbesondere wird die durch verstärkte internationale Aktivitäten von Einzelhandelsketten (vgl. z.B. *Leeflang/van Raji*, 1995, S. 380) zunehmende Auswahlentscheidung der Konsumenten zwischen in- und ausländischen Handelsunternehmen bis auf wenige Ausnahmen nicht auf CoO-Effekte analysiert. *Lingenfelder/Ballhaus* (1993) ermitteln, dass die Herkunftsinformation Deutschland zu einer schlechteren Bewertung von Lebensmittelhändlern in Frankreich führt. *Lascu/Giese* (1995) weisen den CoO-Effekt von amerikanischen Konsumenten gegenüber (hypothetischen) deutschen und mexikanischen Einzelhandelsketten nach, die eine Expansion in die USA planen. *Zarkada-Fraser/Fraser* (2002, S. 293) bestätigen ebenfalls solche Effekte, die bei ethnozentrischen Käuferinnen ausgeprägter sind. Weiterhin wird die Höhe des CoO-Effektes für Produkte durch den Distributionskanal, in dem der Konsument ein Produkt erwirbt, moderiert (*Olsen/Nowak/Clarke*, 2002, S. 27f.; *Thorelli/Lim/Ye*, 1989, S. 40).

Der Einfluss des Herkunftslandes im Produktbeurteilungs- und Kaufentscheidungsprozess hängt auch von einer Reihe von Merkmalen des jeweiligen Landes ab. Hier sind zu nennen der wirtschaftliche Entwicklungsstand, politische Verhältnisse, Kultur und geographische Distanz zwischen Herkunftsland und Zielmarkt (*Scholzen*, 2001, S. 54f.). Schließlich ist die Herkunftslandinformation auch wichtiger, wenn die Produktkompetenz und somit die wahrgenommen Qualitätsunterschiede für eine Produktkategorie zwischen verschiedenen Herkunftsländern stark und innerhalb der jeweiligen Herkunftsländer wenig variieren (*Häubl*, 1995, S. 61ff.). Hierbei ist insbesondere zu berücksichtigen, ob in der

Wahrnehmung der Konsumenten das Herkunftsland über Kompetenzen verfügt, die für die Herstellung des betrachteten Produktes erforderlich sind (*Roth/Romeo*, 1992, S. 495f.). Beispielsweise könnte eine Präferenz für deutsche Automobile auf einer Hochschätzung der deutschen „Ingenieurskunst" und der Tatsache, dass Deutschland ein technologisch und wirtschaftlich hochentwickeltes Land ist, beruhen (*Verlegh/Steenkamp*, 1999, S. 525).

2.1.1.3 Relevante Aspekte der CoO-Forschung für die Erklärung der Nutzung ausländischer Internetshops

Zusammenfassend erscheinen die folgenden Erkenntnisse aus der CoO-Forschung besonders geeignet, um für die Erklärung der Nutzung ausländischer Internetshops berücksichtigt zu werden:

- Grundsätzlich finden sich in der CoO-Literatur keine zwingenden Anhaltspunkte dafür, dass im Internet und insbesondere im Zusammenhang mit der Nutzung ausländischer Internetshops keine CoO-Effekte zu erwarten sind. Inwiefern CoO-Effekte für die Nutzung ausländischer Internetshops bedeutsam sind, ist eng mit der Art der gekauften Produkte und den damit wahrgenommenen Risiken verknüpft.

- CoO-Effekte sind insbesondere dann zu erwarten, wenn die für die Herstellung und das Angebot einer Produktkategorie vom Konsumenten als wichtig angesehen Fähigkeiten mit den einem Land zugeschriebenen Eigenschaften zusammenpassen. Hier könnte die unterschiedliche quantitative und qualitative Intensität der Internetnutzung in den verschiedenen Ländern zu einer Einschätzung der Konsumenten bzgl. besonders für die Internetnutzung geeigneter Länder führen.

- Bei der Berücksichtigung von Personenmerkmalen sind bezüglich des CoO-Effektes psychographische Merkmale aussagekräftiger, insbesondere ist der Einfluss von Ethnozentrismus in der Literatur belegt.

- Konsumenten können mit der Zuordnung des Herkunftslandes Probleme haben. Entsprechend sollte beachtet werden, welche Informationen Internetnutzer heranziehen, um das Herkunftsland eines Internetshops zu bestimmen.

2.1.2 Outshopping

Die Nutzung ausländischer Internetshops bedeutet, dass ein Konsument sie anstelle der ihm „nahe liegenden" lokalen Einkaufsstätten besucht. Dieser Aspekt ist nicht spezifisch für das Internet, sondern tritt auch im stationären Handel auf. Entsprechend finden sich schon frühzeitig Studien in der Literatur, die unter dem Begriff Outshopping[2] das Kaufverhalten außerhalb der lokalen Umgebung eines Konsumenten thematisieren (vgl. z.b. *Reynolds/Darden*, 1972; *Darden/Perreault*, 1976; *Papadopoulos*, 1980; *Samli/Riecken/Yavas*, 1983).

Da Erkenntnisse aus Outshopping-Studien für die Erklärung der Nutzung ausländischer Internetshops relevant sind (*Piron*, 2002, S. 208), wird die entsprechende Literatur im folgenden analysiert. Aufbauend auf einer Literaturauswertung zum Outshopping im Inland (s. Abschnitt 2.1.2.1) wird in Abschnitt 2.1.2.2 die Literatur zum staatsgrenzenüberschreitenden Outshopping analysiert. In Verbindung mit Erkenntnissen zum Einkaufsverhalten auf Urlaubsreisen (s. Abschnitt 2.1.2.3) werden schließlich in Abschnitt 2.1.2.4 die für die Nutzung ausländischer Internetshops besonders relevanten Erkenntnisse aus der Literaturanalyse zum Outshopping zusammengefasst.

2.1.2.1 Outshopping im Inland

Die im wesentlichen anglo-amerikanisch geprägte Outshopping-Literatur konzentriert sich auf drei Fragestellungen (*Smith*, 1999, S. 59): (1) Welche soziodemographischen Eigenschaften kennzeichnen zum Outshopping neigende Konsumenten und welchen Lebensstil pflegen sie? (2) Welche Produkte werden bevorzugt eingekauft? (3) Wie beeinflusst die Einkaufsumgebung am Wohnort und am Outshopping-Ziel das Kaufverhalten?

Die einzige durchgängig in Outshopping-Studien für Outshopper kennzeichnende sozio-demographische Variable ist das Einkommen, wobei Outshopper über ein höheres Einkommen verfügen als Personen, die bevorzugt am Wohnort einkaufen (*Smith*, 1999, S. 59). Während Produkte des täglichen Bedarfs sowie Gebrauchsgüter wie z.B. Haushaltsgroßgeräte, die einen Kunden-

---

[2] Der in der deutschsprachigen Literatur vielfach verwendete Begriff des Einkaufstourismus erscheint weniger geeignet, da im Begriff das Thema Freizeitaktivität gegenüber einem mehr funktional motivierten Einkauf dominiert (*Steinbach*, 2000, S. 52).

dienste vor Ort erfordern, eher im lokalen Bereich gekauft werden, ist Kleidung eine zentrale Warengruppe im Outshopping (*Smith*, 1999, S. 60). Ein eng begrenztes Produktsortiment der Händler am Wohnort sowie eine eingeschränkte Auswahlmöglichkeit zwischen Einkaufsstätten, wie es insbesondere für ländliche Regionen kennzeichnend ist, sind zentrale Gründe für Outshopping-Aktivitäten (*Polonsky/Jarratt*, 1992, S. 7). Aber auch Aspekte wie höhere Preise oder unzureichender Service motivieren zum Vermeiden des örtlichen Handels (*Papadopoulos*, 1983, S. 293; *Smith*, 1999, S. 60).

Grenzen findet die Attraktivität des Outshoppings durch die damit verbundenen monetären und nicht-monetären Kosten wie z.B. Fahrtkosten, Reisezeiten und besondere Transporterfordernisse der eingekauften Produkte (*Hopper/Budden*, 1989, S. 44). Entsprechend ist im Sinne des Gravitationsmodells die Distanz zum alternativen Einkaufsort eine wichtige Determinante für die Entscheidung zum Outshopping (*Rökman*, 1984, S. 15). Darüber hinaus gibt es Konsumenten, die die lokalen Händler bewusst unterstützen wollen, damit z.B. Einkaufsmöglichkeiten vor Ort erhalten bleiben (*Jarratt*, 1996; S. 11; *Jarratt*, 2000, S. 293).

In der deutschsprachigen Literatur wird das Thema Outshopping vor allem in Untersuchungen zur Einkaufsattraktivität von Innenstädten aufgegriffen (vgl. z.B. *Jacobs*, 1991; *Kreller*, 2000; *Schuckel*, 2001; *Schuckel/Sondermann*, 1998; *VCÖ*, 1996; *Ziehe*, 1998). Hierbei wird insbesondere untersucht, inwieweit es den Städten gelingt, Konsumenten aus dem Umland der Städte für den Einkauf in der Innenstadt zu gewinnen bzw. die Abwanderung der Stadtbewohner zu Einkaufszentren am Stadtrand zu verhindern. *Schuckel* (2001, S. 116) zeigt dabei auf, dass die Mehrzahl der Käufer in den Innenstädten das Einkaufen als Erlebnis (Spaß haben, etwas Neues erleben) empfinden. Im Vergleich mit den Versorgungskäufern, bei denen die (z.T. als lästig empfundene) Versorgung mit Produkten im Mittelpunkt steht, verbringen Erlebniskäufer mehr Zeit in den Geschäften und geben mehr Geld aus. Im Sinne des Erlebniseinkaufes untersucht *Steinbach* (2000) den touristischen Aspekt des Einkaufs. Er unterscheidet dabei zwischen Einkaufen als touristische Hauptaktivität (Einkaufstourismus) und Einkaufen als touristische Nebenaktivität.

Abschließend ist zu beachten, dass sich die Outshopping-Literatur in der Regel auf den stationären Handel konzentriert (*Riecken/Yavas*, 1988, S. 5). Sowohl der klassische Versandhandel als auch neuerdings die Nutzung des Internets werden als mögliche Outshopping-Ausprägungen nicht berücksichtigt (vgl. als Ausnahme *Broekemier/Burkink*, 2004; *Timothy/Butler*, 1995, S. 29)[3].

2.1.2.2 Internationales Outshopping

Zumindest in grenznahen Regionen ist in vielen Ländern das Einkaufen im stationären Handel des Nachbarlandes nichts ungewöhnliches. Am intensivsten wurde dieses Phänomen am Beispiel des Einkaufs von Kanadiern in den USA untersucht. Hier hatte zwischen 1988 und 1991 die Währungskursentwicklung zwischen kanadischem und US-Dollar zu einem derartigen Ansteigen des Einkaufs in den USA geführt (*Di Matteo*, 1999, S. 84), dass die kanadische Regierung aus Sorge um Arbeitsplätze und Steuereinnahmen Gegenmaßnahmen wie z.B. intensive Zoll- und Grenzkontrollen ergriff (*Timothy/Butler*, 1995, S. 26). Der enge Zusammenhang zwischen Währungskursentwicklung und dem Ausmaß des Einkaufens im Ausland belegt, dass viele Konsumenten Preisunterschiede nicht nur im eigenen Land sondern auch zwischen In- und Ausland gezielt ausnutzen (*Di Matteo*, 1999, S. 84; *Papadopoulos/Heslop/Philips*, 1988, S. 65).

Insgesamt kennzeichnen die in Abschnitt 2.1.2.1 genannten Gründe bzw. Vorteile des Outshopping auch das Einkaufen kanadischer Konsumenten in den USA (*Feltham/Moore,* 1996). Allerdings nimmt die Politik mit der Gestaltung von Rahmenbedingungen wesentlichen Einfluss auf die Vorteilhaftigkeit des Einkaufens im Ausland. Über die Zulassung von Produkten greift sie in die Produktverfügbarkeit ein (vgl. z.B. *Chidley*, 1998). Unterschiedliche Regelungen bezüglich Ladenöffnungszeiten lösen Käuferwanderungen aus (z.B. Sonntag als Einkaufstag, vgl. *Chatterjee*, 1991, S. 26). Mit der Festlegung von Steuern und Zöllen in Verbindung mit Grenzkontrollen werden Produktpreise aber auch die Reisekosten (z.B. Benzinkosten) beeinflusst (*Di Matteo/Di Matteo*, 1996, S. 108).

Schließlich hat die kanadische Regierung auch versucht, durch Werbekampagnen für das Einkaufen im eigenen Land die Käuferwanderung in die USA einzuschränken (*Timothy/Butler*, 1996, S. 26)[4]. Daran ist insbesondere von Inte-

---

[3]   Insofern verwendet die Outshopping-Literatur implizit die engere Outshopping-Definition von *LaForge/Reese/Stanton* (1984, S. 22), die Outshopping definieren als „the behavior of consumers who live in one area, but travel to another area to make retail purchases".

[4]   Auch in Deutschland wird über spezifische Maßnahmen gegen Einkaufstourismus im Ausland nachgedacht. So wird darüber diskutiert, mittels einer Stiftung, die die Kraftstoffpreise

resse, inwieweit das moralische Argument der potenziellen Schädigung des eigenen Landes die Konsumenten beeinflussen kann. Entsprechend werden im Vergleich zu den in Abschnitt 2.1.2.1 erläuterten Studien weitere Variablen für die Erklärung des Kaufverhaltens der kanadischen Konsumenten herangezogen. *Fullerton/Navaux* (1994, S. 79) ermitteln, dass den Kanadiern, die in den USA einkaufen, zwar bewusst ist, dass ihr Verhalten für die kanadische Wirtschaft unvorteilhaft ist. Sie fühlen sich deshalb aber nicht schuldig oder unpatriotisch. *Bruning/Lockshin/Lantz* (1993, S. 18 ff.) zeigen in einer Conjoint-Analyse, dass ethnozentrische[5] Konsumenten, insbesondere wenn sie eine hohe nationale Identität aufweisen, dem Kriterium Händlerstandort (Kanada vs. USA) signifikant höhere Teilnutzenwerte zuweisen. Allerdings weisen Variablen wie Preis und Fahrzeit durchweg deutlich höhere Teilnutzenwerte als der Händlerstandort auf. *Lord/Putrevu/Parsa* (2004, S. 221) weisen für Restaurantbesuche im kanadisch-amerikanischen Grenzgebiet ebenfalls die Verbindung zwischen Ethnozentrismus und Bevorzugung inländischer Anbieter nach. Im Kontext Singapur-Malyasia kann *Piron* (2002, S. 207) dagegen keinen Ethnozentrismus-Einfluss ermitteln.

Das Einkaufen in Nachbarländern wird in europäischen Studien vor allem unter volkswirtschaftlichen Aspekten untersucht (vgl. z.B. *Bode/Krieger-Boden/Lammers*, 1994; *Crawford/Smith/Tanner*, 1999; *Fitzgerald et al.*, 1988; *Kratena/Wüger*, 1997; *Puwein*, 1996). Dabei stehen steuerpolitische Entscheidungen und ihre Auswirkungen auf das Ausmaß des Einkaufstourismus im Mittelpunkt. *Bode/Krieger-Boden/Lammers* (1994, S. 29 ff.) im Dreiländerbereich Deutschland, Belgien und Niederlande sowie im deutsch-dänischen Grenzgebiet und *Fitzgerald et al.* (1988, S. 52 ff.) für den Bereich Irland-Nordirland fragen in ihren Studien zusätzlich auch nach den Motiven der Konsumenten. Dabei dominieren Preisersparnisse und Produktvorteile. Während z.B. die Dänen in Schleswig-Holstein vor allem aufgrund von niedrigeren Preisen einkaufen, nutzen die Deutschen auch die (im Jahr 1991) umfangreicheren Öffnungszeiten dänischer Geschäfte, um spezifisch dänische Produkte (Möbel, Lebensmittel) einzukaufen. Diese Vorteile werden nicht wahrgenommen, wenn die Fahrzeiten zu lang sind bzw. keine Fahrmöglichkeit vorhanden ist (*Bode/Krieger-Boden/Lammers,* 1994, S. 30). Im Falle irischer Konsumenten sprechen auch die Sicherheitssituation so-

---

in betroffenen Grenzgebieten subventioniert, den Tanktourismus einzuschränken (*o.V.*, 2005).

[5]   Zum Ethnozentrismus von Konsumenten vgl. ausführlich *Sinkovics,* 1999; *Sharma/Shimp/Shin*, 1995; *Shimp/Sharma*, 1987.

wie Zölle gegen einen Einkauf in Nordirland (*Fitzgerald et al.*, 1988, S. 53; *Wilson*, 1993). *Puwein* (1996, S. 725) weist darauf hin, dass der durch ein konkretes Produkt (hier: Automobil-Treibstoff) ausgelöste Besuch im Ausland zum Kauf weiterer Produkte genutzt wird.

Im westeuropäischen Kontext ist der Einkaufstourismus vor allem geprägt durch Auswahl und (geringe) Preisvorteile bei bestimmten Waren, die z.B. aus unterschiedlichen Steuersätzen resultieren. Dagegen ist das aus dem generellen Wohlstandsgefälle resultierende günstige Preisniveau der Hauptanreiz für den Einkauf deutscher Konsumenten in den osteuropäischen Nachbarländern (*Köppen*, 2000, S. 19). Durch regelmäßig von Busunternehmen durchgeführte Einkaufsfahrten können Konsumenten ohne eigene Fahrgelegenheit und aus grenzfernen Regionen Deutschlands diese Preisvorteile nutzen. Auch im Falle des deutsch-dänischen Einkaufstourismus haben Reiseunternehmen den Einkaufstourismus gefördert (*Weigand*, 1991, S. 56). Hierbei wird auch flexibel auf die sich ständig verändernden Zollbestimmungen reagiert. So konnten deutsche Konsumenten bei Schiffseinreise und Ausreise auf dem Landweg größere Mengen an Spirituosen und Zigaretten auf dem Schiff zollfrei erwerben und zusätzlich noch in dänischen Geschäften einkaufen. Aufgrund einer Mischkalkulation boten die Reiseunternehmen sehr günstige Fahrpreise an, so dass sie ein großes Einzugsgebiet bedienen konnten.

Am Beispiel dieser Reisen betont *Weigand* (1991, S. 61) auch den Freizeit- und Unterhaltungsaspekt des Einkaufstourismus. Durch niedrige, durch Kauferlöse subventionierte Fahrpreise wird eine als vergnüglich und als gesellig empfundene Seereise angeboten, die auch kommunikative Zwecke erfüllt. Aber auch bei Käufern, die individuell ins Ausland reisen, um dort einzukaufen, findet sich neben den funktionalen Kaufmotiven häufig auch eine Unterhaltungs- bzw. Erlebnismotivation (*Timothy/Butler*, 1995, S. 19).

Eine weitere florierende Kooperation von Busunternehmen, Fährgesellschaften und der deutschen Kaufland ermöglicht es schwedischen Bürgern, in der Region Rostock insbesondere Alkohol und Tabakwaren einzukaufen (*Bengtsson/Ostberg/Askegaard*, 2001). Neben Preisersparnissen und Unterhaltung prägt auch ein durch Schmuggeln unzulässiger Mengen ausgedrückter Protest gegen die schwedischen Alkoholsteuern diese Reisen. „To cross the border is to many Swedes a moment of anxiety but also excitement. People may be anxious to be stopped at customs and forced to leave liquor they bought on top of the allowance. If they manage to get through the customs, which most consumers do, they may feel excited about the fact that they have cheated the authorities." (*Bengts-son/Ostberg/Askegaard*, 2001, S. 246).

2.1.2.3 Tourismus und Einkauf

Während im klassischen Outshopping bzw. Einkaufstourismus die Einkaufsmöglichkeit der Reiseauslöser ist, kaufen Konsumenten auch während ihrer sonstig veranlassten Auslandsreisen ein (vgl. z.B. *Ashworth/Voogd*, 1994, S. 14; *Haukeland*, 1996; *Steinecke*, 2000, S. 19 f.; *Wölm*, 1981, S. 101). Von Interesse ist hier insbesondere, dass das gekaufte Produktspektrum sich zunehmend weiter über das klassische Souvenir- und Reisebedarfssortiment ausdehnt (*Timothy/Butler*, 1995, S. 19). Eine Untersuchung von *Baron/Wass* (1996) zum Einkaufsverhalten von Passagieren auf einem englischen Flughafen belegt, dass ein Teil der Einkäufe als Impulskäufe charakterisiert werden kann. Viele Einkäufe sind aber auch darauf zurückzuführen, dass die Passagiere im Vorfeld überlegt hatten, welche speziellen Produkte im Verlauf der Reise gekauft werden können (*Baron/Wass*, 1996, S. 312).

Abgesehen von der Möglichkeit, sonst nicht oder ansonsten nur schwierig erhältliche Produkte kaufen zu können (*Rao/Thomas/Javalgi*, 1992), stimulieren auch (vermeintliche) ökonomische Vorteile das Einkaufen im Rahmen einer Auslandsreise. Auf den zweiten Aspekt zielen z.B. die Duty-Free-Angebote im internationalen Reiseverkehr (*Christiansen/Smith*, 2001, S. 4).

Abschließend ist darauf hinzuweisen, dass im Rahmen von Reiseaktivitäten Konsumenten mit neuen Produkten und Anbietern konfrontiert werden. Insofern kann eine Auslandsreise sich auf das zukünftige Einkaufsverhalten auswirken. Dies reicht vom Kauf solcher Produkte, sobald sie im Inland verfügbar sind, über den Kauf im Rahmen zukünftiger Reisen (*Baron/Wass*, 1996, S. 313) bis zu dem für diese Arbeit relevanten Fall, dass entsprechende Produkte in ausländischen Internetshops erworben werden.

2.1.2.4 *Relevante Aspekte der Outshopping-Forschung für die Erklärung der Nutzung ausländischer Internetshops*

Zusammenfassend erscheinen die folgenden Erkenntnisse aus der Outshopping-Forschung besonders geeignet, um für die Erklärung der Nutzung ausländischer Internetshops berücksichtigt zu werden:

- Viele Käufer wägen genau die erwarteten Vorteile, insbesondere niedrigere Preise, mit dem im Vergleich zum Einkauf im lokalen Handel höheren Aufwand (Fahrzeiten, Transportkosten) ab. Dadurch nimmt die Zahl der Nutzer mit der Entfernung zur Grenze relativ schnell ab. Diese Problematik besteht bei der Nutzung ausländischer Internetshops nur bedingt. Insbesondere können je nach Produktart die Lieferkosten zu unakzeptablen Gesamtkosten führen.

- Teilweise ist das Outshopping auch durch einen Erlebnischarakter und die Besonderheit des Einkaufens im Ausland geprägt. Hier ist zu fragen, ob die Nutzung ausländischer Internetshops von den Käufern auch als Erlebnis wahrgenommen wird.

- Ein wesentlicher Aspekt des internationalen Outshopping sind Arbitragemöglichkeiten, die unterschiedliche rechtliche Regelungen in den betroffen Ländern den Konsumenten ermöglichen. Entsprechend gilt es, das rechtliche Umfeld für die Nutzung ausländischer Internetshops zu beachten.

- Ebenso wie beim Kauf von Produkten ausländischer Hersteller sind die Käufer beim internationalen Outshopping mit der Tatsache konfrontiert, dass dem lokalen (bzw. nationalen) Handel Kaufkraft entzogen wird. Hier stellt sich die Frage, inwieweit dieser Aspekt die Nutzung ausländischer Internetshops hemmen kann.

- Durch internationales Outshopping und allgemein jede Reisetätigkeit lernen Konsumenten neue Produkte und Anbieter kennen und ggf. schätzen. Hier bieten sich Ansatzpunkte für die Nutzung ausländischer Internetshops.

2.2 Kaufverhalten im Internet

Die Nutzung ausländischer Internetshops setzt grundlegend die Nutzung des Internets zu Einkaufszwecken voraus, so dass Erkenntnisse aus der Kaufverhaltensforschung im Internet besonders relevant sind. Zur Erklärung des Kaufverhaltens im Internet greifen Marketingforscher auf verschieden theoretische Ansätze zurück[6]. In nennenswertem Umfang sind dies die Adoptions- und Diffusionstheorie (Abschnitt 2.2.1), Einstellungsmodelle (Abschnitt 2.2.2), die Flow-Theorie (Abschnitt 2.2.3) sowie die Theorie des wahrgenommenen Risikos (Abschnitt 2.2.4).

2.2.1 Adoptions- und Diffusionstheorie

Das Einkaufen im Internet stellt eine neuartige Form technologiebasierter Selbstbedienung im Handel dar (*Bitner/Brown/Meuter*, 2000; *Bobbitt/Dabholkar*, 2001; *Meuter et al.*, 2000). Die Nutzung des Internets zum Einkaufen kann deshalb im Kern als ein Problem der Adoption und Diffusion einer innovativen Betriebsform des Handels verstanden werden (*Bauer/Fischer/Sauer*, 2000, S. 1136). Die durch *Rogers* (1995) geprägte Adoptions- und Diffusionstheorie untersucht die Ausbreitung von Innovationen in sozialen Systemen (Diffusion), hinter der die Annahme (Adoption) dieser Innovationen durch die einzelne Person steht. Dieser zweite Aspekt ist hier von Interesse, wobei der Adoptionsprozess (Abschnitt 2.2.1.1), die Charakteristika von Innovationen (Abschnitt 2.2.1.2) und Eigenschaften der Adoptierer (Abschnitt 2.2.1.3) analysiert werden[7].

2.2.1.1 Adoptionsprozess

Der Adoptionsprozess beschreibt, wie der potenzielle Kunde von der Möglichkeit des Einkaufens im Internet hört, dies ggf. ausprobiert und annimmt bzw. ab-

---

[6] Für einen Überblick über die aktuelle deutschsprachige Forschung zum Konsumentenverhalten im Internet vgl. die Sammelbände von *Bauer/Rösger/Neumann* (2004) und *Wiedmann et al.* (2004b).

[7] *Kollmann* (1998, S. 129ff.) weist zudem auf die Wichtigkeit von umweltbezogenen Einflussgrößen (makroökonomische, technologische, politisch-rechtliche und sozio-kulturelle Umwelt) im Adoptionsprozess hin.

lehnt (*Kotler/Bliemel*, 2001, S. 562). *Rogers* (1995, S. 162) unterscheidet konkret fünf Phasen:

- Wahrnehmung
  Eine Person erfährt von der Innovation und gewinnt ein Grundverständnis, wie diese Innovation funktioniert.

- Bewertung
  Eine Person bildet eine positive oder negative Einstellung bezüglich der Innovation

- Entscheidung
  Eine Person durchläuft eine Entscheidungsfindung, an deren Ende die Annahme oder Ablehnung der Innovation steht.

- Nutzung
  Eine Person kauft und nutzt die Innovation.

- Bestätigung
  Eine Person sucht eine Bestärkung bezüglich der getroffenen Entscheidung oder sie ändert ihre Entscheidung über Annahme oder Ablehnung angesichts möglicherweise zur ersten Entscheidung kontroverser Informationen bezüglich der Innovation. D.h. mögliche kognitive Dissonanzen werden abgebaut.

Mit dieser Phaseneinteilung erweitert *Rogers* sein ursprünglich mit der ersten (Adoptions-)Entscheidung endendes Phasenschema. Damit rückt die Nutzung in den Blickpunkt, wie es *Kollmann* (1998, S. 108) in Zusammenhang mit der Einführung von Telekommunikations- und Multimediasystemen vorschlägt. Anstelle von Adoption spricht *Kollmann* von Akzeptanz einer Innovation, die aus Einstellungsakzeptanz (den Phasen Wahrnehmung und Bewertung zuordenbar), Handlungsakzeptanz (Entscheidungsphase) und Nutzungsakzeptanz (den Phasen Nutzung und Bestätigung zuordenbar) besteht[8]. *Betz* (2003, S. 103) greift diese Überlegung in seiner Untersuchung der Akzeptanz des E-Commerce bei Automobilkäufern auf und berücksichtigt sowohl die einstellungsorientierte Online-Akzeptanz als auch die verhaltensorientierte Online-Akzeptanz (vgl. auch *Wiedmann/Frenzel*, 2004, S. 104). Letztere ist ein einstellungskonsistentes Verhalten und „manifestiert sich in einer tatsächlichen Übernahme des Akzeptanzobjektes sowie dessen dauerhafter, problemorientierter Nutzung" (*Betz*, 2003, S. 103).

---

[8] Dieses dynamische Prozessmodell der Adoption (bzw. Akzeptanz) einer Innovation erfordert entsprechend in der empirischen Ausgestaltung Längsschnittuntersuchungen.

Zusammenfassend wird die Bedeutung der Einstellung zur Innovation als wichtiger Teilaspekt der Übernahme von Innovationen deutlich. Insofern besteht eine enge Verknüpfung mit den in Abschnitt 2.2.2 behandelten Einstellungsmodellen. *Harms* (2003) und *Shih/Fang* (2003) legen ihren adoptionsorientierten Untersuchungen entsprechend ein Einstellungsmodell zugrunde (s. Abschnitt 2.2.2.2). Und auch das in Abschnitt 2.2.2.3 besprochene Technology Acceptance Model (TAM) von *Davis* (1986) wurde ausgehend von einem Einstellungsmodell entwickelt. In den ersten beiden Phasen des Adoptionsprozesses entfalten nach *Rogers* (1995, S. 163) die Charakteristika einer Innovation und die Eigenschaften der potenziellen Adoptierer ihre (einstellungsrelevante) Wirkung. Diese beiden Aspekte werden im folgenden behandelt.

2.2.1.2 Charakteristika von Innovationen

Bestimmte von den potenziellen Adoptierern wahrgenommene Charakteristika einer Innovation beeinflussen ihre Adoptionsrate, d.h. die Geschwindigkeit, mit der sich eine Innovation in einem sozialen System ausbreitet. *Rogers* (1995, S. 206ff.) sieht fünf zentrale Charakteristika (vgl. auch *Kotler/Bliemel*, 2001, S. 566f.):

- Relativer Vorteil einer Innovation, d.h. der Grad, in dem sie bereits existierenden Produkten als überlegen wahrgenommen wird.

- Kompatibilität einer Innovation, d.h. der wahrgenommene Grad der Übereinstimmung mit Werten, Erfahrungen und Bedürfnissen der potenziellen Adoptierer.

- Komplexität einer Innovation, d.h. der wahrgenommene Schwierigkeitsgrad, mit dem sie zu verstehen bzw. zu handhaben ist.

- Erprobbarkeit einer Innovation, d.h. der Grad, zu dem man sie stück- bzw. schrittweise ausprobieren kann.

- Vermittelbarkeit einer Innovation, d.h. der Grad, zu dem der Nutzen bzw. die Resultate einer Innovation demonstriert oder beschrieben werden können.

Insbesondere der relative Vorteil und die Kompatibilität in positiver Weise sowie die Komplexität in negativer Weise wirken bei einer Durchsicht vieler Adoptionsstudien relativ konsistent auf die Adoptionsrate (*Rogers*, 1995, S. 210)[9]. Allerdings ist darauf hinzuweisen, dass diese fünf Charakteristika nicht überschneidungsfrei sind und eine globale, innovationsübergreifende Operationalisierung keine detaillierten Erkenntnisse des Adoptionsverhaltens erwarten lässt. Vielmehr ist eine spezifische Operationalisierung für die jeweilige Innovation vorzunehmen (*Krafft/Litfin*, 2002, S. 69).

In Tabelle 2.2 ist dargestellt, welche Charakteristika des Einkaufens im Internet in adoptionsorientierten Studien verwendet werden und die dabei ermittelten Effekte. Die Studien sind aufgrund teilweise unterschiedlicher Operationalisierungsansätze nur bedingt vergleichbar. Erprobbarkeit und Vermittelbarkeit werden in den meisten Studien nicht berücksichtigt, zeigen ansonsten zumeist keine signifikanten Effekte. Relativer Vorteil[10], Kompatibilität und Komplexität zeigen die theoretisch erwarteten Effekte, allerdings nicht konsistent in allen Studien. An sonstigen Innovationscharakteristika berücksichtigen einige Autoren das wahrgenommene Risiko und damit verbunden die wahrgenommene Sicherheit. Die von *Lee/Lee/Eastwood* (2003) integrierte Zuverlässigkeit zeigt zwar eine signifikante Wirkung, allerdings erscheint die Wirkrichtung nicht plausibel.

---

[9] *Gatignon/Robertson* (1985, S. 862) schlagen das wahrgenommene Risiko als sechstes zentrales Charakteristikum einer Innovation vor. Dieser Aspekt wird separat in Abschnitt 2.2.4 berücksichtigt.

[10] Grundlegend zu relativen Vorteilen von Internetshops vgl. z.B. *Bliemel/Fassott* (2000, S. 14ff.); *Rohrbach* (1997, S. 104ff.).

Studie	Rel. Vorteil	Kompa- tibilität	Kom- plexität	Erprob- barkeit	Vermit- telbar- keit	Sonstige
Bauer/ Fischer/ Sauer, 2000[11]	B +	B +	n.b.	B n.s.	B +	Risiko n.s.
Betz, 2003[12]	A + / n.s.	A +	A – n.s.	n.b.	n.b.	n.b.
Eastlick/ Lotz, 1999	B +	B +	B –	B n.s.	n.b.	Risiko (–)
Frenzel, 2003[13]	I +					Risiko n.s.
Howcroft/ Hewer/ Hamilton, 2000[14]	z.T. Vor- teile	z.T. in- kompa- tibel	z.T. kom- plex	n.b.	n.b.	Sicher- heitsbe- denken
Lee/Lee/ Eastwood, 2003	B +		B –	n.b.	B n.s.	Zuver- lässig- keit (–) Sicher- heit (+)
Shih/Fang, 2004	A +	A n.s.	A –	n.b.	n.b.	n.b.

+ = positiver, – = negativer, n.s. = nicht signifikanter, n.b. = nicht berücksichtiger Effekt auf:
A = Einstellung, I = Verhaltensabsicht, B = Verhalten

Tab. 2.2:   Wirkung der Innovationscharakteristika des Einkaufens im Internet

---

[11] Die Autoren operationalisieren die Erprobbarkeit als Technologiezugang und die anderen Charakteristika gemeinsam als Technologieinvolvement. Dies lässt zumindest für die Komplexität keine Aussage zu, da diese gegenläufig zu den anderen Charakteristika wirkt.

[12] In dieser Studie werden vier einstellungsorientierte Teilakzeptanzen als endogene Variable untersucht (Informations-, Anbahnungs-, Transaktions- und After-Sales-Akzeptanz). Zudem werden der relative Vorteil in drei separaten Konstrukten (Preis, Leistung, Bequemlichkeit), die Kompatibilität als soziale Wechselbarrieren und die Komplexität als vier separate Nutzungsbarrieren (technisch, funktional, emotional, rechtlich) operationalisiert. Insofern zeigen Doppelkennzeichnen (z.B. + n.s.) an, dass der Effekt nicht durchgängig signifikant für alle exogenen Teilkonstrukte bzw. Teilakzeptanzen ist.

[13] Einfluss des relativen Vorteils und des wahrgenommenen Risikos wird anhand einer Diskriminanzanalyse ermittelt, in der Akzeptierer und Nicht-Akzeptierer (Einstellungsakzeptanz im Sinne einer Verhaltensabsicht) klassifiziert werden.

[14] Die Studie verwendet keine endogenen Größen sondern berichtet nur Häufigkeitsverteilungen bzgl. der Zustimmung zu den einzelnen Indikatoren.

2.2.1.3 Charakteristika der Adoptierer

Einzelne Personen unterscheiden sich erheblich in ihrer Bereitschaft, neue Produkte auszuprobieren und zu nutzen. *Rogers* (1995, S. 261) definiert Innovationsfreudigkeit (Innovativeness) als „the degree to which an individual or other decision making unit of adoption is relatively earlier in adopting new ideas than other members of a social system". Basierend auf dieser zeitlichen Zuordnung beschreibt *Rogers* (1995, S. 262ff.) fünf Idealtypen: Innovatoren sind die ersten 2,5 Prozent der Personen, die eine Innovation übernehmen, die nächsten 13,5 Prozent nennt man Frühadoptierer, gefolgt von der frühen Mehrheit (34 Prozent), der späten Mehrheit (34 Prozent) und schließlich der Gruppe der Nachzügler (16 Prozent), die eine Innovation als Letzte übernehmen. Bezogen auf die in Abschnitt 1.2 genannten Anteile der Onlinekäufer sind neue Onlinekäufer in Deutschland der Gruppe der frühen Mehrheit bzw. bezogen auf die Nutzung ausländischer Internetshops eher noch der Gruppe der Frühadoptierer zuzurechnen.

Kotler/Bliemel (2001, S. 565) fassen *Rogers* (1995, S. 263ff.) Charakterisierung der fünf Adoptierergruppen wie folgt zusammen: „Die Innovatoren sind unternehmenslustig; sie gehen bei Neuheiten bereitwillig ein gewisses Risiko ein. Die Frühadoptierer lassen sich von ihrem Wunsch nach Respekt leiten. Sie sind in ihrem gesellschaftlichen Umfeld die Meinungsführer und übernehmen neue Ideen frühzeitig, aber vorsichtig. Die frühe Mehrheit handelt wohlüberlegt. Die Angehörigen dieser Gruppe übernehmen neue Ideen eher als der Durchschnittsverbraucher, aber selten als allererste. Die späte Mehrheit ist skeptisch und erst dann bereit, eine Innovation anzunehmen, wenn die Mehrheit sie bereits ausprobiert hat. Die Nachzügler schließlich handeln traditionsgelenkt, verhalten sich Veränderungen gegenüber misstrauisch, pflegen Kontakte mit Gleichgesinnten und übernehmen die Innovation nur, weil sie in ihrem Umfeld inzwischen in einem gewissen Maß traditionell erscheint."

Im Sinne der oben genannten Definition von Innovationsfreude kann sie nicht als generell übertragbares Persönlichkeitsmerkmal dienen[15], da eine Person in einem Bereich (z.B. Kleidung) theoretisch ein Innovator, in einem anderen ein Nachzügler (z.B. Ernährung) sein kann (*Kotler/Bliemel*, 2001, S. 565). Deshalb

---

[15] Zu Ansätzen für die Operationalisierung von Innovationsfreude vgl. z.B. *Baumgartner/Steenkamp* (1996, S. 128f.). *Goldsmith/Hofacker* (1991) entwickeln anstelle der Operationalisierung einer generellen Innovationsfreude eine themen-spezifische Innovationsfreude-Skala.

sind in der Adoptionsforschung (zusätzlich) viele Variablen untersucht worden, die mit der (generellen oder produktspezifischen) Innovationsfreude bzw. der Adoptionsrate in Zusammenhang stehen. Die Erkenntnisse aus diesen Studien können wie folgt zusammengefasst werden (*Rogers*, 1995, S. 268ff.; vgl. auch *Kollmann*, 1998, S. 122ff.):

- Sozio-demographische Besonderheiten von Personen, die Innovationen relativ früher übernehmen, sind höhere Bildung, Einkommen und insgesamt höherer sozialen Status.

- Psychographische Besonderheiten von Personen, die Innovationen relativ früher übernehmen, sind höhere Empathie (Fähigkeit, sich in eine andere Person hineinzuversetzen), besseres Abstraktionsvermögen, weniger dogmatisch und fatalistisch[16], höhere Intelligenz und Rationalität, positivere Einstellung gegenüber den Wissenschaften, besserer Umgang mit Unsicherheit und Risiko.

- Bezüglich ihres Kommunikationsverhaltens zeichnen sich Personen, die Innovationen relativ früher übernehmen, durch folgenden Besonderheiten aus: mehr soziale Teilhabe innerhalb und außerhalb (kosmopolitisch) ihres sozialen Systems, mehr Zugang und Nutzung von Kommunikationskanälen (Massenmedien und persönliche Kommunikation), intensivere Suche nach Informationen zu Innovationen und damit mehr Wissen über Innovationen, tendenziell Meinungsführer.

Zu diesen Aspekten liegen zur Zeit nur relativ wenige Ergebnisse in adoptionsorientierten Studien zum Online-Shopping vor. *Bauer/Fischer/Sauer* (2000, S. 1150; vgl. auch *Rudolph/Schröder*, 2004) ermitteln einen Einfluss des Geschlechts (höhere Adoptionsrate bei Männern) jedoch nicht des Alters auf die Adoptionsentscheidung. *Lee/Lee/Eastwood* (2003, S. 274) finden keinen Einfluss soziodemographischer Merkmale (Alter, Bildung, Einkommen) auf die Adoption von Online-Banking. In der Studie von *Eastlick/Lotz* (1999, S. 217) trägt die Meinungsführerschaft zur Prognose der Innovationsannahme bei. *Harms* (2003,

---

[16] Fatalismus bezieht sich auf die Einschätzung einer Person, inwieweit sie die Fähigkeit zur Kontrolle bzw. Einflussnahme auf ihre Zukunft hat. In Bezug auf Innovationen ist dabei insbesondere das Selbstvertrauen, eine Innovation auch anwenden zu können, relevant (*Rogers*, 1995, S. 170). Beispielsweise zeigen Schweizer Frauen im Vergleich zu Männern eher eine negative und sich unterschätzende Beurteilung ihres Internetspezifischen Könnens. Entsprechend ist der Anteil der Online-Shopper unter den Frauen viel geringer als unter Männern (*Rudolph/Schröder*, 2004, S. 166ff.). Zu geschlechtsspezifischen Unterschieden der Internetnutzung vgl. auch *Wolin/Korgaonkar* (2003).

S. 266) zeigt in ihrem Modell auf, dass bei uninformierten Nutzern im Vergleich zu Nutzern von Online-Banking die Einstellung einen deutlich geringeren Effekt auf die zukünftige Nutzungsabsicht hat. *Lee/Allaway* (2002, S. 565) weisen einen positiven Einfluss der wahrgenommenen Kontrolle bei der Nutzung von Internet-shops und der Übernahmeabsicht nach.

Eine Reihe von adoptionsorientierten Studien bezieht dagegen eine generelle oder Internet-spezifische Innovationsfreude der Internetnutzer in die Erklärung der Akzeptanz des Einkaufens im Internet mit ein[17]. *Ha/Stoel* (2004, S. 382) finden zwar einen moderaten Einfluss der generellen Innovationsfreude auf die Informationssuche in Internetshops, aber keinen signifikanten Zusammenhang mit dem Kauf von Bekleidung im Internet. *Citrin et al.* (2000, S. 297f.) ermitteln einen positiven Zusammenhang zwischen Internet-spezifischer Innovationsfreude (nicht jedoch genereller Innovationsfreude) und Online-Shopping. Zudem moderiert die Internet-spezifische Innovationsfreude im Gegensatz zur generellen Innovationsfreude den positiven Effekt der sonstigen Internetnutzung auf die Nutzung des Internets für Einkaufszwecke. *Goldsmith* (2002, S. 23) modelliert eine Wirkung von genereller Innovationsfreude auf die Internet-spezifische Innovationsfreude, die ihrerseits die vergangene und aktuelle Nutzung von Internetshops beeinflusst. Diese Zusammenhänge werden bestätigt, zusätzlich zeigt sich noch ein geringer positiver Einfluss der Internet-spezifischen Innovationsfreude auf die Absicht, zukünftig im Internet einzukaufen. *Blake/Neuendorf/Valdiserri* (2003, S. 163ff.) und *Park/Jun* (2004, S. 545) belegen ebenfalls den Einfluss spezifischer Innovationsfreude auf die Absicht, im Internet einzukaufen. *Brengman/Geuens* (2002, S. 36f.) verwenden schließlich als Operationalisierung der Innovationsfreude das von *Baumgartner/Steenkamp* (1996) vorgestellte Konstrukt des explorativen Konsumentenverhaltens. Dabei zeichnen sich Online-Shopper durch ein höheres Maß an explorativem Kaufverhalten, nicht jedoch explorativem Informationsverhalten als der zweiten Dimension des explorativen Konsumentenverhaltens aus.

---

[17] Bezüglich des Einflusses der Innovationsfreude auf die generelle Internetnutzung vgl. z.B. *Sultan* (2002, S. 657).

2.2.1.4 Relevante Aspekte der Adoptions-Forschung für die Erklärung der Nutzung ausländischer Internetshops

Zusammenfassend erscheinen die folgenden Erkenntnisse aus der Adoptions-Forschung besonders geeignet, um für die Erklärung der Nutzung ausländischer Internetshops berücksichtigt zu werden:

- Als wahrgenommene Charakteristika von (ausländischen) Internetshops sollte deren relativer Vorteil, Kompatibilität und Komplexität bei der Erklärung des Konsumentenverhaltens berücksichtigt werden. Auch das wahrgenommene Risiko scheint ein adoptionsrelevanter Aspekt zu sein.

- Nutzer ausländischer Internetshops sind zur Zeit als Frühadoptierer zu bezeichnen. Insofern sind die sozio-demographischen und psychographischen Besonderheiten von Personen, die Innovationen relativ früher übernehmen, zu beachten. Trotz der Problematik der Innovationsfreude als generelles Persönlichkeitsmerkmal, tragen generelle bzw. Internet-spezifische Innovationsfreude zur Erklärung der Adoption des Online-Shopping bei.

2.2.2 Einstellungsansätze

Einstellungen gelten konzeptionell als besonders verhaltensprägend und zugleich als zugänglich für Messung und Beeinflussung, was ihre herausragende Rolle in Theorie und Praxis der Marktforschung erklärt (*Kroeber-Riel/Weinberg*, 2003, S. 168; *Trommsdorff*, 2003, S. 149). Auch zur Erklärung der Auswahlentscheidung zwischen Einkaufen im stationärem Handel oder in Internetshops erweisen sich nach *Dach* (2002, S. 25ff.) Einstellungsmodelle im Vergleich zu alternativen Modellen für die Erklärung der Betriebsformenwahl als überlegen (s. Tabelle 2.3). Entsprechend werden in diesem Abschnitt zunächst die konzeptionellen Grundlagen von Einstellungsmodellen (Abschnitt 2.2.2.1) und darauf aufbauend die Anwendung von Einstellungsmodellen für das Kaufverhalten im Internet (Abschnitt 2.2.2.2) dargestellt. Ausgehend von einem Einstellungsmodell wurde das Technology Acceptance Model (TAM) entwickelt und in vielen Studien für die Erklärung der Nutzung von Informationstechnologien eingesetzt. Dieses Modell sowie seine Anwendung im Kontext der Nutzung von Internetshops wird in Abschnitt 2.2.2.3 erläutert. Schließlich werden in Abschnitt 2.2.2.4 die relevanten Aspekte der einstellungsbasierten Internetforschung für die Erklärung der Nutzung ausländischer Internetshops zusammengefasst.

| Kriterien | Berücksichtigung bzw. Abbildung | | | |
Grundmodell	Situative Einflussgrößen	Innere Beweggründe der Konsumenten	Operationalisierung der Variablen	Begrenzte Rationalität
Kostenorientierte Modelle		--	--	--
Modelle der Nutzenmaximierung		--	--	--
Lebenszyklus-Modell	--	--		
Involvement-Modell		-	-	
Einstellungsmodelle			-	
- : Kriterium nur teilweise erfüllt; -- : Kriterium nicht erfüllt				

Tab. 2.3:   Beurteilung von Modellen zur Betriebsformenwahl stationärer Handel vs. Internetshop (Quelle: vgl. *Dach*, 2002, S. 53)

2.2.2.1 Konzeptionelle Grundlagen

Während zwischenzeitlich die E-V-Hypothese (Einstellungen bestimmen das Verhalten) angezweifelt wurde (vgl. z.B. *Markard*, 1984, S. 100ff.), zeigen *Six/Eckes* (1996) in einer Zusammenstellung von Metaanalysen empirischer Studien einen konsistent großen Zusammenhang zwischen Einstellung und Verhalten (vgl. auch *Sheppard/Hartwick/Warshaw*, 1988). Entsprechend folgern *Six/Eckes* (1996, S. 8): „Das Konzept der Einstellung bleibt der wichtigste, wenn auch nicht der alleinige Prädiktor für Verhalten." Dies gilt insbesondere, wenn der Konsument kognitiv involviert ist und seine Kaufentscheidungen in einem gewissen Ausmaß gedanklich steuert (*Kroeber-Riel/Weinberg*, 2003, S. 175)[18].

---

[18]   Aus erhebungstechnischer Sicht ist zu beachten, dass Einstellung und Verhalten mit einem möglichst ähnlichen Grad an Allgemeinheit bzw. Konkretheit gemessen werden sollten (Korrespondenzprinzip). So sind bei der Operationalisierung von Einstellung und Verhalten vier Aspekte in Einklang zu bringen: (1) Art der Handlung, (2) Objekt, auf das sich die Handlung bezieht, (3) Kontext der Handlung, (4) Zeitpunkt, zu dem die Handlung ausgeführt werden soll (*Ajzen/Fishbein*, 1980, S. 34f. u. 160ff.; *Frey/Stahlberg/Gollwitzer*, 1993, S. 362f.).

Da auf der anderen Seite das Verhalten nur zu einem bestimmten Grad durch die Einstellung erklärt bzw. prognostiziert werden kann, wurden in Einstellungsmodellen weitere Variablen berücksichtigt (vgl. z.B. die Diskussion bei *Eagly/Chaiken*, 1993, S. 155ff.). Die populärsten Modelle sind dabei die Theorie des überlegten Handels (Theory of Reasoned Action (TRA); *Fishbein/Ajzen*, 1975)[19] und die daraus durch den Einbezug der wahrgenommenen Verhaltenskontrolle (perceived behavioral control) entwickelte Theorie des geplanten Verhaltens (Theory of Planned Behavior (TPB); *Ajzen*, 1985, S. 29ff.). Diese beiden Modelle sind in Abbildung 2.1 dargestellt.

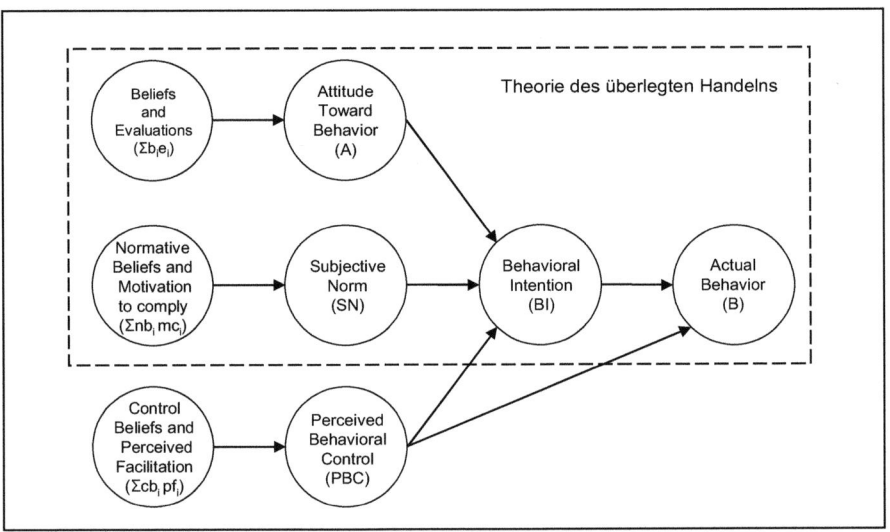

Abb. 2.1: Theorie des geplanten Verhaltens als Erweiterung der Theorie des überlegten Handelns

Die Theorie des überlegten Handelns beschäftigt sich mit der Vorhersage von Handlungen, über deren Ausführung oder Unterlassung eine Person nachdenkt. Sie betont die kausalen Beziehungen zwischen Ansichten[20] (beliefs), Einstellung

---

[19] Die Theorie des überlegten Handels wurde in der im folgenden dargestellten Fassung erstmals in dem Buch von 1975 vorgestellt, aber erst in einem späteren Werk benutzten die Autoren den TRA-Begriff „Theory of reasoned action" (*Ajzen/Fishbein*, 1980, S. 5).

[20] Ansichten bezeichnen die gedankliche Beschreibung des Bildes, das sich eine Person von etwas macht. Sie können auf tatsächlichem Wissen, persönlicher Meinung oder reinem Glauben beruhen (*Kotler/Bliemel*, 2001, S. 347). Andere Autoren übersetzen beliefs als Überzeugungen (vgl. z.B. *Trommsdorff*, 2003, S. 150).

gegenüber dem Verhalten (attitude), Verhaltensabsicht (intention) und tatsächlichem Verhalten (behavior). Dabei ist die Verhaltensabsicht die einzige direkte Determinante des Verhaltens, d.h. sie wirkt als mediierende Variable zwischen dem Verhalten und den übrigen Variablen. Die Verhaltensabsicht ist ihrerseits durch zwei Variablen beeinflusst. Mit der Einstellung gegenüber dem Verhalten wird erfasst, ob die Ausübung eines bestimmten Verhaltens von der handelnden Person positiv oder negativ bewertet wird (affektiver Aspekt)[21]. Die subjektive Norm bezieht sich auf die individuelle Wahrnehmung des sozialen Umgebungsdrucks, ein bestimmtes Verhalten durchzuführen oder zu unterlassen (normativer Aspekt).

Die Theorie des überlegten Handelns postuliert nun, dass Personen ein Verhalten dann ausführen, wenn sie es positiv bewerten und wenn sie glauben, dass für sie bedeutsame Personen es ebenfalls positiv bewerten würden, wenn sie dieses Verhalten zeigen würden (*Frey/Stahlberg/Gollwitzer*, 1993, S. 377). Nach der Theorie des überlegten Handelns ist die Kenntnis der Einstellung und der subjektiven Norm ausreichend, um Verhaltensintentionen und damit auch Verhalten vorherzusagen. Alle anderen Variablen, die ebenfalls Einfluss auf das Verhalten nehmen könnten, können dies nach dem Modell nur vermittelt durch die Einstellung oder subjektive Norm bewirken (*Ajzen/Fishbein*, 1980, S. 9).

Während also mit einer Messung der Einstellung als affektive Gesamtbewertung und der subjektiven Norm als Gesamtheit die Verhaltensprognose möglich ist, bietet die Theorie des überlegten Handelns schließlich noch eine Erklärung, wie diese beiden Größen zustande kommen. Der Einfluss des sozialen Umfeldes manifestiert sich über die Ansicht der Person, inwieweit relevante Bezugspersonen oder Gruppen die Ausführung des Verhaltens begrüßen oder ablehnen (nb_i). Verhaltenswirksam werden diese Ansichten allerdings in Abhängigkeit von der Motivation, sich gemäß den vermuteten Wünschen der jeweiligen Bezugsperson zu verhalten (mc_i).

Auch die (affektive) Einstellung wird über ein Erwartungs-Wert-Messmodell als kognitiver Aspekt determiniert. Hierbei werden für besonders relevante (saliente) Konsequenzen des Verhaltens die jeweiligen Ansichten bezüg-

---

[21] Dies entspricht einer beurteilungsorientierten Definition von Einstellungen: „Attitude is a psychological tendency that is expressed by evaluating a particular entity with some degree of favor or disfavor" (*Eagly/Chaiken*, 1993, S. 1) bzw. Einstellung als "feste subjektive Bewertung eines Objektes" (*Kotler/Bliemel*, 2001, S. 348). Dabei stellt in der Theorie des überlegten Handelns das jeweilige Verhalten das Bezugsobjekt dar.

lich der Wahrscheinlichkeit, dass das Verhalten zur Konsequenz führt (b_i), erhoben. Diese Ansichten werden dann durch die Bewertung der jeweils betrachteten Verhaltenskonsequenz (e_i) gewichtet[22]. Sowohl die salienten Konsequenzen als auch die relevanten Bezugspersonen werden in der Regel in qualitativen Vorstudien ermittelt (vgl. die Anleitung zur Entwicklung eines Fragebogens für die Anwendung der Theorie des überlegten Handels bei *Ajzen/Fishbein*, 1980, S. 261ff.). Insofern ist die Theorie grundsätzlich auf beliebiges Verhalten anwendbar.

Damit Verhaltensabsichten zu Verhalten führen können, müssen zwei Bedingungen gegeben sein: zum einen muss die Verhaltensabsicht kurz vor Ausführung des Verhaltens reflektiert werden[23], und zum anderen muss das Verhalten unter willentlicher Kontrolle stehen (*Frey/Stahlberg/Gollwitzer*, 1993, S. 374). Letzeres bedeutet, dass Personen, wenn sie es wollen, bestimmte Verhaltensweisen auch ohne Probleme ausführen können (*Ajzen/Madden*, 1986, S. 455). Es können jedoch viele Aspekte wie z.B. fehlende Ressourcen, Fertigkeiten oder Gelegenheiten ein Verhalten unmöglich machen. Mit der wahrgenommenen Verhaltenskontrolle (perceived behavioral control) berücksichtigt die Theorie des geplanten Verhaltens von *Ajzen* (1985), die wie in Abbildung 2.1 dargestellt die Theorie des überlegten Handelns erweitert, die Frage, inwieweit das vorherzusagende Verhalten überhaupt von der handelnden Person kontrolliert werden kann. Die wahrgenommene Verhaltenskontrolle ist die Überzeugung einer Person, wie leicht oder schwierig ein Verhalten für sie auszuüben ist (*Ajzen*, 1991, S. 183).

Analog zu den Variablen Einstellung und subjektive Norm wird auch die wahrgenommene Verhaltenskontrolle als Globalvariable durch bewertete Ansichten hinsichtlich der Kontrollmöglichkeit einer Person determiniert. Diese Ansichten beruhen zum einen auf den eigenen vergangenen Erfahrungen, zum anderen auf Informationen aus zweiter Hand, so z.B. den Erlebnissen von Freunden und Bekannten (*Braunstein*, 2001, S. 132). Hierbei verknüpft eine Person ihre Erwartungen bezüglich verhaltensrelevanter Hindernisse bzw. Erleichterungen (cb_i) mit

---

[22] Diese multiplikative Berechnung ist problematisch (*Bagozzi*, 1984, S. 296). Verstärkt wird dieses Problem, wenn im Zuge der Anwendung von Kovarianzstrukturanalysen die Ansichten als einzelne reflektive Indikatoren verwendet werden (vgl. hierzu Abschnitt 4.1). D.h. während *Fishbein/Ajzen* die Ansichten als beobachtbare Variablen behandeln, werden Erwartungen und Bewertungen, letztere ohne theoretische Begründung, als latente Größen in Strukturgleichungsmodellen berücksichtigt (*Braunstein*, 2001, S. 161f.).

[23] Dies ist z.B. bei einem Impulskauf mit starkem emotionalen Involvement nicht gegeben (*Kroeber-Riel/Weinberg*, 2003, S. 175).

dem wahrgenommen Ausmaß, mit dem diese Hindernisse bzw. erleichternden Faktoren das Verhalten tatsächlich verhindern oder vereinfachen (pf_i).

Die wahrgenommene Verhaltenskontrolle wirkt sowohl auf die Verhaltensabsicht als auch auf das Verhalten. D.h. Personen, die sich aufgrund mangelnder Fertigkeiten, Ressourcen oder externer Hindernisse nicht in der Lage sehen, ein bestimmtes Verhalten zu zeigen, werden auch keine entsprechenden Verhaltensabsichten entwickeln (*Frey/Stahlberg/Gollwitzer*, 1993, S. 380). Der direkte, nicht über die Verhaltensabsicht mediierte Zusammenhang zwischen wahrgenommener Verhaltenskontrolle und Verhalten ist nur dann gegeben bzw. zu modellieren, wenn die wahrgenommene Verhaltenskontrolle der aktuell beim Versuch der Handlungsausführung vorliegenden Verhaltenskontrolle nahe kommt. Abgesehen von zufällig auftretenden Faktoren ist diese Situation eher unwahrscheinlich, wenn eine Person z.B. aufgrund von Unerfahrenheit ihre Verhaltenskontrolle im Vorfeld schlecht einschätzen kann (*Ajzen*, 1989, S. 251).

Schon in der Theorie des geplanten Verhaltens werden indendierte Verhaltensweisen als Ziele betrachtet, deren Verwirklichung mit einem gewissen Grad an Unsicherheit verbunden ist[24]. Diesen Gedanken haben *Bagozzi/Warshaw* (1990) in ihrer Theorie des Versuchens (Theory of Trying) aufgegriffen. Sie richtet sich insbesondere auf Verhaltensziele wie z.B. Gewichtsreduktion, Beendigung des Zigarettenkonsums, die eine Person möglicherweise nie oder erst nach wiederholten Anläufen realisiert. Das relevante Verhalten, auf das sich die Variablen des Einstellungsmodells beziehen, ist demnach der Versuch, ein Ziel zu erreichen. Abgesehen von Veränderungen der Erwartungs-Wert-Messmodelle, die zur (affektiven) Einstellung führen[25], wird in die Wirkungskette Einstellung-Verhaltensabsicht-Verhalten der Theorie des überlegten Handelns das vergangene Verhalten eingefügt. Dabei wirkt die Häufigkeit des vergangenen Verhaltens (frequency of past trying) auf die Verhaltensabsicht und das erneute Versuchen und die Aktualität des letzten Versuchs (recency of past trying) auf das erneute Versuchen (*Bagozzi/Warshaw*, 1990, S. 131).

Die Integration des vergangenen Verhaltens in das Einstellungsmodell ist nicht unproblematisch. Grundsätzlich sollte nämlich das vergangene Verhalten in

---

[24] Entsprechend lässt sich die Verhaltensabsicht als Handlungsplan interpretieren, der die Erreichung des Handlungsziels sicherstellen soll (*Braunstein*, 2001, S. 126).

[25] Z.B. werden Erwartungen bzgl. Erfolg und Misserfolg erhoben, die laut *Bagozzi/Warshaw* (1990, S. 127) wesentliche Aspekte der wahrgenommenen Verhaltenskontrolle umfassen.

Form der dabei gesammelten Erfahrungen in die Bildung bzw. Modifikation von Ansichten, Einstellung, subjektiver Norm und wahrgenommener Verhaltenskontrolle eingehen (*Braunstein*, 2001, S. 135). Insofern würde eine verbesserte Erklärung von Verhaltensabsicht und Verhalten durch den Einbezug des vergangenen Verhaltens entweder auf Messfehler oder auf das Fehlen weiterer inhaltlich relevanter Variablen im Modell hindeuten (*Ajzen*, 1991, S. 202). Weiterhin ist darauf hinzuweisen, dass bei unerfahrenen Personen aufgrund ihrer Schwierigkeiten, Vor- und Nachteile sowie die Durchführbarkeit eines Verhaltens sicher einzuschätzen, die subjektive Norm einen stärkeren Einfluss auf die Verhaltensabsicht hat als bei erfahrenen Personen (*East*, 1997, S. 155ff.).

2.2.2.2 Anwendungen im E-Commerce

In empirischen Studien zum Konsumentenverhalten wird das Einstellungskonstrukt in vielfacher Form verwendet. Beispielsweise werden generell Einstellungen zum Internet bzw. zu Internetseiten untersucht (vgl. z.B. *Chen/Clifford/ Wells*, 2002; *Chen/Wells* 1999; *Luo*, 2002) oder Einstellungen im Rahmen von Segmentierungsstudien verwendet (vgl. z.B. *Bauer/Neumann/Hoffmann*, 2004; *Loevenich/Lingenfelder*, 2004). Auch in Rahmen der in Abschnitt 2.2.1 besprochenen Adoptionsforschung werden in einigen Studien Einstellungskonstrukte integriert (vgl. z.B. *Betz*, 2003; *Harms*, 2003). In Tabelle 2.4 werden nur solche Studien besprochen, deren Modelle explizit auf der Theorie des überlegten Handelns (TRA) oder der Theorie des geplanten Verhaltens (TPB) basieren.

Insgesamt zeigen diese Studien, dass Einstellungsmodelle zur Erklärung des Kaufverhaltens im Internet gut geeignet sind. Allerdings modifizieren die Autoren das TRA- bzw. TPB-Grundmodell durch Weglassen von Variablen oder Aufnahme weiterer Variablen teilweise so stark, dass die Studienergebnisse nur bedingt miteinander verglichen werden können. Leider finden sich in den Studien keine Angaben, inwieweit die Aufnahme weiterer Variablen die Erklärungskraft des Einstellungsmodells im Vergleich zum Grundmodell verbessert. Nur noch vereinzelt werden Ansichten über Erwartungs-Wert-Messmodelle erhoben. Stattdessen dienen eine Reihe teilweise sehr unterschiedlicher Ansichtskonstrukte als Determinanten der (affektiven) Einstellungsvariablen.

Studie	Basis-Modell	Modifikation Basismodell	Zentrale Ergebnisse (Abweichung von Modell)
Dach, 2002	TPB	ohne SN; PBC (als nicht-antizipierte Handlungs-restriktionen) beein-flusst nur B; A nicht separat erhoben	Befragung nach konkretem Kaufakt; Starker Zusammenhang A und BI bzw. BI und B; nur in 5 % der Fälle hatten nicht-antizipierte Handlungsre-striktionen dazu geführt, dass andere Betriebsform als beab-sichtigt gewählt worden war (stationärer Handel vs. Internet)
George, 2002	TPB[26]	ohne PBC und SN; Vertrauen, Datennut-zungsrecht Anbieter, Eigene Anonymität als Ansichtskonstrukte; Interneterfahrung als Determinante der An-sichtskonstrukte und des Verhaltens	Eigene Anonymität wegen un-zureichenden Messmodells nicht berücksichtigt; Alle Pfade im Modell signifi-kant, Einfluss BI auf B deutlich höher als (direkter) Einfluss In-terneterfahrung
George, 2004	TPB	ohne BI; B als Verhal-ten in der Vergangen-heit; Ansichtskonstrukte[27]: Vertrauen ins Internet, Datenmissbrauch durch Internetshop beeinflus-sen A; Selbstwirksam-keit als Determinante PBC	Kein Einfluss SN auf B bzw. Datenmissbrauch auf A; restli-che Beziehungen signifikant
Harms, 2003	TRA (Online-Banking)	ohne SN, B = Nicht-Nutzer; Leistungsannahmen und Grundanspruchsannah-men als Ansichtskon-strukte; Involvement und wahr-genommene Souveräni-	Grundannahmen wirken nur mediiert durch Leistungsan-nahmen auf A; wahrgenommene Souveränität wirkt nur mediiert durch Invol-vement auf BI; Effekt A auf BI etwas stärker als Involvement-Effekt;

---

[26] Der Autor geht zwar konzeptionell von TPB aus, aufgrund fehlender (Sekundär-)Daten können wahrgenommene Verhaltenskontrolle und subjektive Norm jedoch nicht berück-sichtigt werden. Stattdessen modelliert er einen direkten Einfluss des vergangenen Verhal-tens (Interneterfahrung) auf das Verhalten.

[27] Die einzelnen Indikatoren der reflektiv operationalisierten Ansichtskonstrukte sind multip-lizierte Größen aus den jeweils erhobenen Erwartungs- und Bewertungsitems. Die Verhal-tensabsicht wird nicht einbezogen, da nur das Vergangenheitsverhalten im Modell als ab-hängige Variable zur Verfügung steht. Dadurch sind Einstellung, subjektive Norm und Verhaltenskontrolle als direkte Determinanten des Verhaltens modelliert.

Studie	Basis-Modell	Modifikation Basismodell	Zentrale Ergebnisse (Abweichung von Modell)
		tät (vergleichbar PBC) wirken auf BI	Effekt A auf BI nimmt im Laufe des Adoptionsprozesses zu
Loevenich, 2002	TRA	Ohne SN und B; Ansichtskonstrukte: Zufriedenheit mit stationärem Handel, Kaufrisiko, 5 Einkaufsmotive; BI (= Substitutionskonkurrenz) als Informations- und Kaufabsicht	Hoher Zusammenhang zwischen A und BI; Wahrgenommenes Kaufrisiko wesentliche Determinante von A; Zufriedenheit und Kaufmotive beeinflussen A nicht oder in geringem Maße (Effekte warengruppenspezifisch)
Pavlou/Chai, 2002	TPB	Ohne B; Vertrauen als Ansichtskonstrukt determiniert A und PBC	In chinesischem Sample alle Pfade signifikant, R^2 BI mehr als doppelt so hoch wie im amerikanischen Sample; in US Sample Einfluss Vertrauen auf A und PBC etwas niedriger, A und SN ohne Einfluss auf BI, PBC-Einfluss doppelt so hoch;
Shih/Fang, 2003	TPB (Online-Banking)	Relativer Vorteil, Kompatibilität, Komplexität als Ansichtskonstrukte	Kein Effekt Kompatibilität auf A; Kein Effekt SN auf BI
Shim et al., 2001	TPB	ohne B; Verhaltensabsicht bzgl. Informationsnutzung (BII) mediiert Wirkung von A, SN, PBC auf BI; Vergangenes Verhalten beeinflusst beide Verhaltensabsichten	SN ohne Einfluss auf BII; zusätzlich direkter Einfluss A auf BI
A = Einstellung; SN = subjektive Norm; PBC = wahrgenommene Verhaltenskontrolle; BI = Verhaltensabsicht; B = Verhalten; TRA = Theorie des überlegten Handelns; TPB = Theorie des geplanten Verhaltens			

Tab. 2.4:   Ausgewählte Einstellungsmodelle zum Kaufverhalten im Internet

2.2.2.3 Technology Acceptance Model (TAM)

Ausgehend von der Theorie des überlegten Handelns (TRA) hat *Davis* (1986) in seiner Doktorarbeit das Technology Acceptance Model (TAM) entwickelt, mit dem die Akzeptanz von Informationstechnologien im organisationalen Kontext erklärt und vorhergesagt werden sollte (vgl. auch *Davis*, 1989; *Davis/Bagozzi/ Warshaw*, 1989). Das in Abbildung 2.2 dargestellte TAM weist allerdings eine Reihe von Unterschieden gegenüber der Theorie des überlegten Handelns auf.

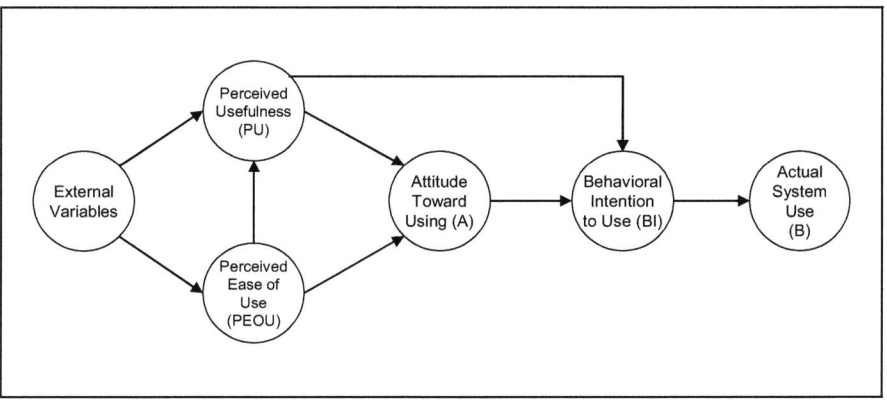

Abb. 2.2:   Technology Acceptance Model (TAM)
(Quelle: vgl. *Davis/Bagozzi/Warshaw*, 1989, S. 985)

Die grundlegende TRA-Verknüpfung Einstellung-Verhaltensabsicht-Verhalten wird zwar übernommen, die kognitiven Ansichten werden jedoch anders modelliert. Anstelle einer situationsspezifisch zu ermittelnden Liste salienter Ansichten als indirektes Erwartungs-Wert-Messmodell der Einstellung beinhaltet TAM zwei allgemeine latente Variablen, die die Einstellung zur Nutzung einer Informationstechnologie determinieren. Es handelt sich um die wahrgenommene Nützlichkeit (Perceived Usefulness) und die wahrgenommene Gebrauchsfreundlichkeit (Perceived Ease of Use) einer Informationstechnologie[28], die über generell verwendbare Indikatoren mittels einer einfachen Ratingskala erhoben werden (vgl. *Davis*, 1990, S. 340). Im Falle der Gebrauchsfreundlichkeit wird zudem ein direkter Einfluss auf die Verhaltensabsicht modelliert, d.h. die Einstellung wird nicht mehr als vollständig mediierende Variable der Ansichten angesehen[29].

---

[28]   *Davis* (1989, S. 320) definiert Perceived Usefulness als „the degree to which a person believes that using a particular system would enhance his or her job performance" und Perceived Ease of Use als „the degree to which a person believes that using a particular system would be free of effort". Die beiden Variablen weisen große Ähnlichkeit mit zwei der in Abschnitt 2.2.1 diskutierten Charakteristika von Innovationen auf: relativer Vorteil bzw. Komplexität (*Moore/Benbasat*, 1991, S. 197). *Mathieson* (1991, S. 179) weist zudem darauf hin, dass das PEOU-Konstrukt auch wesentliche Aspekte der wahrgenommenen Verhaltenskontrolle beinhaltet.

[29]   Zur direkten Wirkung von Ansichten auf die Verhaltensabsicht vgl. auch *Morris et al.* (2002, S. 11).

Schließlich verzichtet TAM auf die subjektive Norm als Determinante der Verhaltensabsicht[30].

Davis/Bagozzi/Warshaw (1989) vergleichen TAM an einem empirischen Beispiel mit der Theorie des überlegten Handelns (TRA). Dabei zeigte die Einstellung keine mediierende Wirkung und zusätzlichen Erklärungsbeitrag. Deshalb schlagen *Davis/Bagozzi/Warshaw* (1989, S. 997) in der abschließenden Ergebnisdiskussion vor, die Einstellung aus TAM zu entfernen, so dass die wahrgenommene Gebrauchsfreundlichkeit neben ihrer indirekten Wirkung über die Nützlichkeit auch direkt die Verhaltensabsicht beeinflusst. Möglicherweise bedingt durch diese „versteckte" Elimination der Einstellung finden sich in den vielfältigen TAM-Anwendungen[31] eine Reihe von Studien, die die Einstellung weiterhin berücksichtigen. Insgesamt haben sich die beiden Konstrukte der wahrgenomenen Nützlichkeit und Gebrauchsfreundlichkeit bewährt und konsistent etwa 40 Prozent der Varianz der Verhaltensabsicht erklärt (*Venkatesh/Davis*, 2000, S. 186). Dabei ist der Effekt der wahrgenommenen Nützlichkeit auf die Verhaltensabsicht zumeist deutlich höher als die Wirkung der wahrgenommenen Gebrauchsfreundlichkeit.

Obwohl für den organisationalen Kontext konzipiert, wird TAM auch zur Erklärung der Nutzung von Informationstechnologien im privatkundenorientierten Kontext verwendet (z.B. *Moon/Kim*, 2001). Entsprechend wurden erste TAM-Studien durchgeführt, in denen die Nutzung von Internetshops bzw. Online-Banking untersucht wurde.[32] Wie die Übersicht in Tabelle 2.5 zeigt, wurde dabei TAM unterschiedlich modifiziert. Insbesondere wurden weitere unabhängige Variablen berücksichtigt, die zusammen mit der wahrgenommenen Nützlichkeit und Gebrauchsfreundlichkeit zu einer besseren Erklärung der Varianz der unabhängigen Variablen Einstellung, Verhaltensabsicht oder Verhalten beitragen. Dabei liegt der Erklärungsbeitrag dieser zusätzlichen Variablen zumeist

---

[30] In einer späteren als TAM2 bezeichneten Fassung, in der auch die externen Variablen näher spezifiziert werden, wird die subjektive Norm allerdings wieder berücksichtigt (vgl. *Venkatesh/Davis*, 2000, S. 188; vgl. auch *Karahanna/Straub*, 1999, S. 239f.; *Venkatesh et al.*, 2003, S. 428).

[31] Vgl. z.B. die Übersicht bei *Gefen/Straub*, 2000, S. 6ff.

[32] Die Notwendigkeit der Berücksichtigung der Gebrauchsfreundlichkeit für die Erklärung des Käuferverhaltens im Internet wird auch in Studien ohne TAM-Bezug belegt (vgl. z.B. *Roy/Dewit/Aubert*, 2001, S.391; *Shim/Shin/Nottingham*, 2002, S. 67ff.; *Sweeney/Lapp*, 2004, S. 280ff.; *Yoo/Donthu*, 2001, S. 41). Zu den am häufigsten genannten Veränderungen, die für bisherige Nicht-Nutzer das Internet interessant machen würden, zählen Aspekte aus dem Bereich der Gebrauchsfreundlichkeit (*Gerhards/Mende*, 2003, S. 369).

zwischen dem Effekt der wahrgenommenen Nützlichkeit und der wahrgenommenen Gebrauchsfreundlichkeit[33]. Mit der Ausnahme von *Singh et al.* (2006a) wird in den Studien allerdings nicht angegeben, welchen zusätzlichen Erklärungsbeitrag über die wahrgenommene Nützlichkeit und Gebrauchsfreundlichkeit hinaus diese Variablen liefern. In der Studie von *Singh et al.* (2006a) erhöht sich der erklärte Varianzanteil (R^2) der Einstellung je nach Land um 0,03 bis 0,1.

Vergleichende Studien zeigen, dass bezüglich der Erklärung von Verhaltensabsichten bzw. des Verhaltens TAM und die Theorie des geplanten Verhaltens (TPB) vergleichbare Ergebnisse erzielen (*Mathieson*, 1991, S. 173; *Taylor/Todd*, 1995, S. 144). TAM ist in der Anwendung deutlich einfacher, da die Vorerhebung salienter Ansichten nicht benötigt wird. Dies hat aber zur Folge, dass aus einer (reinen) TAM-Studie ein Anbieter keine Hinweise gewinnen kann, wie die wahrgenommene Nützlichkeit und Gebrauchsfreundlichkeit beeinflusst werden können. Abschließend ist darauf hinzuweisen, dass die von *Davis* (1989, S. 340) ursprünglich vorgeschlagene Operationalisierung der wahrgenommenen Nützlichkeit und Gebrauchsfreundlichkeit von den verschiedenen TAM-Nutzern immer wieder modifiziert wurde. Dadurch ist für diese beiden latenten Variablen auch die in Abschnitt 4.1.1.3 diskutierte Problematik reflektiver versus formativer Messmodelle relevant.

Studie	Einstellung berück-sichtigt	Sonstige Modifikation TAM	Zentrale Ergebnisse
Anandaraja/ Igbaria/ Anakwe, 2000	Nein (Online-Banking)	Vergnügen (E); Subj. Norm (SN); ohne BI: B ist Nutzung in der Vergangenheit	E- und PU-Wirkung auf B nicht signifikant; SN-Effekt höher als PEOU-Wirkung; PEOU beeinflusst E, geringer als PEOU-Wirkung auf PU
Chen/ Gillenson/ Sherrel, 2002	Ja	Kompatibilität (K); B ist Nutzung in der Vergangenheit	K beeinflusst PU und A; Kein direkter Effekt PU auf BI
Childers et al., 2001	Ja	Vergnügen (E); ohne PEOU-PU;	E verbessert Erklärung A; Effektunterschied zu PU-Wirkung

---

[33] Die in Zusammenhang mit der in Abschnitt 2.2.3 besprochenen Flow-Theorie besonders relevante Variable Vergnügen wurde bereits von *Davis/Bagozzi/Warshaw* (1992, S. 1124) in TAM eingeführt. Dabei zeigte Vergnügen einen signifikante Zusammenhang mit der Verhaltensabsicht, der Effekt der wahrgenommenen Nützlichkeit war jedoch etwa viermal so groß.

Studie	Einstellung berück- sichtigt	Sonstige Modifikation TAM	Zentrale Ergebnisse
		ohne BI und B	abhängig von Art des Internet- shops; E-Effekt höher als PEOU-Wirkung
Gefen/ Karahanna/ Straub, 2003	Nein	Vertrauen (T); ohne B	T verbessert Erklärung BI; T-Effekt geringer als PU-Wirkung, vergleichbar mit PEOU-Wirkung; PEOU beeinflusst T
Gefen/ Straub, 2000	Nein	Ohne B	PEOU beeinflusst BI nur, wenn In- ternetshop ausschließlich zur In- formationssuche benutzt wird
O'Cass/ Fenech, 2003[34]	Ja	Ohne BI; B ist Nutzung in der Vergangenheit; Interneterfahrun- gen, Persönlich- keit, Einkaufsori- entierung determi- nieren PEOU/PU	Effekt PU auf Einstellung doppelt so hoch wie PEOU-Effekt; Interneterfahrungen und Persön- lichkeit beeinflussen PU und PEOU (insb. großer Zusammenhang Inter- neterfahrungen und PEOU), Ein- kaufsorientierung hat keinen Effekt
Pikkarainen et al., 2004	Nein (Online- Banking)	Vergnügen (E); Information (I); Sicherheit (S); Qualität der Inter- netverbindung (Q) ohne BI; B ist Nutzung in der Vergangenheit;	E, S, Q; PEOU nicht signifikant; PU-Effekt höher als I-Wirkung; keine Verknüpfungen zwischen den sechs unabhängigen Variablen be- rücksichtigt
Singh et al., 2006a	Ja	Kulturelle Anpas- sung der Website (CA); ohne B	CA beeinflusst PEOU und A; CA-Effekt auf A geringer als PU- Wirkung, Effektunterschied zu PEOU-Wirkung je nach Stichprobe (Konsumenten aus drei Ländern)
A = Einstellung; SN = subjektive Norm; PEOU = wahrgenommene Gebrauchsfreundlichkeit; PU = wahrgenommene Nützlichkeit; BI = Verhaltensabsicht; B = Verhalten; TAM = Techno- logy Acceptance Model			

Tab. 2.5:   TAM-Studien zur Nutzung von Internetshops

---

[34] Interneterfahrungen und Persönlichkeit sind mehrdimensionale, reflektiv (sowohl konzepti- onell als auch basierend auf den berichteten Daten des Messmodells) als fehlspezifiziert zu bezeichnende Konstrukte. Interneterfahrungen umfasst dabei Kompatibilität des Internet- shopping mit dem sonstigen Einkaufen, Zufriedenheit mit Internetseiten, wahrgenommene Sicherheit im Internet und das auf *Bandura* (1986, S. 390ff.) zurückgehende Self-Efficacy- Konzept (Selbstwirksamkeit); hier die Selbstwahrnehmung bzgl. der Fähigkeiten zur Inter- netnutzung. Persönlichkeit umfasst Meinungsführerschaft bzgl. Internet und Impulsivität des Einkaufsverhaltens. Die Einkaufsorientierung ist eine Einstufung des Internetshopping zwischen Unterhaltung und funktionaler Ausrichtung.

2.2.2.4 Relevante Aspekte einstellungsbasierter Internetforschung für die Erklärung der Nutzung ausländischer Internetshops

Zusammenfassend erscheinen die folgenden Erkenntnisse aus der einstellungsbasierten Internetforschung besonders geeignet, um für die Erklärung der Nutzung ausländischer Internetshops berücksichtigt zu werden:

- Einstellungsmodelle sind grundsätzlich geeignet, das Konsumentenverhalten im Internet zu modellieren.

- Da grundsätzlich zu beachten ist, inwieweit der Konsument das Internet bzw. einen Internetshop bedienen kann bzw. zu können glaubt, sind die Aspekte Gebrauchsfreundlichkeit und wahrgenommene Verhaltenskontrolle von Relevanz. Insofern bildet die Theorie des geplanten Verhaltens (TPB) ein vielversprechendes Basismodell.

- Aus TAM sowie den verschiedenen Anwendung der Theorie des geplanten Verhaltens lässt sich die Idee ableiten, die einstellungsrelevanten Ansichten nicht als Erwartung-Wert-Messmodell sondern als Konstrukte zu modellieren. Dabei ist die mediierende Wirkung der Einstellung als affektive Gesamtbewertung zu überprüfen.

- Ansatzpunkte für die Gestaltung der Ansichts-Konstrukte bietet eine Verknüpfung mit den Erkenntnissen der Adoptionsforschung wie z.B. relativer Vorteil oder Komplexität, die mit der Nutzung ausländischer Internetshops verbunden sind.

2.2.3 Flow-Theorie

2.2.3.1 Konzeptionelle Grundlagen

Weitere Ansatzpunkte zur Beschreibung und Erklärung des Verhaltens von Internetnutzern bietet die Flow-Forschung, die auf *Csikszentmihalyi* (vgl. z.B. 1999) zurückgeht und von *Hoffman/Novak* (1996) in die Online-Marketingdiskussion eingeführt wurde. *Hoffman/Novak* (1996, S. 57) definieren Flow im Internet als „the state occurring during network navigation which is (1) characterized by a seamless sequence of responses facilitated by machine interaction, (2) intrinsically enjoyable, (3) accompanied by a loss of self-consciousness, and (4) self-reinforcing".

Insbesondere kann der für Flow charakteristische Aspekt des Vergnügens an der Ausübung einer Aktivität als wesentliche Determinante für die Nutzung des Internets betrachtet werden (*Bauer/Grether/Borrmann*, 2001, S. 17). Insofern findet die in Abschnitt 2.2.2.3 in einigen Studien festgestellte Erweiterung des TAM-Modells um das Konstrukt „Vergnügen" ihre Rechtfertigung auch in der Flow-Theorie. Auf der anderen Seite ist bei einer vorwiegend extrinsisch motivierten Internetnutzung, wie z.b. der möglichst effizienten Erledigung eines Einkaufs, der Flow-Ansatz für die Erklärung der Internetnutzung nicht sinnvoll (*Bauer/Grether/Borrmann*, 2001, S. 20). Dies könnte auch erklären, warum in den beiden TAM-Studien zum Online-Banking der Vergnügen-Verhalten-Pfad nicht signifikant war (*Anandarajan/Igbaria/Anakwe*, 2000, S. 308; *Pikkarainen et al.*, 2004, S. 231).

Zeithaml/Parasuraman/Malhotra (2002, S. 363) gehen davon aus, dass das Einkaufen im Internet vorwiegend funktional motiviert ist[35] und deswegen der Flow-Ansatz für diese Internetanwendung irrelevant ist. Dagegen verweisen *Bauer/Neumann/Mäder* (2005, S. 102) auf die Verknüpfung von Wunsch nach Unterhaltung und Einkaufen im Internet (vgl. auch *Parsons*, 2002, S. 384; *Wolfinbarger/Gilly*, 2001, S. 38ff.). *Smith/Sivakumar* (2004, S. 1200ff.) schlagen basierend auf den Variablen wahrgenommenes Risiko, Kaufabsicht als Grund des Besuchs einer Internetseite, Selbstvertrauen, Produktart (Sach- vs. Dienstleistung) und Kaufgelegenheit (geplanter vs. Impulskauf) einen situativen Erklärungsansatz für die Flow-Relevanz zur Erklärung des Einkaufsverhaltens im Internet vor.

Flow ist weiterhin damit verbunden, dass sowohl die wahrgenommenen Herausforderungen als auch die Fähigkeiten eine Person auf einen hohen Niveau liegen und einander entsprechen. Wenn die persönlichen Fähigkeiten die Herausforderungen der Nutzung eines Internetangebots übersteigen, langweilt sich der Konsument tendenziell, während er im umgekehrten Fall Unsicherheit empfindet (*Grabner-Kräuter*, 2000, S. 321)[36]. Entsprechend wird in empirischen Untersuchungen auch das Konstrukt der wahrgenommenen Kontrolle in mit der Theorie des geplanten Verhaltens vergleichbarer Operationalisierung berücksichtigt. Allerdings ist bisher nicht geklärt, ob Flow interne Kontrollüberzeugung beeinflusst oder die Wirkungsrichtung umgekehrt verläuft (*Tzanetakis*, 2001). Entsprechend

---

[35] Vgl. dazu auch *Donthu/Garcia*, 1999, S. 56; *Mathwick/Malhotra/Rigdon*, 2002, S. 56.

[36] Wie Webseiten flow-fördernd gestaltet werden sollten vgl. z.B. *Rettie*, 2001, S. 111.

uneinheitlich wird diese Variable in Modellen berücksichtigt (vgl. z.B. *Diehl*, 2002, S. 170 im Gegensatz zu *Novak/Hoffman/Yung*, 2000, S. 34).

2.2.3.2 Empirische Befunde in Zusammenhang mit der Nutzung von Internet-shops

Mittlerweile wurde in ersten empirischen Studien der Zusammenhang von Flow und Kaufverhalten im Internet untersucht. Auffallend ist zunächst (s. Tabelle 2.6), dass aufgrund von Operationalisierungsproblemen der Flow-Variablen (*Bauer/Mäder/Fischer*, 2003, S. 231) teilweise auf eine direkte Operationalisierung verzichtet wird. Wo dies geschieht, zeigt sich jedoch kein bzw. nur ein indirekter Einfluss der Flow-Variablen auf Ergebnisgrößen wie Einstellung oder Verhalten(sabsicht). Dabei scheint die mit Flow verbundene Verzerrung des Zeitgefühls im Vergleich mit dem Vergnügen keinen Erklärungsbeitrag zu liefern. Insofern resultiert aus der Flow-Forschung im Vergleich zu einstellungsorientierten Ansätzen vor allem die Idee, das Vergnügen-Konstrukt als zusätzliche Variable für die Erklärung des Kaufverhaltens im Internet zu berücksichtigen[37].

Studie	Flow-Messung	Weitere verhaltensrelevante Variablen	Zentrale Ergebnisse
Bauer/ Grether/ Borrmann, 2001	Nein	Vergnügen*, (Verzerrung des Zeitgefühls VZ)	Vergnügen beeinflusst Nutzungsabsicht positiv, keine signifikante Wirkung auf exploratives Surfen; VZ keine signifikante Wirkung auf exploratives Surfen
Bauer/ Mäder/ Fischer, 2003	Nein	Vergnügen*, Telepräsenz (= Verzerrung des Zeitgefühls)	Vergnügen beeinflusst direkt sowie indirekt über Stimmung und Informationsqualität die Einstellung zu einer Markenhomepage
Betz, 2003	Nein	Vergnügen, Verzerrung des Zeitgefühls (VZ)	Vergnügen und VZ ohne ausreichende Diskriminanzvalidität, VZ-Indikatoren eliminiert; Vergnügen beeinflusst die 4 untersuchten einstellungsorientierten Akzeptanzkonstrukte, größter Effekt bei Informationsakzeptanz,

---

[37] Zum Vergnügen als erklärende Variable für das Kaufverhalten im Internet vgl. auch *Menon/Kahn* (2002) und *Nacif* (2002, S. 297f.) sowie die Übersicht über die TAM-Studien in Abschnitt 2.2.2.3.

Studie	Flow-Messung	Weitere verhaltensrelevante Variablen	Zentrale Ergebnisse
			mittlere Effekte bei Anbahnungs- und After-Sales-Akzeptanz, geringer Effekt bei Transaktionsakzeptanz
Diehl, 2002	Ja	Surfspaß, Kontrolle	Surfspaß und Kontrolle beeinflussen die Verhaltensabsicht; Effekt der Kontrolle viermal so groß[38]
Koufaris/ Kambil/ LaBarbera, 2002	Nein[39]	Vergnügen, wahrgenommene Kontrolle	Wirkung Vergnügen auf ungeplante Käufe und Wiederbesuchsabsicht nicht signifikant; wahrgenommene Kontrolle wirkt nur auf Wiederbesuchsabsicht
Mathwick/ Rigdon, 2004	Indirekt über Clusteranalyse	Escapism und Vergnügen als Dimensionen von Perceived Play	Vergnügen korreliert im Vergleich mit Escapism bzw. Perceived Play am stärksten mit Einstellung zur Website
Novak/ Hoffman/ Yung, 2000	Direkt*	Nein	Keine Wirkung Flow auf Internetverhalten (exploratives Surfen)
* Wahrgenommene Kontrolle als Determinante von Flow bzw. Vergnügen			

Tab. 2.6:   Flow-Studien zur Nutzung von Internetshops

Allerdings werfen diese Flow-Studien im Vergleich zu den einstellungsorientierten Ansätzen Fragen auf. Dies bezieht sich zum einen auf die Rolle des Vergnügen-Konstrukts zur Einstellung. Wo die Einstellung berücksichtigt wird, wird Vergnügen als Determinante der Einstellung modelliert. Die Studien, in denen Vergnügen auf die Verhaltensabsicht bzw. das Verhalten wirkt, haben dagegen die Einstellung nicht berücksichtigt. Von daher stehen noch Studien aus, in denen Vergnügen zusammen mit Einstellung und Verhaltensabsicht bzw. Verhalten

---

[38]   *Diehl* (2002, S. 222) hat zuvor ein Modell getestet, in dem die Verhaltensabsicht über Involvement und Gefallen erklärt wird. Danach fügt sie zwischen diesen Variablen und der Verhaltensabsicht das vollständig mediierende Flow-Konstrukt mit seiner Wirkung auf Surfspaß und Kontrolle ein. Da die Autorin sowohl den Mediations-Aspekt nicht thematisiert und entsprechend nicht testet als auch keine Angaben macht, inwieweit sich die erklärte Varianz der Verhaltensabsicht zwischen beiden Modellen unterscheidet, ist die Aussagekraft ihrer Studie kritisch zu hinterfragen.

[39]   Die Autoren begründen mit der Flow-Theorie die Berücksichtigung von Vergnügen und Kontrolle als unabhängige Variablen in ihrem Modell: „The sense of perceived control and enjoyment that people feel when they are involved in an activity are two of the main components of flow" (*Koufaris/KambilLaBarbera*, 2002, S. 118).

modelliert wird. Zum anderen sind diese Studien auch bezüglich der Modellierung der wahrgenommenen Kontrolle widersprüchlich. Während einige dieses Konstrukt vergleichbar mit der Theorie des geplanten Verhaltens zusätzlich zum Vergnügen als Determinante von Verhaltensabsicht bzw. Verhalten berücksichtigen, ist in anderen Studien die wahrgenommene Kontrolle eine Determinante von Vergnügen bzw. Flow.

Zusammenfassend ist aus der Flow-Forschung am ehesten die Berücksichtigung des Vergnügens für die Erklärung der Nutzung ausländischer Internetshops abzuleiten.

2.2.4 Wahrgenommenes Risiko

2.2.4.1 Konzeptionelle Grundlagen

Der Einkauf im Internet birgt alleine schon aufgrund der mangelnden Inspektionsmöglichkeit der Produkte zusätzliche Risiken für den Konsumenten (*Tan*, 1999, S. 163). Testkaufstudien von Verbraucherorganisationen belegen die Spannweite möglicher Probleme beim Online-Shopping (*Scribbins*, 1999 u. 2001). Gleichzeitig werden die Konsumenten immer wieder mit Nachrichten über betrügerisch-kriminelle Aktivitäten im Internet konfrontiert (*Saban/ McGivern/Saykiewicz*, 2002). Entsprechend sind mangelndes Vertrauen in Sicherheitsstandards oder Lieferbedingungen wichtige Argumente gegen die Nutzung von Internetshops (*Fantapié Altobelli/Grosskopf*, 1998, S. 154). „Psychologischen Barrieren kommt bei der Beurteilung der Einkaufsstätte Internet demnach eine große Bedeutung zu." (*Bauer/Sauer/Becker*, 2003, S. 183).

Das von einem Konsumenten wahrgenommene Risiko kann als Resultat eines unvollständigen Informationsstandes und als Unsicherheit im Hinblick auf potenzielle Verluste interpretiert werden. Verhaltenswirksam wird das Risiko, wenn die diesbezügliche (individuenspezifische) Toleranzschwelle überschritten wird. Der Konsument verspürt dann den inneren Antrieb, durch risikoreduzierende Maßnahmen wie z.B. der Suche nach zusätzlichen Informationen oder Nutzung bekannter Marken oder Einkaufsstätten das empfundene Risiko unter die Toleranzschwelle zu drücken (*Bauer/Sauer/Becker*, 2003, S. 184).

Konsumenten können Risiken bezüglich einer Vielzahl von Aspekten wahrnehmen. In der Regel wird zwischen fünf Risikoarten unterschieden: dem funktionalen, dem finanziellen, dem psychischen, dem sozialen sowie dem psychologischen Risiko (*Lingenfelder*, 2001, S. 379). Als spezifische Ausprägungen dieser Risikoarten bzw. zusätzliche Risikoarten können beim Online-Shopping eine Vielzahl von Risiken wirken. Wie Tabelle 2.7 zeigt, wird dabei die Nutzung ausländischer Internetshops als potenziell risikosteigernd angesehen.

Endogene Risiken (zwischen Anbieter und Kunde)	
Repräsentationsrisiko (funktionales Risiko)	Leistung entspricht nicht den im Internetshop zugesicherten oder den darauf aufbauend vom Kunden erwarteten Eigenschaften
Fulfillmentrisiko	Leistung wird nicht wie vertraglich vereinbart erbracht
Netzwerkrisiko (bei verteilter Leistungserstellung)	Unsicherheit, ob alle an der Leistungserstellung beteiligten Partner des Anbieters vertrauenswürdig sind bzw. ihre Leistung erbringen (z.B. Bank, Logistikdienstleister, etc.)
Privacy-Risiko	Risiko der Preisgabe und des Missbrauchs der vom Anbieter gewonnenen Kundeninformationen
Zeitverlustrisiko	Zeitverlust beim Internetkauf in Bezug auf die Zeitspanne zwischen Bestellung und Erhalt der Ware bzw. zwischen Erhalt, Rücksendung und Ersatz nicht zufriedenstellender Ware
Exogene Risiken (dem Internet immanent)	
Risiken des Mediums	
Kommunikationsrisiko	Verlust, Dopplung, Modifikation, Ausspähen oder mangelnde Verbindlichkeit der Nachricht
Authentifizierungsrisiko	Transaktionspartner ist nicht der, der er zu sein vorgibt
Medienbedingt höheres strukturelles Risiko	Unerlaubte Transaktionen können schneller, mit weniger Spuren, mit größerer Reichweite und mit viel mehr beteiligten ausgeführt werden
Risiko mangelnder Vertrautheit	Transaktionsbezogene Risiken des Mediums können schlechter abgeschätzt werden
Rechtliche Risiken (insbesondere bei der Nutzung ausländischer Internetshops)	
Vertragsrisiko	Risiko der Ungültigkeit von Transaktionen und Verträgen aufgrund unterschiedlicher nationaler Rechtslagen
Verbraucherschutzrisiko	Unterschiede und Unsicherheiten in Bezug auf national verschiedene Verbraucherschutz- und Datenschutzstandards
Durchsetzungsrisiko	Durchsetzung berechtigter Ansprüche erweist sich als aufwendig oder unmöglich, z.B. unterschiedlicher Rechtslagen bei Nutzung ausländischer Internetshops

Tab. 2.7:   Risiken im Online-Shopping aus Sicht der Konsumenten (Quelle: vgl. *Riemer/Klein*, 2001, S. 713; vgl. auch *Loevenich*, 2001, S. 91; *Bauer/Sauer/Becker*, 2003, S. 188f.)

2.2.4.2 Empirische Befunde

Mittlerweile sind mehrere Studien veröffentlicht, in denen das wahrgenommene Risiko in Modellen zur Erklärung der Akzeptanz bzw. Nutzung von Internet-shops integriert wurde[40]. Die in Bezug auf das wahrgenommene Risiko wesentlichen Ergebnisse dieser Studien sind in Tabelle 2.8 zusammengestellt.

Zunächst fällt auf, dass in der Mehrzahl der Studien nur das Globalrisiko untersucht wird. Wenn Teilrisiken berücksichtigt werden, sind die Ergebnisse widersprüchlich. Zum einen scheint es nur bedingt zu gelingen, über Teilrisiken das wahrgenommene Globalrisiko möglichst komplett abzubilden. In den Studien von *Bauer/Sauer/Becker* (2003) und *Loevenich* (2002) wird so nur 54 bzw. 61 Prozent der Varianz des Globalrisikos abgedeckt. Zum anderen weisen nicht alle Teilrisiken signifikante Effekte auf die in den Studien betrachteten endogenen Größen auf. Dabei ergibt sich, nicht zuletzt bedingt durch die Berücksichtigung unterschiedlicher Teilrisiken bzw. Verwendung unterschiedlicher Definitionen, kein einheitliches Bild von einflussreichen vs. einflusslosen Teilrisiken.

Weiterhin sticht ins Auge, dass das Risiko-Konstrukt an den unterschiedlichsten Stellen in den getesteten Modellen berücksichtigt wird. Tendenziell lässt sich dabei sagen, dass der Effekt des Risikos geringer wird, je verhaltensnäher die endogene Variable ist, auf die das Risiko-Konstrukt wirkt. Die einzige Ausnahme bildet die Studie von *Bauer/Sauer/Becker* (2003), in der zumindest das vergangene Verhalten mit dem Risiko-Konstrukt sehr gut erklärt werden kann.

Nur wenige Studien berücksichtigen Determinanten des wahrgenommenen Risikos. Hier wirken insbesondere eine größere Kauferfahrung im Internet bzw. ein von den Konsumenten hoher erwarteter Nutzen risikosenkend. Widersprüchlich bleibt der Zusammenhang zwischen Vertrauen und wahrgenommenem Risiko. Vertrauen wird von einigen Autoren als wichtige Stellgröße für die Akzeptanz des Online-Shopping gesehen (z.B. *Bauer et al.*, 2004; *Gefen*, 2002; *Pavlou/Chai*, 2002; *Urban/Sultan/Qualls*, 2000; *Yoon*, 2002), die durch spezifische Gestaltungsmaßnahmen für den Internetshop sichergestellt werden soll (z.B. *Bauer/Neumann/Mäder*, 2005; *Grabner-Kraeuter*, 2002; *Roy/Dewit/Aubert*, 2001).[41] Da Vertrauen und wahrgenommenes Risiko eng miteinander verknüpft

---

[40] Zur Wirkung von wahrgenommenen Risiken auf die generelle Internetnutzung vgl. z.B. *Gierl/Hammer* (2002).

[41] Die Rolle des Vertrauens wird auch, basierend auf der Commitment-Trust-Theorie von *Morgan/Hunt* (1994), in Zusammenhang mit Kundenbeziehungsmanagement im Internet

sind, ist aus pragmatischer Sicht eine Klärung des Ursache-Wirkungs-Zusammenhangs zweitrangig. Ob eine konkrete Maßnahme wie z.B. die Verwendung eines Internet-Siegels über eine Senkung des wahrgenommenen Risikos das Vertrauen steigert oder über eine Erhöhung des Vertrauens das Risiko reduziert, kann offen bleiben, solange die Maßnahme letztendlich die Akzeptanz des Internetshops erhöht[42].

Studie	Determinanten des Risikos	Konsequenzen des Risikos	Zentrale Ergebnisse
Bauer et al., 2004	n.b.	Vertrauen (als Determinante von Einstellung und Verhaltensabsicht)	Risiko hat moderaten (positiven?)[43] Einfluss auf Vertrauen
Bauer/Sauer/ Becker, 2003	n.b.	Kauf in der Vergangenheit (Modell 1); Kaufabsicht (Modell 2)	Risiko hat größten (negativen) Effekt auf Kauf; zusätzlich erklären Nutzungsdauer, spezifisches Selbstvertrauen u. Alter; Risiko hat moderaten (negativen) Effekt auf Kaufabsicht; zusätzlich erklären Kaufhäufigkeit und Selbstvertrauen
Gefen, 2002	Vertrauen	Loyalität (als Verhaltensabsicht)	Moderater negativer Effekt Vertrauen-Risiko; kein Effekt Risiko auf Loyalität; direkter Effekt Vertrauen auf Loyalität
Jarvenpaa/ Todd, 1997	n.b.	Einstellung; Verhaltensabsicht	Hoher negativer Einfluss auf Einstellung, kein signifikanter Effekt auf Verhaltensabsicht
Jarvenpaa/ Tractinsky, 1999	Vertrauen	Einstellung; Verhaltensabsicht	Hoher negativer Effekt Vertrauen-Risiko; Negativer Effekt Risiko-Einstellung höher als Risiko-Verhaltensabsicht
Lee/Allaway, 2002	Predictability, Controllability, Outcome Desirability	n.b.	Alle drei Determinanten wirken risikoreduzierend, allerdings wirken Predictability und Controllability nicht risi-

---

diskutiert (vgl. z.B. *Fassott*, 2004a; *Harris/Goode*, 2004; *Nacif*, 2003, S. 98ff.).

[42] Zu Maßnahmen der Risikoreduktion durch Internetshops vgl. z.B. *Tan* (1999) und *Van den Poel/Leunis* (1999),

[43] Während im Hypothesensystem ein negativer Einfluss postuliert wird, wird im Ergebnisteil der berichtete positive Einfluss als hypothesenkonform bezeichnet. Möglicherweise wurde die Skala konvertiert.

Studie	Determinanten des Risikos	Konsequenzen des Risikos	Zentrale Ergebnisse
			kosenkend, solange der Konsument den Nutzen (Desirability) des Online-Shopping nicht positiv einschätzt
Loevenich, 2002[44]	n.b.	Einstellung (als Determinante von Verhaltensabsicht)	Risiko hat in den beiden Stichproben (Bekleidung und Unterhaltungselektronik) sehr hohen negativen Einfluss auf die Einstellung; andere Einstellungsdeterminanten (Einkaufsmotive, Zufriedenheit mit dem stationären Handel) haben keinen oder geringen Einfluss
Teilrisiken			
Bauer/ Fischer/Sauer, 2000	n.b.	Nutzung in der Vergangenheit	Finanzielles Risiko und Informationsrisiko ohne Effekt
Bauer/Sauer/ Becker, 2003	Online-Kauferfahrung (K); Internet-Affinität (IA); Selbstvertrauen (S); Soziodemogr. (GAE) Teilrisiken: Funktional Persönlich Finanziell I, II Zeitverlust I, II	Gesamtrisiko	Teilrisiken erklären 54 % der Varianz des Gesamtrisikos: Persönliches und Zeitverlust(I)-Risiko ohne Effekt; Einbezug der weiteren Variablen erklärt 61 % der Varianz des Gesamtrisikos: Effekte Teilrisiken wie zuvor; Online-Kauferfahrung und spezifisches Selbstvertrauen mit moderat negativem Effekt; Rest kein Effekt
Eastlick/Lotz, 1999	n.b.	Nutzungsabsicht	Funktionales Risiko kein, Soziales Risiko moderater Effekt
Ko et al., 2004	Nationalität	Nutzung in der Vergangenheit	Keine Gesamtrisikounterschiede zwischen amerikanischen und koreanischen Befragten; Internetkäufer haben niedrigeres Gesamtrisiko (und bei 3 von 6 Teilrisiken: finanziell, zeitlich, psychologisch) als Personen, die nicht im In-

---

[44] *Loevenich* (2002, S. 185f.) erhebt zwar als Teilrisiken funktionales, Transaktions-, Convenience-, Preis-, und Datenrisiko, berichtet und verwendet aber nicht die Teilresultate. Die Varianz des zusätzlich erhobenen und verwendeten Globalrisikos wird durch einen Index der Teilrisiken zu 64 % erklärt.

Studie	Determinanten des Risikos	Konsequenzen des Risikos	Zentrale Ergebnisse
			ternet einkaufen
Park/Jun, 2004	n.b.	Nutzungsabsicht	Finanzielles Risiko und Produktrisiko ohne Effekt
n.b. = nicht berücksichtigt			

Tab. 2.8:   Risiko-Studien zur Nutzung von Internetshops

Zusammenfassend bietet die Berücksichtigung des wahrgenommenen Risikos einen zusätzlichen Erklärungsbeitrag, insbesondere wenn das Risiko-Konstrukt für die Erklärung der Einstellung zur Nutzung von Internetshops verwendet wird. Zudem ist aufgrund konzeptioneller Überlegungen zu erwarten, dass das wahrgenommene Risiko im Kontext der Nutzung ausländischer Internetshops an Bedeutung gewinnt.

2.3 Studien zur Nutzung ausländischer Internetshops

Nachdem mit den Literaturanalysen zum internationalen Kaufverhalten im stationären Handel und zum Einkaufen im Internet eine erste Basis für die Modellierung der Nutzung ausländischer Internetshops gelegt ist, werden in diesem Abschnitt Literaturquellen ausgewertet, die sich mit dem Thema ausländische Internetshops befassen. Dabei fällt zunächst auf, dass sich ein Großteil dieser Literatur rechtlichen Rahmenbedingungen bzw. dem Verbraucherschutz widmet. Die wesentlichen Erkenntnisse aus dieser Literatur werden in Abschnitt 2.3.2 dargestellt, nachdem zunächst in Abschnitt 2.3.1 deskriptive Hinweise aus der Literatur über das Ausmaß der Nutzung ausländischer Internetshops zusammengetragen werden. Abschließend werden in Abschnitt 2.3.3 verhaltenswissenschaftlich ausgerichtete Studien in Zusammenhang mit der Nutzung ausländischer Internetshops ausgewertet.

2.3.1 Ausmaß der Nutzung ausländischer Internetshops

Ist die Nutzung ausländischer Internetshops nur eine Randerscheinung? Oder steht die Nutzung ausländischer Internetshops vor einem Boom entsprechend der folgenden Vision: „Within the near future, simple yet extraordinarily powerful price-and-quality search engines and services are likely to have a significant impact on consumer behavior. For a modest annual membership fee, Internet price-search services will be able to identify the cheapest *delivered* large-dollar-ticket products or services available in the world. In such product markets the readily informed consumer will be king, at the click of a button." (*Dickson*, 2000, S. 119, Hervorhebung im Original).

Auch Regierungen und internationale Organisationen interessieren sich für diese Frage. Da die amtlichen Statistiken die Nutzung ausländischer Internet-shops durch Konsumenten nicht abbilden können, gibt es hierzu allerdings nur punktuell Informationen. Die *OECD* (2002, S. 68f.) hat beispielsweise folgende Daten zusammengestellt: In Australien kauft die Hälfte der Online-Shopper (auch) in ausländischen Internetshops ein. Der Umsatz von Internetshops in Singapur wird zum Großteil erzielt durch ausländische Konsumenten aus Thailand, Malaysia, Japan und den USA. Die britische Regierung hat von einem Marktfor-schungsinstitut das Einkaufsverhalten der Briten im Ausland untersuchen lassen (*DTI*, 2002). Die meisten dieser Käufe entfällt auf Urlaubsreisen, Internetkäufe stehen an zweiter Stelle vor Einkäufen anlässlich von Geschäftsreisen oder spe-ziellen Einkaufsreisen sowie Telefonbestellungen. Zwei Drittel der Nutzer aus-ländischer Internetshops kaufen in den USA ein. Nennenswerte Käuferanteile weisen noch Frankreich (24 %), Spanien (17 %), Italien und Hong Kong (je 9 %) auf. Ein Fünftel (der Gesamtstichprobe[45]) hat die Absicht, innerhalb des nächsten Jahres in einem ausländischen Internetshop einzukaufen. Die Hauptmotive für das Einkaufen im Ausland sind niedrigere Preise und bequemes Einkaufen (Con-venience)[46]. Allerdings sind die Nutzer ausländischer Internetshops besorgt, ob sie im Falle von Problemen ihr Geld zurückerstattet bekommen. Sie beklagen auch unklare Informationen, z.B. über den Gesamtpreis inklusive Lieferkosten.

Auch Unternehmen wie Unternehmensberater oder Dienstleistungsanbie-ter für Internetshops untersuchen die Nutzung ausländischer Internetshops. In

---

[45] Diese Zahl muss vor dem Hintergrund gesehen werden, dass der Anteil der Online-Shopper in der Stichprobe etwa 25 % beträgt.

[46] Zwei Zitate von Nutzern ausländischer Internetshops aus dem qualitativen Teil der Erhe-bung verdeutlichen mögliche Nutzungsmotive (*DTI*, 2002, S. 4): „It depends on the saving. If you are going to save an extraordinary amount of money [say by buying a car], then the couple of weeks waiting, or the extra little bit of paperwork you have to do or whatever else is worth it. For a fiver no." „It has got to the stage when you go shopping now that every shopping mall is the same, so everybody ends up with the same kind of things. So it is quite individual (to shop from abroad), you think you are getting something that is a bit different from everybody else."

Tabelle 2.9 sind die bereits in Kapitel 1 zitierten Ergebnisse der Studie von *Ernst & Young* (2001, S. 51ff.) zusammengestellt. Neben den Nutzeranteilen sind auch die beiden wichtigsten Gründe für die jeweilige Nutzung eines ausländischen Internetshops angegeben. Dabei fällt auf, dass deutsche Online-Shopper hauptsächlich aufgrund mangelnder Produktverfügbarkeit in Deutschland und kaum aufgrund günstigerer Preise in ausländischen Internetshops einkaufen.

In % der Online-Käufer (Zeile 1) bzw. Nutzer ausländischer Internetshops	USA	Andere Länder (n=11)	Deutsch-land	Frank-reich	Groß-britan-nien
Online-Kauf in ausländischem Internetshop	12	58	42	53	50
Weil Produkt im Inland nicht verfügbar	53	55	49	50	43
Weil Produkt billiger	25	29	5	39	50

Tab. 2.9:   Nutzung ausländischer Internetshops
              (Quelle: *Ernst&Young*, 2001, S. 51)

WorldPay (2002), ein Anbieter von Internet-Bezahlsystemen berichtet aus einer Befragung von Online-Shoppern in 124 Ländern, dass zwei Drittel keine Bedenken gegen die Nutzung ausländischer Internetshops haben. Die Sprache des Internetshops sowie die Möglichkeit, mit der eigenen Währung bezahlen zu können, werden von mehr als der Hälfte der Befragten als wichtige Gründe für den Abschluss einer Transaktion in einem ausländischen Internetshop genannt. Das Unternehmen berichtet auch aus einer Analyse der Webseiten von 200 Einzelhandelsunternehmen bzw. Herstellern mit Direktvertrieb, dass nur ein Fünftel der Unternehmen ausländische Internetshops betreiben, d.h. Kunden im Ausland beliefern (*WorldPay*, 2001).

Schließlich bieten Studien, die die Auswirkungen des Internets auf Schwellen- und Entwicklungsländer untersuchen, noch Hinweise auf die geographische Reichweite der Nutzung ausländischer Internetshops (z.B. *Sørensen/Buatsi*, 2002). Nach einer Studie der Weltbank besteht eine hohe positive Korrelation zwischen dem Ausmaß der Internetnutzung in diesen Ländern und deren Exporte in die Industrieländer (*Clarke/Wallsten*, 2004). *Wood* (2004, S. 306) berichtet von Internetshops in Indien und Äthiopien, die erfolgreich Kunden aus den Industrieländern gewonnen haben.

2.3.2 Rechtliche Rahmenbedingungen und Verbraucherschutz

Regierungen und internationale Organisation sind relativ frühzeitig auf grenzüberschreitenden Kaufaktivitäten und den dadurch entstehenden Regulierungs-
und Harmonierungsbedarf aufmerksam geworden (z.b. *GAO*, 2002; *OECD*,
2002; *Schulze/Baumgarten*, 2001). Sie werden „nicht umhinkommen, gerade
auch im Hinblick auf die Globalisierung bzw. die Internationalität des Handels,
die bestehenden nationalen Regeln weltweit anzupassen und gegebenenfalls
sinnvoll zu ergänzen. Insoweit werden neue globale Regelungen im Rahmen von
internationalen Abkommen notwendig werden, wie etwa zur Harmonisierung
(z.b. der Besteuerung von Zugangsdiensten oder betreffend der Zollbefreiung
von über das Internet bestellten Waren und Dienstleistungen), zur Setzung von
weltweit geltenden Mindeststandards (z.b. in den Bereichen des Datenschutzes
und der Datensicherheit im elektronischen Zahlungsverkehr, des Namens- und
Kennzeichnungsrechts oder des Urheberrechts im Online-Bereich) oder zur
Rechtsverfolgung und -durchsetzung. Würde man sich solchen globalen Lösun-
gen bewusst verschließen, würde man riskieren, dass internetspezifische und national unterschiedliche Rechtsregeln eine neue Form von nichttarifären Handelshemmnissen bilden, die dem eigentlich erwünschten Ausbau des elektronischen
Geschäftsverkehrs gerade nicht zuträglich wären." (*Gesmann-Nuissl*, 2000,
S. 64)[47].

Besonderes Augenmerk wird darauf gerichtet, welche Konsequenzen bzw.
Möglichkeiten im Falle von Konflikten nach dem Kauf (z.B. Widerrufs- bzw.
Rückgabemöglichkeit, Nicht- oder Falschlieferung, Abwicklung von Produktbe-
anstandungen etc.) dem Beteiligten zur Verfügung stehen (z.B. *Consumers Inter-
national*, 2001; *Köhler*, 1998; *Lopez-Tarruella*, 2001; *Nazerali/Cowan*, 2000).[48]
Kritisch für den Konsumenten ist hierbei die Anwendung ausländischen Rechts

---

[47] Harmonisierung auf der Ebene der Europäischen Union bewirken mit besonderer Relevanz
für die Nutzung ausländischer Internetshops (innerhalb der EU) die Fernabsatz-Richtlinie
aus dem Jahr 1997 (Informationspflichten der Anbieter und Widerrufsrecht des Konsumenten) und die E-Commerce-Richtlinie aus dem Jahr 2000 (Herkunftslandprinzip für Anbieter)
sowie für Fragen des Datenschutzes die Datenschutz-Richtlinie aus dem Jahr 1995. *Wijn-
holds/Little* (2001) diskutieren die diesbezüglichen Unterschiede zu den Regelungen der
USA und bewerten unterschiedliche Ansätze, wie US-Internetshops den europäischen
Markt bedienen können (zu rechtlichen Implikationen für internationale Internetshops vgl.
auch *Ruff*, 2003, S. 71ff.; *Teia*, 2002, S. 361ff.; *Zugelder/Flaherty/Johnson*, 2000).

[48] *Benno* (1993) hat diese Fragen bereits in Zusammenhang mit videotext-basierten oder Fern-
seh-Shop-Systemen diskutiert, die *European Consumer Law Group* (1998) für alle Arten
grenzüberschreitender Geschäfte in der EU.

in einem ausländischen Gerichtsstand einzuschätzen: „Forcing consumers to take their case to a foreign court is, in practice, a denial of access to justice" (*Nazerali/Cowan*, 2000, S. 117). Aber auch Kosten und Zeitverluste für den Konsumenten aufgrund möglicher Verzollung der gekauften Produkte werden diskutiert (*OECD*, 1999). Weiterhin stellt sich die Frage, ob der Datenschutz in vergleichbarem Maße gewährleistet ist, wie es der Konsument für die Nutzung inländischer Internetshops akzeptiert hat (*Caparrós*, 1999).

Consumers International, ein Dachverband nationaler Verbraucherschutzorganisationen, hat in den Jahren 1999 und 2001 Testkäufer aus dreizehn Ländern Produkte im Internet kaufen lassen (*Scribbins*, 1999 u. 2001). Dabei sollten bewusst auch ausländische Internetshops genutzt werden. Die diesbezüglichen Ergebnisse sind allerdings nicht direkt vergleichbar, da in der ersten Studie die Testkäufer ein Produkt sowohl in einem inländischen als auch in einem ausländischen Internetshop ihrer Wahl kaufen sollten, was zu 76 Testkäufen in ausländischen Internetshops aus elf Ländern führte (*Scribbins*, 1999, S. 21). In der zweiten Studie sollte ein Drittel der Produkte im Ausland, begrenzt auf die USA und Großbritannien, gekauft werden, was in 146 Testkäufen resultierte (*Scribbins*, 2001, S. 16). Insgesamt wurden sowohl bei der Nutzung inländischer als auch ausländischer Internetshops zahlreiche Mängel identifiziert, die die Konsumenten schädigen können. Aus Sicht der Nutzung ausländischer Internetshops sind insbesondere die folgenden Aspekte als gravierend und damit das Risiko der Konsumenten erhöhend einzustufen:

- Viele Internetshops bedienen keine ausländischen Konsumenten bzw. nur Konsumenten aus wenigen Ländern. Diese Information ist zumeist nur schwer zu finden bzw. wird Kunden erst direkt vor oder nach dem Kaufabschluss mitgeteilt.

- Nur wenige Internetshops geben klar Auskunft über den geographischen Standort des Unternehmens. Es kommt auch vor, dass im Verlauf der Nutzung der Konsument automatisch auf andere Webseiten umgelenkt wird, so dass er ggf. ohne es zu erkennen in einem anderen Land einkauft.

- Klare Angaben über Kaufbedingungen, insbesondere geltendes Recht und Gerichtsstand in Streitfällen fehlen vielfach.

- Die Gesamtkosten inklusive Lieferung und möglicher Steuern und Zölle werden zumeist nicht angegeben bzw. müssen separat erfragt werden. Teilweise werden Lieferkosten erst genannt, wenn die aktuelle Bestellung nicht mehr im Bestellvorgang storniert werden kann.

- In seltenen Fällen wird das bestellte Produkt nicht geliefert; Lieferzeiten fallen recht lange aus, obwohl teilweise schon direkt nach Bestellung der Preis vom Kreditkartenkonto eingezogen wird.

- In der Regel müssen die Konsumenten im Falle einer Rückgabe, oft auch bei Umtausch mangelhafter Ware, die Rücksendekosten selbst tragen.

Insgesamt fehlt es an Transparenz, so dass der Konsument bei vielen ausländischen (aber auch inländischen) Internetshops nicht sicher sein kann, woran er ist. Obwohl ein Großteil dieser Angaben aufgrund mittlerweile in nationales Recht umgesetzten Richtlinien der Europäischen Kommission für europäische Internetshops verpflichtend ist, stellen auch viele europäische Internetshops diese für den Kunden essentiellen Informationen nicht zur Verfügung. Konsumenten sollten also bei der Nutzung (ausländischer) Internetshops vorsichtig sein und im Falle fehlender Informationen kein Risiko eingehen und von einem Kauf Abstand nehmen (*Scribbins*, 2001, S. 14f.).

2.3.3 Verhaltenswissenschaftlich orientierte Studien zur Nutzung ausländischer Internetshops

Von verhaltenswissenschaftlicher Seite wurde die Nutzung ausländischer Internetshops bisher äußerst selten behandelt[49]. Zudem sind zu einigen konzeptionellen Beiträgen noch keine empirischen Studien durchgeführt bzw. veröffentlicht. Durch die im folgenden vorgestellten Beiträge zieht sich die Frage, was geschieht, wenn ein Konsument auf eine ihm fremdartige (Sprache, Kulturkreis) Webseite (bzw. Internetshop) trifft.[50]

---

[49] Für die Fragestellung dieses Abschnitts sind Studien nicht relevant, die im Stile der traditionellen Forschung zum internationalen Kaufverhalten die Internetnutzung in einzelnen Ländern vergleichen und daraus Rückschlüsse auf den Anpassungsbedarf auf international Zielgruppen ausgerichteter Internetshops ziehen (z.B. *Lynch/Kent/Sriniv*asan, 2001; *Park/ Jun*, 2004; *Pavlou/Chai*, 2002; *Shiu/Dawson*, 2004).

[50] In einer nicht speziell auf die Nutzung ausländischer Internetshops ausgerichteten Studie zu Einkaufsmotiven im Internet erwies stand das Motiv „Lernen über neue Trends" als eines der wesentlichen nicht-funktionalen Motive in engem Zusammenhang mit der Nutzung ausländischer Internetshops. Für mehr als zwei Drittel der Befragten wird dieses Motiv vor allem über den Zugriff auf ausländische Webseiten realisierbar (*Parsons*, 2002, S. 385).

Schuh (1998) erwartet durch die Einführung des Euro als gemeinsame Währung in Europa, dass Konsumenten aufgrund der dadurch erhöhten Preistransparenz verstärkt ausländische Internetshops nutzen. „Konsumenten halten sich bei homogenen Produkten (z.B. CDs, Unterhaltungselektronik, Autos, PCs, englischsprachiger Literatur, Hotelbuchungen) in ihrem Beschaffungsverhalten nicht mehr an die ‚offiziellen‘ Vertriebskanäle (wenn damit höhere Preise verbunden sind)." (*Schuh*, 1998, S. 39)

Harrison-Walker (2002) thematisiert mögliche Barrieren, die einer Nutzung ausländischer Internetshops im Wege stehen. Neben ungünstiger Rahmenbedingungen, wie sie im vorangegangen Abschnitt genannt wurden, sprechen aus Konsumentensicht Sicherheits- und Datenschutzbedenken sowie sprachliche Barrieren bzw. nicht erfüllte Sprachpräferenzen gegen die Nutzung ausländischer Internetshops. Der Beitrag entwickelt dann eine Reihe von Hypothesen inwieweit Maßnahmen auf der Ebene eines Internetshops (wie z.B. mehrere Sprachversionen, kulturelle Anpassung an ein Zielland, Transparenz bezüglich Standort, Kaufbedingungen und Gesamtpreis) die Kaufbereitschaft in einem derart auf internationale Zielgruppen ausgerichteten Internetshop erhöhen.

Die Auswirkung der kulturellen Anpassung einer Webseite bzw. eines Internetshops ist Gegenstand mehrerer Studien. *Singh* et al. (2006a u. 2006b) zeigen in zwei empirischen Studien auf, dass Konsumenten kulturell angepasste Webseiten bevorzugen. *Luna/Peracchio/de Juan* (2002, S. 399) führen in diesem Zusammenhang den Begriff der kulturellen Kongruenz einer Webseite an. Sie umfasst eine strukturelle, navigationsorientierte Komponente[51] und eine inhaltliche Komponente. Sie zeigen in einer empirischen Studie, dass kulturell inkongruente Seiten sich negativ auf die Determinanten des Flow auswirken und somit flow-hemmend sind.[52] Weiterhin diskutieren sie die Rolle der Sprache für das

---

[51]   *Silberer/Engelhardt/Wilhelm* (2001) weisen nach, dass erfahrene Internetnutzer Schemata ausbilden, die dem vorherrschenden Webseitenaufbau entsprechen. Der gewohnte Webseitenaufbau wird als abstrakte Wissensstruktur abgelegt und lenkt das Blickverhalten des Nutzers. Insofern kommt es zu Orientierungsproblemen, wenn eine Webseite dem vorherrschenden Aufbau nicht entspricht (*Bellman/Rossiter,* 2004), wie es im Falle ausländischer Webseiten aus anderen Kulturkreisen zu erwarten ist.

[52]   Das Gesamt-Modell der Autoren weist allerdings wesentliche Schwächen auf. Zum einen modellieren sie die Einstellung zur Webseite als mediierende Variable zwischen den Determinanten und dem Flow-Konstrukt, das sie separat messen. Auf der anderen Seite operationalisieren sie das Einstellungs-Konstrukt über das Vergnügen, das sie als „one of the most important characteristics of flow" (*Luna/Peracchio/de Juan*, 2002, S. 405) bezeichnen. Diese Modellierung steht im Widerspruch zu den Befunden von Abschnitt 2.2.3.

Ausmaß der kulturellen Kongruenz. Tendenziell verringert eine fremdsprachige Seite die kulturelle Kongruenz und führt somit zu einer negativeren Beurteilung einer Webseite. Dieser Effekt wird aber durch das Ausmaß der kulturellen Kongruenz von auf der Webseite eingesetzten Grafiken, Bildern, Symbolen etc. moderiert (*Luna/Peracchio/de Juan,* 2002, S. 406). In einer weiteren Studie kommen sie zu dem Schluss, dass für Personen mit Fremdsprachenkenntnissen eine Bereitstellung von Webseiten in deren Muttersprache nicht ausschlaggebend für die Beurteilung des Internetshops bzw. der dort angebotenen Produkte ist: „Thus, if the site includes relevant graphics that support the content, and/or includes content that is consistent with consumers' cultures, e-marketers may not need to translate their sites to the local languages" (*Luna/Peracchio/de Juan,* 2003, S. 49).

Warden (1999) entwickelt mehrere Hypothesen bezüglich des Ausmaßes der Sprachkenntnisse des Nutzers in einem für ihn fremdsprachigen Internetshop. Geringe Sprachkenntnisse sind demnach flow-hemmend und beeinflussen die Beurteilung der in einem Internetshop erhältlichen Produkte. Fehlen Angaben zum Herkunftsland des Internetshops, wird aus der verwendeten Sprache auf den Standort des Internetshops und somit das Herkunftsland der angebotenen Produkte geschlossen. Entsprechend wirken Sprachen, die einem industrialisierten Land zugeordnet werden, verkaufsfördernd, während Sprachen, die einem Entwicklungsland zugeordnet werden, die Nutzung des Internetshops hemmen. Bei Produkten, die der Konsument einem bestimmten Land zuordnet, gilt dieser Zusammenhang nicht. Im Rahmen einer empirischen Studie wird dieser Einfluss der Sprache in Anlehnung an den Country-of-Origin-Effekt als „language of origin (LOO)"-Effekt bezeichnet (*Warden/Lai/Whu,* 2002, S. 73).

In dieser Studie wurde unterstellt, dass ein Internetshop in englischer Sprache von taiwanesischen Internetnutzern positiver beurteilt wird als ein Internetshop in einer unbekannten Sprache. Verwendet wurde für letzteres eine Kunstsprache, die auf dem romanischen Alphabet basiert. Während die chinesische Sprachversion signifikant besser beurteilt wurde, waren die Unterschiede zwischen englischer und Kunstsprachen-Version gering (*Warden/Lai/Whu,* 2002, S. 78). Insofern wurde der LoO-Effekt nicht bestätigt und es wird nur die Vorteilhaftigkeit von Internetshops in der Muttersprache unterstützt. Dieser Effekt steht auf den ersten Blick in Widerspruch zu den gerade vorgestellten Erkenntnissen von *Luna/Peracchio/de Juan.* Allerdings erklärt sich der Unterschied dadurch, dass Letztere in ihren Studien auf Konsumenten mit fortgeschrittenen bzw. nahezu perfekten Fremdsprachenkenntnissen fokussieren während die Englisch-Kenntnisse der Teilnehmer in der taiwanesischen Studie eher als moderat zu bezeichnen sind.

Ulgado/McIntyre (1999) greifen ebenfalls das Thema Herkunftslandeffekt auf und prognostizieren einen spezifischen Herkunftslandeffekt bezogen auf die Herkunft des Internetshops bzw. der Infrastruktur (Country in which the e-commerce infrastructure is based). Demnach würde z.B. ein amerikanischer Internetshop aufgrund der fortgeschrittenen Anwendung und diesbezüglicher Infrastruktur des Online-Shopping positiver beurteilt als ein Internetshop aus einem Land, in dem E-Commerce wenig verbreitet ist. Während die in der Arbeit von *Ulgado/McIntyre* aufgestellten Hypothesen bisher nicht empirisch getestet sind, finden sich Belege für das Auftreten eines solchen Effektes tendenziell in zwei anderen Studien. In einem qualitativen Forschungsansatz kommt *Storm* (2001, S. 258) zu dem Schluss, dass „crossing supposedly non-existing geographical borders when shopping in a virtual environment can require a high degree of psychological border-crossing".

Die zweite Studie wurde bereits im Jahr 1996 in den USA durchgeführt. *White* (1997) ließ Webseiten von Nahrungsmittel-Anbietern beurteilen. Neben fünfzehn amerikanischen war auch je ein Internetshop aus Deutschland, Großbritannien, Island, Italien und der Schweiz zu beurteilen. Generell wurden die Webseiten dieser ausländischen Internetshops etwas schlechter beurteilt. Bezogen auf die Kaufabsicht zeigten sich aber sehr deutliche Auswirkungen. Während bei amerikanischen Webseiten die Kaufabsicht entsprechend der Zunahme negativ beurteilter Einzelaspekte abnahm und selbst bei einer durchgängig negativen Beurteilung noch zehn Prozent der Befragten zum Kauf bereit waren, brach die bei durchgängig positiver Beurteilung eines ausländischen Internetshops noch mit den amerikanischen Internetshops vergleichbar hohe Kaufbereitschaft in sich zusammen, sobald einzelne Aspekte eines ausländischen Internetshops negativ beurteilt wurden (*White*, 1997, S. 381f.). Dieser unterschiedliche Verlauf deutet auf eine niedrigere Toleranzschwelle für das wahrgenommene Risiko bei ausländischen Internetshops hin.

Zusammenfassend sind aus der noch deutlich im Entwicklungsstadium befindlichen Literatur zur Nutzung ausländischer Internetshops folgende Aspekte herauszustellen:

- Ausländische Internetshops werden schon von einem wesentlichen Anteil der Internetkäufer genutzt.

- Im Vergleich mit der Nutzung inländischer Internetshops existieren vielfältige Barrieren, die teilweise durch die Ausgestaltung und das Verhalten ausländischer Internetshops sogar verstärkt werden.

- Kulturell und sprachlich angepasste Internetshops können dazu beitragen, diese Barrieren und die damit verbundene Komplexität und das wahrgenommene Risiko ausländischer Internetshops zu reduzieren.

- Ausländische Webseiten werden vor allem genutzt, wenn das inländische Angebot Schwächen hat bzw. als unzureichend empfunden wird in Bezug auf Produktverfügbarkeit und Preisniveau. Auf der anderen Seite scheinen auch nicht-funktionale Motive wie z.B. der „Nervenkitzel" eines Abenteuers oder die Verpflichtung zur Nutzung der weltweiten Möglichkeiten des Internets[53] die Nutzung ausländischer Internetshops zu fördern.

---

[53] *Storm* (2001, S. 357) schreibt diesbezüglich: „Consumers are not only free to be global shoppers; they might feel obligated or enslaved to be so. At least, they have to develop ways of making sense of and dealing with the expansion of shopping possibilities that has accompanied the commercialization of the Internet."

3 Entwicklung eines Modells zur Nutzung ausländischer Internetshops

Basierend auf den Erkenntnissen aus der Literaturanalyse wird in diesem Kapitel ein Modell für die Erklärung und Prognose der Nutzung ausländischer Internetshops entwickelt. Dazu wird in Abschnitt 3.1 die Ausgangssituation nach der Literaturanalyse zusammengefasst und die Wahl eines einstellungsorientierten Ansatzes für die Modellentwicklung begründet. Über die Literaturanalyse hinaus berücksichtigt die Modellierung auch die Ergebnisse von zwei Vorstudien, die in Abschnitt 3.2 dargestellt werden. Darauf aufbauend wird schließlich in Abschnitt 3.3 ein Modell bzw. durch stufenweisen Einbezug zusätzlicher Variablen eine Modellserie aus Basismodell, erweitertem Basismodell und Gesamtmodell abgeleitet. Diese Modellserie wird nach seiner Operationalisierung (s. Kapitel 4) empirisch getestet (s. Kapitel 5).

3.1 Ausgangssituation

Insgesamt bieten die in Kapitel 2 dargestellten Theorien, Konzepte und empirischen Resultate jeweils interessante Teilaspekte, die zur Erklärung der Nutzung ausländischer Internetshops herangezogen werden können. Insofern liegt eine Integration der einzelnen Ansätze für die Modellierung der Nutzung ausländischer Internetshops nahe.

Diese Vorgehensweise spiegelt sich bereits zum Teil in den in Kapitel 2 dargestellten empirischen Studien wider, in denen insbesondere die Theorie des geplanten Verhaltens (TPB) und das Technologieakzeptanzmodell (TAM) durch die Integration weiterer Variablen mehr oder weniger stark modifiziert wurden. Dieses Potenzial der Einstellungstheorie zur integrativen Berücksichtigung zusätzlicher Variablen verdeutlicht auch das in Abbildung 3.1 dargestellte Modell von *Bobbitt/Dabholkar* (2001), das am Beispiel des Online-Shopping als Spezialfall die Nutzung technologiebasierter Dienstleistungen erklärt.

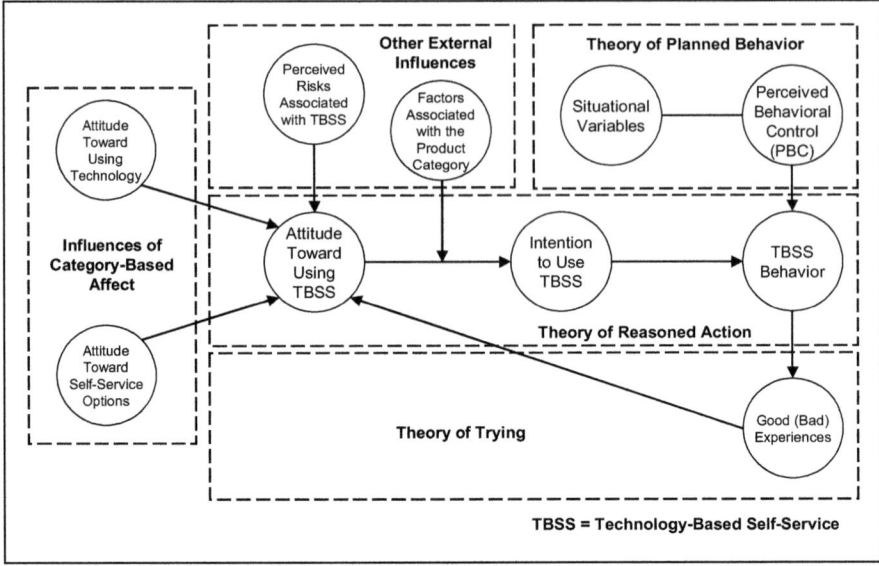

Abb. 3.1:   Integriertes Modell zur Erklärung der Nutzung von Internetshops
(Quelle: vgl. *Bobbitt/Dabholkar*, 2001, S. 425)

Abgesehen von einigen konzeptionellen Schwächen[1] bietet dieses Modell interessante Anregungen, wie insbesondere die Theorie des geplanten Verhaltens als
Basis für die Modellierung der Nutzung ausländischer Internetshops erweitert
werden kann. Deshalb dient die Theorie des geplanten Verhaltens als Ausgangspunkt für die in Abschnitt 3.3 entwickelte Modellserie. Entsprechend dienen zuvor die in Abschnitt 3.2 dargestellten empirischen Vorstudien, insbesondere die
Fokusgruppenstudie, auch zur Identifikation salienter Ansichten bezüglich der
Nutzung ausländischer Internetshops.

---

[1]   Insbesondere ist der modellierte Rückkopplungseffekt von Erfahrungen auf die Einstellung
anstelle des Einflusses von Verhaltenshäufigkeit und Verhaltensaktualität auf Verhaltensabsicht bzw. Verhalten nicht wie postuliert konform zur Theory of Trying. Der Verzicht auf
die subjektive Norm ist zudem vor dem Hintergrund des Allgemeingültigkeitsanspruch des
Modells für alle technologiebasierten Dienstleistungen zu hinterfragen.

3.2 Empirische Vorstudien

Bevor in Abschnitt 3.2.2 die zentralen Ergebnisse einer Fokusgruppenstudie berichtet werden, wird in Abschnitt 3.2.1 eine parallel durchgeführte, deskriptiv o-
rientierte quantitative Vorstudie vorgestellt. Darin wird insbesondere auf Unterschiede zwischen den Nutzern ausländischer Internetshops und den
Konsumenten, die nur in deutschen Internetshops einkaufen, eingegangen. Die
Vorgehensweise und vollständige Dokumentation der beiden Vorstudien findet
sich bei *Hubig* (2002) und *Wolff* (2002).

3.2.1 Unterschiede zwischen Nutzern und Nicht-Nutzern ausländischer In-
ternetshops

Im Rahmen einer deskriptiv orientierten, quantitativen Studie wurden 345 Studenten im Anschluss an wirtschaftswissenschaftliche Vorlesungen im Grund-
und Hauptstudium des Wirtschaftsingenieur-Studiengangs an der TU Kaiserslautern befragt. Während generell in dieser Gruppe eine intensive Nutzung verschiedener Möglichkeiten des Internets angenommen werden kann, steht die tendenziell geringe Kaufkraft von Studenten dem Einkaufen im Internet entgegen.
Auf der anderen Seite könnte gerade diese zu einer intensiveren Nutzung ausländischer Internetshops führen, um unter Ausnutzung günstigerer Preise ansonsten
unerschwingliche Produkte zu erwerben.

Die folgenden Ausführungen beziehen sich auf die 229 (66 %) Befragten,
die angaben, bereits im Internet eingekauft zu haben. Während 39 (17 %) Studenten (auch) in ausländischen Internetshops einkaufen, nutzt die Mehrheit (83 %)
ausschließlich deutsche Internetshops[2]. Die Charakteristika dieser beiden Gruppen sind in Tabelle 3.1 zusammengefasst.

---

[2]   Damit ist der Anteil der Nutzer ausländischer Internetshops an allen Internetkäufern nur
etwa halb so hoch wie die von *Ernst & Young* (2001) für Deutschland erhobenen Werte (s.
Abschnitt 2.3.1).

Untersuchte Variablen	Nutzer ausschließlich inländischer Internetshops	Nutzer ausländischer Internetshops
229 Nutzer von Internetshops	190 (83 %)	39 (17 %)
Alter	21,9 (2,1)	22,5 (2,8)
Geschlecht	19.6 % Frauen	10.8 % Frauen
Zahl der Sprachen (inkl. Muttersprache) * Top 3 Fremdsprachen: Englisch 92 %; Französisch 64 %, Spanisch 15 %	2,9 (0,8)	3,2 (0,9)
Verfügbares Einkommen	300 bis 399 Euro	400 bis 499 Euro
Internetnutzung seit **	2 bis 5 Jahren	> 5 Jahren
Internetnutzung pro Woche ***	5,4 (1,7) Tage	6,1 (1,2) Tage
Benutzte Internetfunktionalitäten (Index 1 bis 18) *	8,4 (2,8)	9,9 (3,3)
Häufigkeit Internetshopping ***	Halbjährlich	Quartalsweise
Zahl bisheriger Einkäufe im Internet ***	< 6	6 bis 10
Durchschnittlicher Einkaufsbetrag	< 26 Euro	26 bis 50 Euro
Maximaler Einkaufsbetrag **	51 bis 250 Euro	51 bis 250 Euro
Zeitpunkt letzter Onlinekauf	Vor 1 Monat	Vor 1 Monat
AI Häufigkeit Internetshopping		Halbjährlich
AI Zahl bisheriger Einkäufe		< 3
AI Durchschnittlicher Einkaufsbetrag		26 bis 50 Euro
AI Maximaler Einkaufsbetrag		51 bis 250 Euro
AI Zeitpunkt letzter Onlinekauf		Vor 3 - 6 Monaten
AI als % des gesamten Internetshopping		22,2 (20,5)
AI Zahl unterschiedlicher Länder		3,4 (3,4)
Am häufigsten gekaufte Produkte	Bücher 24 % Computer 20 % CD/DVD 12 % Tickets 8 % Software 8 %	Bücher 23 % CD/DVD 19% Computer 14 % Software, Reisen und Bekleidung je 10 %
Zahl gekaufter Produktkategorien ***	2,9 (1,6)	4,5 (2,9)
AI Zahl gekaufter Produktkategorien		1,8 (0,9)
Top 3 Internetshops (für Nutzer ausländischer Internetshops sind nur ausländische Internetshops aufgeführt)	Amazon (.de) 35 % Ebay (.de) 22 % Bol (.de) 9%	Amazon 32 % Ryanair 8 % Iberia 5 %

Untersuchte Variablen	Nutzer ausschließlich inländischer Internetshops	Nutzer ausländischer Internetshops
Ausschlaggebende Gründe für die Wahl eines Internetshops (für Nutzer ausländischer Internetshops sind nur Gründe für die Wahl eines ausländischen Internetshops aufgeführt)	Billig 32 % Bequem 27 % Vertrauen 21 % Verfügbarkeit 11 %	Billig 36 % Verfügbarkeit 30 % Bequem 13 % Vertrauen 11 %
Ausschlaggebende Gründe, auf die Alternative des Einkaufs im ausländischen Internetshop zu verzichten		Zu teuer 38 % Misstrauen 21 % Zahlungsmittel 13 %
Kaufabsicht (Häufigkeit) in Internetshops	Quartalsweise	Quartalsweise
AI Kaufabsicht (Häufigkeit)	Halbjährlich	Quartalsweise

AI= Frage bezogen auf ausländische Internetshops;
Zahlen mit Klammern sind Mittelwerte mit ihren Standardabweichungen in Klammern, ansonsten Median-Werte;
Signifikanzniveau zweiseitig für Gruppenunterschiede: * 0,1; ** 0,05; *** 0,01
(t-Test für metrische, Mann-Whitney-Test für ordinale Daten)

Tab. 3.1:   Unterschiede zwischen Nutzern ausländischer Internetshops zu rein inländisch orientierten Nutzern von Internetshops

Im Vergleich mit den Studenten, die nur in deutschen Internetshops einkaufen, haben die Nutzer ausländischer Internetshops eine größere Interneterfahrung. Insbesondere kaufen sie öfter und mehr Produktkategorien im Internet ein. Während für beide Gruppen die in Internetshops erzielbaren Preisvorteile als häufigster Grund für die Nutzung von Internetshops genannt wird, spielt die Produktverfügbarkeit für die Nutzer ausländischer Internetshops eine herausgehobene Rolle. Auf der anderen Seite fallen in der Gruppe der Nutzer ausländischer Internetshops Entscheidungen gegen einen Einkauf in einem ausländischen Internetshop vor allem, wenn sich die erwarteten Preisvorteile nicht realisieren lassen. Weiterhin werden ausländische Internetshops gemieden, denen es nicht gelingt, Vertrauen bei den Nutzern zu wecken. Letzteres erklärt auch, warum Amazon seine dominierende Stellung als der am häufigsten genutzte Internetshop in Deutschland auch auf seine Internetshops außerhalb Deutschlands übertragen kann, während im Falle von Ebay vorwiegend die deutsche Webseite genutzt wird. Durch die unterschiedlichen Betreibermodelle fällt es Amazon wesentlich leichter, sein in Deutschland erworbenes Vertrauen auf die außerdeutschen Webseiten zu übertragen.

Insgesamt werden ausländische Internetshops von den Befragten bisher kaum genutzt. Viele der bisherigen Nutzer ausländischer Internetshops sind eher noch in der Phase von Testkäufen. Ausgehend von den Nutzungsabsichten ist aber eine deutliche Steigerung zu erwarten. So beabsichtigen drei Viertel der Befragten, die bisher ausschließlich deutsche Internetshops nutzen, zukünftig auch in ausländischen Internetshops einzukaufen. Und die bisherigen Nutzer ausländischer Internetshops planen eine häufigere Nutzung.

Generell ist das Herkunftsland einer Webseite nur einem Teil der Befragten wichtig. Dabei zeigen sich deutliche Unterschiede zwischen dem Surfen auf einer Webseite und dem Einkaufen in Internetshops. So will nur ein Drittel der Befragten beim Surfen wissen, aus welchem Land die aktuelle Seite stammt, und etwas mehr als die Hälfte ist sich beim Surfen nicht bewusst, welches Land gerade besucht wird. Dagegen wollen etwa drei Viertel der Befragten beim Einkaufen wissen, aus welchem Land der Internetshop ist. Allerdings wissen nur zwei Drittel, in welchem Land ein aktuell genutzter Internetshop beheimatet ist.

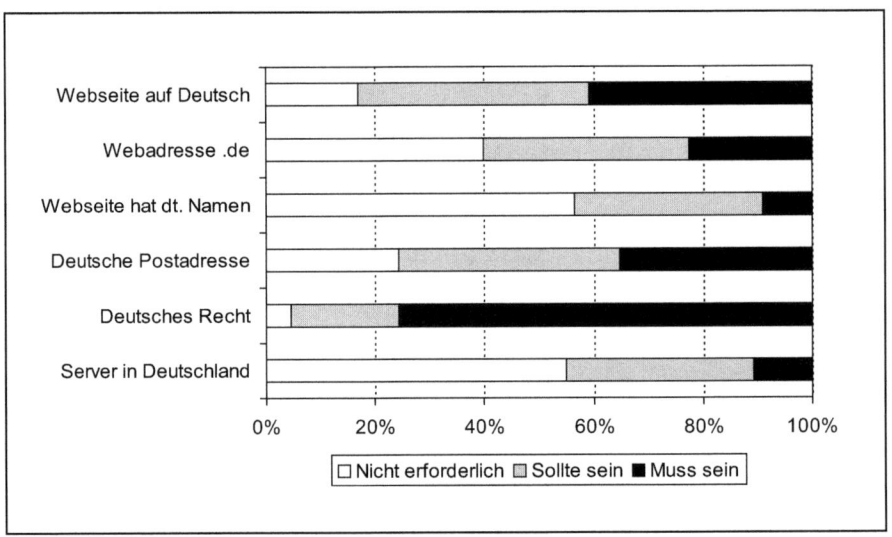

Abb. 3.2:   Kriterien für einen deutschen Internetshop

Schließlich wurde noch gefragt, welche Kriterien erfüllt sein sollen bzw. müssen, damit ein Internetshop als deutscher Internetshop angesehen wird (s. Abbildung 3.2). Während es für die meisten Befragten nicht darauf ankommt, ob der Internetshop einen deutschen Namen hat oder die zugehörige IT-Infrastruktur in Deutschland angesiedelt ist, ist es für mehr als drei Viertel der Befragten ein Muss-Kriterium für einen deutschen Internetshop, dass beim Kauf deutsches

Recht gilt. Dies ist insofern überraschend, da ein komplett aus dem Ausland operierender Internetshop mit seinen internationalen Kunden geltendes Recht ihres Heimatlandes und Gerichtsstand in ihrem Heimatland vereinbaren kann. Hierin könnte sich im Umkehrschluss das wahrgenommene Risiko, bei ausländischen Recht und Gerichtsstand im Ausland im Falle von Problemen Verluste zu erleiden, als wesentliches mit einem ausländischen Internetshop verbundene Merkmal ausdrücken. Schließlich sind die Webseitensprache und die Verfügbarkeit einer postalischen Adresse in Deutschland für jeweils etwa 40 Prozent der Befragten ein Muss-Kriterium bzw. ein Soll-Kriterium für einen deutschen Internetshop

3.2.2 Fokusgruppenstudie

Zur Ermittlung der salienten Ansichten bezüglich der Nutzung ausländischer Internetshops wurde eine Serie von sechs Gruppendiskussionen geführt. Basierend auf einer Literaturanalyse zur Gestaltung von Gruppendiskussionen wurde das folgende Verfahren gewählt (vgl. z.B. *Kepper*, 1994, S. 60ff.; *Krueger*, 1998a, 1998b und 1998c; *Krueger/Casey*, 2000; *Mayring*, 2000 und 2002; *Morgan*, 1998; *Morgan/Scannell*, 1998; *Stewart/Shamdasani*, 1990): Anhand eines Frageleitfadens, der sich an der von *Ajzen/Fishbein* (1980, S. 262) vorgeschlagenen Vorgehensweise zur Ermittlung salienter Ansichten orientierte, und einer Satzergänzungsaufgabe wurden Hintergründe, Gründe für und gegen eine Nutzung ausländischer Internetshops sowie das bisherige Verhalten der Teilnehmer bezüglich ausländischer Internetshops diskutiert. Die Gruppendiskussionen starteten mit drei Gruppen, deren Teilnehmer die Vorlesung International E-Business an der TU Kaiserslautern besuchten. Nach einer Zwischenauswertung wurde mit den nächsten drei Gruppen das Spektrum der Teilnehmer erweitert um eine Gruppe bestehend aus Verwaltungsmitarbeitern der TU Kaiserslautern, eine Gruppe aus dem Dozentenbereich verschiedener Hochschulen und einer Gruppe mit Berufstätigen aus dem außeruniversitären Bereich. Es wurden sowohl nach Geschlecht getrennte als auch gemischte Gruppenzusammensetzungen gewählt, so dass eine angesichts des Themas mögliche Diskussionsdominanz von Männern im Falle ausschließlich gemischter Gruppen kontrolliert werden konnte. Weiterhin waren in einigen Gruppen auch internationale Teilnehmer vertreten, so dass in zwei Gruppen die Diskussion in englischer Sprache durchgeführt wurde.

Die Diskussionen wurden von einem Moderator geleitet und von einem Assistenten stichwortartig protokolliert. Zudem wurden die Diskussionen auf Video aufgezeichnet, um den Wortlaut später vollständig in Text-Transkripte überführen zu können. Im Rahmen einer qualitativen Inhaltsanalyse wurde auf Basis des Textmaterials ein Kategorienschema entwickelt und zur Interpretation der Inhalte herangezogen. Die dadurch ermittelten Kategorien bezüglich der Gründe, die für bzw. gegen die Nutzung ausländischer Internetshops sprechen, sind in Tabelle 3.2 dargestellt.

Gründe für die Nutzung ausländischer Internetshops	Gründe gegen die Nutzung ausländischer Internetshops
Bessere/frühzeitigere Information	Unsichere Garantie/Gewährleistung
Preisvergleich	Schwierigere Rechtsdurchsetzung
Günstiger Preis	Höhere Kosten
Produkt nur im Ausland verfügbar	Produkt auch im Inland verfügbar
Qualitativ hochwertigere Produkte	Sprachbarrieren
Seriosität der Anbieter	Unterschiede der technischen Normen
Patriotismus/Unterstützung inländischer Anbieter kein Argument	Datenschutzrisiko
Sympathie mit Herkunftsland	Fragliche Seriosität der Anbieter
Kein Unterschied zwischen inländischen und ausländischen Internetshops	Schlechtere Produktqualität
	Patriotismus/Unterstützung inländischer Anbieter
	Andere Zahlungsmodalitäten
	Umständlichkeit
	Herkunftsland

Tab. 3.2:   Kategorienschema der Gründe für bzw. gegen die Nutzung ausländischer Internetshops

Insbesondere Produktverfügbarkeit gekoppelt mit Qualitätsaspekten und Preisvorteile werden immer wieder als Vorteile von ausländischen Internetshops genannt. Die folgenden Zitate verdeutlichen dies: „You just need that when you want to buy a product that you can't get in your home country". „Also bestimmte Weine bekomme ich hier einfach nicht. Die bekomme ich auch nur bei einem ausländischen Anbieter. Noch interessanter wird es, wenn ich Produkte aus Übersee haben will. Wir waren längere Zeit in Nicaragua und Nicaragua hat einen ganz besonderen Rum und den bekommt man nur in Nicaragua. Da würde ich

auch bei ausländischem Online-Shop kaufen. Das ist auch eine Qualitätsangele-
genheit." „So availability comes first and price is second to me". „Wenn es billi-
ger wäre und der Artikel prädestiniert für das Land, dann würde ich ihn auch in
der Tschechei kaufen". „Was auch sehr interessant wäre, die Direktbestellung bei
bestimmten Herstellern. Also z.B. der Hersteller ist in Spanien und bietet die Bestellung direkt beim Hersteller an und die ist günstiger als bei jedem anderen On-
line-Anbieter."

Die meisten Teilnehmer sehen eine Vielzahl von Nachteilen und Risiken,
die gegen eine Nutzung ausländischer Internetshops sprechen. Während insgesamt solche Aussagen viel häufiger sind als Aussagen zu Vorteilen, weist insbesondere die Satzergänzungsaufgabe auf ein hohes Risikoempfinden hin. Den Satz
„im Vergleich zum Einkaufen in deutschen Internetshops ist der Einkauf in ausländischen Internetshops ..." ergänzen fast alle Teilnehmer mit negativen Ausdrücken wie z.B. umständlicher, schwieriger, unsicherer, riskanter. Die folgenden
Zitate erläutern diese Auffassungen beispielhaft: „Ich habe versucht, Flugtickets
in Hongkong zu kaufen. Es war mir nicht klar, was ich in die Formulare eingeben
sollte." „Aber es war eine CD, die hier in Europa nicht zu bekommen war. Also
habe ich sie in Amerika gekauft. Wenn da mal was schief läuft für 8 Dollar, dann
kann man das abhaken. Ich würde nie in Amerika eine Kamera kaufen, die ein
paar hundert Dollar kostet. Da wäre mir das Risiko zu groß, dass Transportprob-
leme auftreten. Dann der ganze Schriftverkehr zurück, wie schon angedeutet.
Schaden dran und dies und jenes". „Ich hätte auch Hemmschwellen bei technischen Geräten. Allein schon wegen der ganzen DIN-Norm. Da bekommst du einen Kühlschrank, dann musst du das Stromnetz umbauen." Durch die Einführung
des EURO wird die Nutzung von ausländischen Internetshops innerhalb der EU-
RO-Zone auch aufgrund des Wegfalls der Währungsproblematik positiver bewertet: „Wenn ich aber etwas bestellen will, dann ist es mir lieber, ich bestelle etwas
aus dem europäischen Raum, als wenn es aus Amerika kommt und der Zeitauf-
wand zu groß ist, die Umrechnung in Dollar oder sonst irgendwas."

Insbesondere die wahrgenommenen Nachteile und Risiken sind oftmals
von Herkunftslandeffekten geprägt, wie die Zusammenstellung der folgenden Zitate zeigt: „Es gibt für mich ganz große Probleme in islamischen Ländern einzukaufen. Also ich meine das Rechtssystem. Deswegen würde ich dort nicht einkaufen". „Also zum Beispiel würde ich jetzt bei den Amerikanern nichts
bestellen. Ja, weil ich momentan mit der politischen Haltung der Amerikaner

nicht einverstanden bin[3]. Daher könnten die momentan das beste Gerät bieten, ich würde es dort nicht kaufen." „Wenn man auf eine Taiwan-Seite geht, dann hast du die gefälschten Lacoste-Sachen". „We are dealing with a technology issue. We have seen over and over again that the more wealthy and developed the country the better is the technology, the better is the access to such technology. So countries such as Turkey who have a lower level of technology are less probable to serve you." „Somehow I believe that international websites are more insecure than Swedish. Even so it is probably not true."

Den Teilnehmern sind durchaus Gefahren für das eigene Land bewusst, falls die Nutzung ausländischer Internetshops sehr populär werden wird: „Aber die Kaufkraft geht ins Ausland. Das soziale Gefüge ist bedroht. Der Staat nimmt nichts mehr ein. Dementsprechend haben wir vielleicht geringere Preise im Ausland, aber eventuell müssen wir dann mehr Steuern zahlen." „Ja, aber auch ganz klare wirtschaftliche Nachteile, wenn sich die Auftragslage verändert, dann wird sich alles ändern, Preise, Arbeitslosigkeit und alles. Selbstverständlich auch die Arbeitslosigkeit". Dies scheint aber nicht das eigene Verhalten bezüglich ausländischer Internetshops zu beeinflussen: „Gut, aber das ist nicht Aufgabe des Kunden, zu überlegen, sondern das ist die Aufgabe des Managements und der Wirtschaftspolitik". „Aber da wir ja in einer kundenorientierten Welt leben und nicht in einer Anbieterwelt leben, müssen die Anbieter etwas tun und nicht die Kunden."

Abschließend sein noch darauf hingewiesen, dass insbesondere die internationalen Teilnehmer der Gruppendiskussionen das Internet dazu nutzen, während ihres Auslandsaufenthalts in Kontakt mit ihrem Heimatland zu bleiben und entsprechend auch in den dort ansässigen Internetshops (weiterhin) einkaufen. Die Bedeutung des Internets für international mobile Personen verdeutlicht das folgende Zitat: „When I come to a country I learn three things: the money, the postal system and where the next mechanic is. But today you also have to know where the next Internet-provider is so that I can hook up my computer."

---

[3]   Kurz vor der Gruppendiskussion war im Bundestagswahlkampf 2002 der sich abzeichnende Irak-Krieg ein zentrales Wahlkampfthema geworden.

3.3 Modellierung

Im Abschnitt 3.3 wird eine Modellserie zur Erklärung der Nutzung ausländischer Internetshops entwickelt. Das Basismodell (s. Abschnitt 3.3.1) wird zunächst um weitere Variablen, die die Verhaltensabsicht und das Verhalten beeinflussen, erweitert (s. Abschnitt 3.3.2). Danach werden im Gesamtmodell für ausgewählte Variablen des erweiterten Basismodells determinierende Variablen hinzugefügt.

3.3.1 Basismodell

Wie in Abschnitt 3.1 erläutert wird die Theorie des geplanten Verhaltens (TPB) als Ausgangsbasis für die Modellierung der Nutzung ausländischer Internetshops ausgewählt. Trotz des nichtsignifikanten Einflusses der subjektiven Norm in allen Studien zum Online-Shopping, in denen diese Variable überhaupt berücksichtigt wurde (s. Abschnitt 2.2.2.2), erscheint es sinnvoll, die subjektive Norm im Modell zu belassen. Denn mit der Nutzung ausländischer Internetshops werden durchaus auch sensible Themen wie z.B. potenzielle negative Auswirkungen auf die inländische Wirtschaft in Verbindung gebracht wird. Zudem ist aufgrund der noch relativ geringen Verbreitung der Nutzung ausländischer Internetshops mit einem hohen Anteil relativ unerfahrener Personen zu rechnen, wodurch die subjektive Norm an Bedeutung gewinnt (*East*, 1997, S. 155ff.).

Durch die Art und Weise des Einbezugs salienter, die (affektive) Einstellungsvariable determinierenden Ansichten zur Nutzung ausländischer Internetshops unterscheidet sich jedoch das Basismodell vom ursprünglichen Modell der Theorie des geplanten Handelns. Die Modellierung dieser salienten Ansichten erfolgt in Anlehnung an das in Abschnitt 2.2.2.3 erläuterte Technologieakzeptanzmodell (TAM) als latente Variablen anstelle eines Erwartungs-Wert-Messmodells. Gemäß den Ergebnissen der Adoptionsforschung (s. Abschnitt 2.2.1.2) wird dabei das Konstrukt wahrgenommene Vorteile berücksichtigt, in dem auch die TAM-Variable wahrgenommene Nützlichkeit aufgegriffen wird.

Als zweites Ansichtskonstrukt, das die (affektive) Einstellung determiniert, wird das wahrgenommene Risiko im Basismodell berücksichtigt. Neben den Ergebnissen der Fokusgruppenstudie legen dies sowohl die Ergebnisse der Adoptionsforschung (s. Abschnitt 2.2.1.2) als auch die spezifisch auf diese Variable ausgerichteten Studien (s. Abschnitt 2.2.4.2) nahe. Da in letzteren Studien

eine tendenziell verhaltensferne Wirkung des wahrgenommenen Risikos zu konstatieren ist, erscheint es nicht gerechtfertigt, die in der Theorie des geplanten
Verhaltens postulierte vollständig mediierende Wirkung der (affektiven) Einstellung in Bezug auf das wahrgenommene Risiko aufzugeben. Im empirischen Teil
wird dieser Aspekt jedoch explizit zu prüfen sein.

Weitere Variablen wie z.B. die Gebrauchsfreundlichkeit aus TAM sowie
die Komplexität und die Kompatibilität aus der Adoptionsforschung werden im
Basismodell nicht berücksichtigt. Während Gebrauchsfreundlichkeit und Komplexität sich mit der wahrgenommenen Verhaltenskontrolle (*Mathieson* 1991,
S. 179) bzw. dem wahrgenommenen Risiko überschneiden, weisen die Ergebnisse der Fokusgruppenstudie darauf hin, dass für die Erklärung des Schrittes vom
Online-Shopping zur Nutzung ausländischer Internetshops der Kompatibilitäts-
aspekt über den wahrgenommen Vorteil und das wahrgenommene Risiko hinaus
keinen wesentlichen Erklärungsbeitrag liefert.

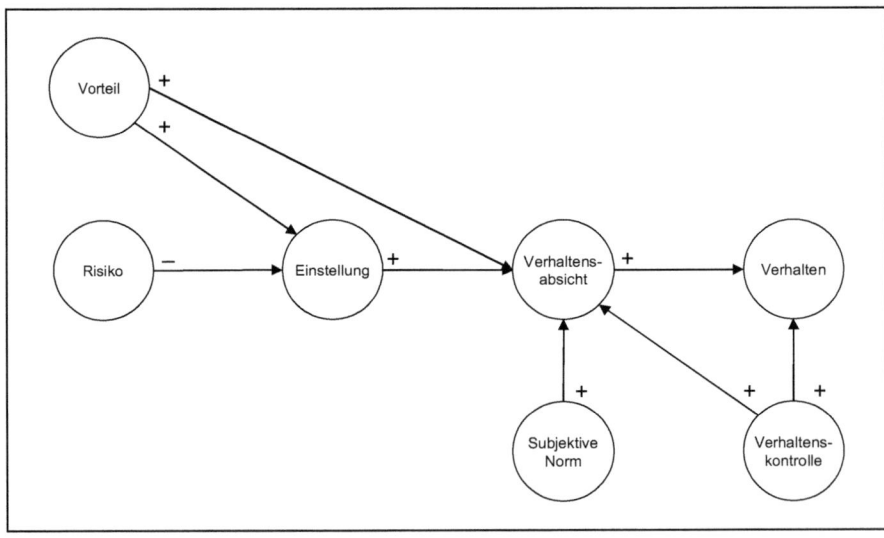

Abb. 3.3:   Basismodell

Die Forschungshypothesen des Basismodells sind in dem in Abbildung 3.3 dargestellten Strukturmodell zusammengefasst. Die Pfeile zeigen an, welche Variablen miteinander in Beziehung stehen, die Vorzeichen kennzeichnen die Wir-

kungsrichtung. Das Basismodell enthält drei abhängige Variablen, die wie folgt mit den anderen Variablen (direkt) in Beziehung stehen:

- Die Einstellung zur Nutzung ausländischer Internetshops steigt, je höher der wahrgenommene Vorteil und je niedriger das wahrgenommene Risiko sind.

- Die Verhaltensabsicht zur Nutzung ausländischer Internetshops nimmt zu, je positiver die Einstellung sowie je höher der wahrgenommene Vorteil, die subjektive Norm und die wahrgenommene Verhaltenskontrolle sind.

- Die Nutzung ausländischer Internetshops steigt, je höher die Verhaltensabsicht und die wahrgenommene Verhaltenskontrolle sind.

3.3.2 Erweitertes Basismodell

Im erweiterten Basismodell werden zwei zusätzliche Theorien in die Erklärung der Nutzung ausländischer Internetshops integriert. Somit kann im empirischen Teil auch untersucht werden, inwieweit die Erklärungskraft der Theorie des geplanten Verhaltens durch weitere, die Verhaltensabsicht und das Verhalten beeinflussende Variable erhöht werden kann.

Gemäß der Theorie des Versuches (s. Abschnitt 2.2.2.1) werden mit der Verhaltenshäufigkeit und der Verhaltensaktualität zwei Variablen aufgenommen, die die Nutzung ausländischer Internetshops in der Vergangenheit beinhalten. Demnach beeinflusst die Verhaltenshäufigkeit sowohl die Verhaltensabsicht als auch das Verhalten, während für Verhaltensaktualität nur der direkte Effekt auf das Verhalten angenommen wird. Der explizite Einbezug des vergangenen Verhaltens in das Modell erscheint vor allem sinnvoll, da die Nutzung ausländischer Internetshops oft erst nach mehreren Versuchen realisiert werden kann. Dies kann z.B. daran liegen, dass der Konsument auf Internetshops trifft, die er z.B. aufgrund von Sprachproblemen nicht nutzen kann oder die nicht in sein Heimatland liefern (s. Abschnitt 2.3.2).

Die Anwendung der Flow-Theorie für die Erklärung des Konsumentenverhaltens im Internet ist von den in Kapitel 2 betrachteten Theorien der neuartigste Ansatz mit entsprechend hohem Forschungsbedarf. Ausgehen von den bisher durchgeführten Studien (s. Abschnitt 2.2.3.2) erscheint das Vergnügen als die zentrale Variable der Flow-Theorie mit Einstellungs- bzw. Verhaltens(absichts)-relevanz. Da auf der anderen Seite kulturell inkongruente Webseiten eher flow-

hemmend sind (s. Abschnitt 2.3.3), wurde das Vergnügen nicht bereits im Basismodell berücksichtigt.

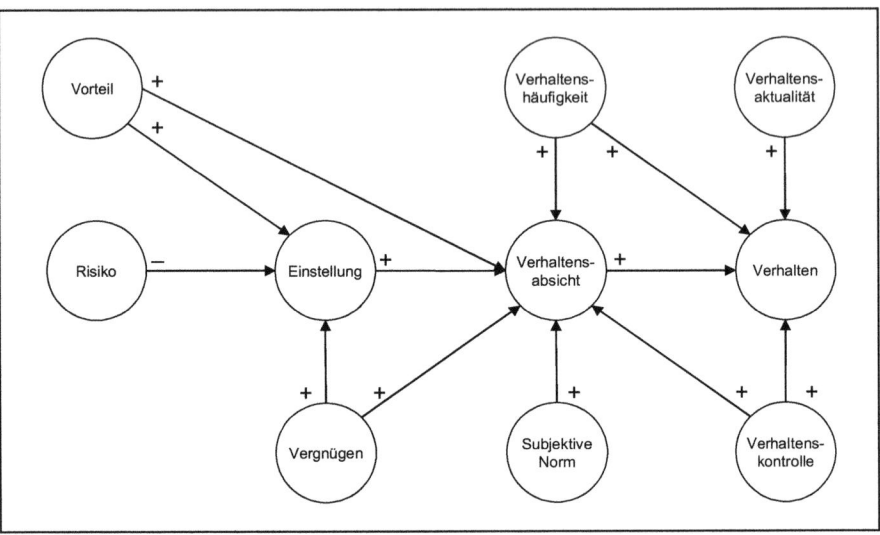

Abb. 3.4:   Erweitertes Basismodell

Die Forschungshypothesen des erweiterten Basismodells sind in dem in Abbildung 3.4 dargestellten Strukturmodell zusammengefasst. Die Pfeile zeigen an,
welche Variablen miteinander in Beziehung stehen, die Vorzeichen kennzeichnen die Wirkungsrichtung. Das erweiterte Basismodell enthält dieselben drei abhängigen Variablen wie das Basismodell, die wie folgt mit den aufgrund der
Theorie des Versuches und der Flow-Theorie hinzugefügten Variablen (direkt) in
Beziehung stehen:

- Die Einstellung zur Nutzung ausländischer Internetshops steigt, je höher das
  Vergnügen an der Nutzung ausländischer Internetshops ist.

- Die Verhaltensabsicht zur Nutzung ausländischer Internetshops nimmt zu, je
  höher das Vergnügen an der Nutzung ausländischer Internetshops und je häufiger ausländische Internetshops in der Vergangenheit benutzt wurden.

- Die Nutzung ausländischer Internetshops steigt, je häufiger ausländische Internetshops in der Vergangenheit benutzt wurden und je aktueller die letzte
  Nutzung ist.

3.3.3 Gesamtmodell

Im letzten Schritt werden personenbezogenen Charakteristika als Variablen in das erweiterte Basismodell integriert, die über die bereits im erweiterten Basismodell berücksichtigen Aspekte hinaus sich als relevante Erkenntnisse aus Literaturanalyse und Vorstudien mit Bezug zur Nutzung ausländischer Internetshops erwiesen haben. Dabei werden die Themen Innovationsfreude, Country-of-Origin-Effekt, generelle Erfahrung im Internet und internationale Ausrichtung des Konsumenten aufgegriffen.

In Abschnitt 2.2.1.3 wurde gezeigt, dass insbesondere die Internetspezifische Innovationsfreude des Konsumenten das Einkaufen im Internet (direkt oder indirekt) beeinflusst. Für das Gesamtmodell wird der Aspekt der Innovationsfreude durch die Variable exploratorisches Surfen ausgedrückt, die das von *Baumgartner/Steenkamp* (1996) vorgestellte Konzept des exploratorischen Konsumentenverhaltens für das Internet spezifiziert. Sie umfasst die generelle Bereitschaft des Internet-Nutzers, im Internet Neues zu entdecken. Der wesentlichste Einfluss des exploratorischen Surfens wird auf den wahrgenommenen Vorteil und das wahrgenommene Risiko gesehen.

Als eine zentrales persönliches Charakteristikum im Rahmen des Country-of-Origin-Effektes wurde die Variable Ethnozentrismus identifiziert (s. Abschnitt 2.1.1.2). *Granzin/Painter* (2001, S. 86) zeigen auf, dass im Zusammenhang mit dem Kauf ausländischer Produkte Ethnozentrismus am stärksten die subjektive Norm beeinflusst. Entsprechend wird im Gesamtmodell Ethnozentrismus als Determinante der subjektiven Norm intergriert.

Sowohl deskriptive Studien (s. Abschnitt 1.2) als auch verhaltenswissenschaftliche fundierte Studien (z.B. *Citrin et al.*, 2000) belegen, dass Internet-Nutzer tendenziell erst dann im Internet einkaufen, wenn sie bereits vielfältige Erfahrungen mit dem Internet gesammelt haben. Entsprechend ist die Interneterfahrung der Konsumenten eine wichtige Determinante für die Nutzung von Internetshops. Deshalb berücksichtigt das Gesamtmodell die Interneterfahrung als Einflussfaktor für die Häufigkeit der bisherigen Nutzung ausländischer Internetseiten.

Entsprechend dem in Abbildung 3.1 gezeigten Modell von *Bobbitt/Dabholkar* (2001) wird die wahrgenommene Verhaltenskontrolle von situativen Faktoren beeinflusst. Darunter sind auch situative persönliche Faktoren wie z.B. das Vorhandensein der für die Nutzung des Internets erforderlichen Kompetenzen

(*Bobbitt/Dabholkar*, 2001, S. 433). Ein wesentlicher Aspekt für die Nutzung ausländischer Internetshops sind die internationalen Erfahrungen und Kompetenzen des Konsumenten. Dazu gehören seine Fremdsprachenkenntnisse sowie eine gewisse kulturelle Sensitivität, die z.B. im Kontakt mit anderen Kulturen erworben werden kann. Dies wird in der Variablen Internationalität ausgedrückt. Entsprechend wird die Internationalität als Einflussfaktor der wahrgenommenen Verhaltenskontrolle modelliert.

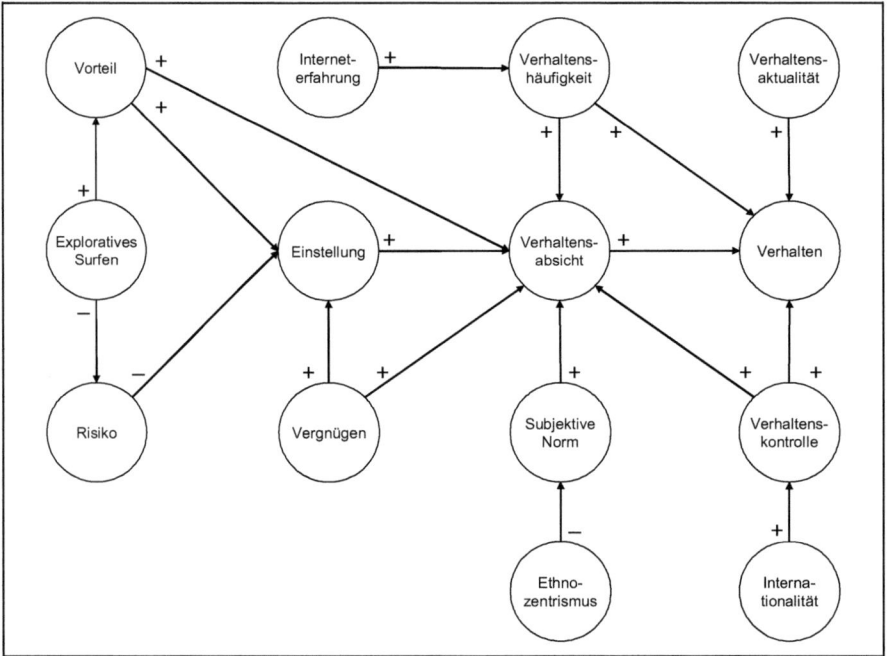

Abb. 3.5:   Gesamtmodell

Die Forschungshypothesen des Gesamtmodells sind in dem in Abbildung 3.5 dargestellten Strukturmodell zusammengefasst. Die Pfeile zeigen an, welche Variablen miteinander in Beziehung stehen, die Vorzeichen kennzeichnen die Wirkungsrichtung. Im Vergleich zum erweiterten Basismodell stehen einige determinierende Variablen des erweiterten Basismodells wie folgt mit den neu aufgenommenen Variablen in Beziehung:

- Der wahrgenommene Vorteil steigt, je höher die Neigung des Konsumenten zum exploratorischen Surfen ist.

- Das wahrgenommene Risiko sinkt, je höher die Neigung des Konsumenten zum exploratorischen Surfen ist.

- Die empfundene subjektive Norm zur Nutzung ausländischer Internetshops sinkt mit steigendem Ethnozentrismus.

- Die wahrgenommene Verhaltenskontrolle steigt, je mehr internationale Erfahrung der Konsument besitzt.

- Die Häufigkeit der Nutzung ausländischer Internetshops in der Vergangenheit ist umso höher, je mehr Erfahrung der Konsument mit dem Internet gesammelt hat.

Damit ist das Modell bzw. die Modellserie zur Erklärung der Nutzung ausländischer Internetshops spezifiziert. In Kapitel 4 werden nun die methodischen Grundlagen sowie die Operationalisierung des Modells für den empirischen Test beschrieben. Die Resultate werden dann in Kapitel 5 berichtet.

4 Methodische Grundlagen und Vorgehensweise der empirischen Untersuchung

Zentrale Voraussetzung für einen empirischen Test des in Kapitel 3 entwickelten Modells ist zunächst die Entwicklung und Validierung geeigneter Messmodelle für die Modellvariablen (Abschnitt 4.1). Wie im Verlauf dieses Abschnitts aufgezeigt werden wird, beeinflusst die Wahl der Messmodelle auch die Entscheidung bezüglich der einsetzbaren Auswertungsmethoden. Deshalb wird in Abschnitt 4.2 die Auswahl des eingesetzten Verfahrens (PLS) begründet und das Verfahren erläutert. Nach diesen methodischen Grundlagen wird schließlich in Abschnitt 4.3 die allgemeine Vorgehensweise der empirischen Untersuchung dargestellt.

4.1 Operationalisierung der latenten Variablen

Um das in Kapitel 3 entwickelte Strukturgleichungsmodell empirisch überprüfen zu können, müssen die darin enthaltenen Variablen gemessen werden. Da die Variablen sich als sogenannte theoretische Konstrukte bzw. latente Variablen einer direkten Messung entziehen, müssen zu ihrer Operationalisierung Messmodelle entwickelt und hinsichtlich ihrer Gütekriterien beurteilt werden. Die messtheoretischen Grundlagen für die Auswahl eines geeigneten Messmodells werden in Abschnitt 4.1.1 beschrieben. Danach wird in Abschnitt 4.1.2 die Vorgehensweise und das Ergebnis der Operationalisierung der latenten Variablen für die geplante empirische Untersuchung dargestellt.

4.1.1 Messtheoretische Grundlagen

4.1.1.1 Verknüpfung zwischen Theorie und Beobachtung

Im Sinne der Zweisprachentheorie von *Carnap* (1966) ist bei der Entwicklung, Darstellung und Überprüfung wissenschaftlicher Theorien zwischen zwei Sprachebenen zu unterscheiden. Innerhalb der theoretischen Sprachebene, hier die Herleitung des Strukturgleichungsmodells in Kapitel 3, arbeitet der Forscher mit theoretischen Begriffen. Sie entziehen sich einer unmittelbaren Beobachtung und werden deshalb auch als theoretische Konstrukte bzw. latente Variablen bezeichnet. Für eine empirische Überprüfung ist es erforderlich, eine Theorie auch auf der Ebene der Beobachtungssprache auszuformulieren. Anstelle der theoretischen Variablen treten beobachtbare Variablen, die in der empirischen Forschung als Indikatoren bezeichnet werden. Indem die theoretischen und die beobachtbaren Variablen mittels Korrespondenzregeln in einen Zusammenhang gebracht werden, liegt eine empirische gehaltvolle Theorie vor (*Bagozzi*, 1984a, S. 21).

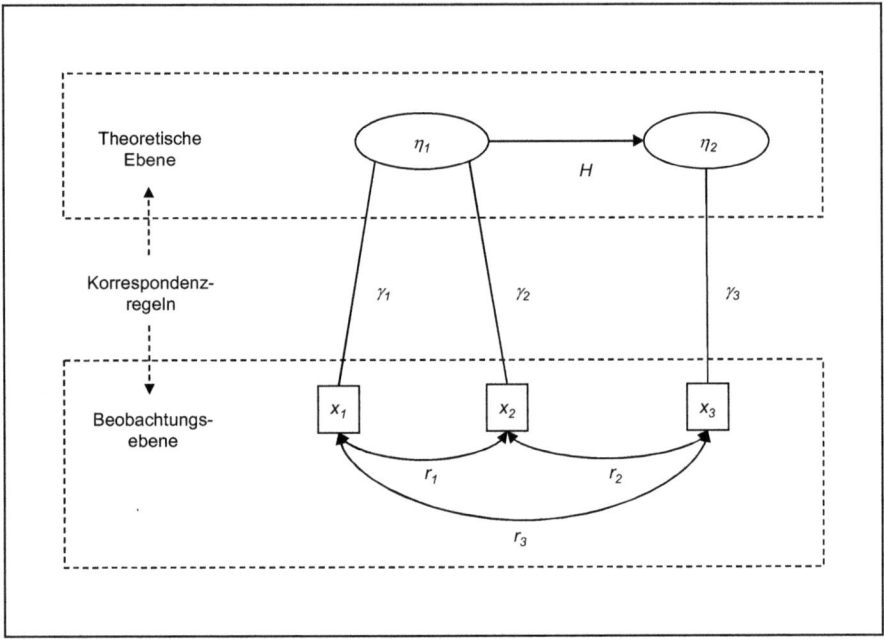

Abb. 4.1:   Umsetzung der Zweisprachentheorie in der empirischen Forschung
                (Quelle: *Eggert*, 2004, S. 115)

Eggert (2004, S. 114 ff.) verdeutlicht die Umsetzung der Zweisprachentheorie in der empirischen Forschung an dem in Abbildung 4.1 dargestellten Beispiel: „Auf der theoretischen Sprachebene stellt die Hypothese H einen Zusammenhang zwischen den beiden theoretischen Begriffen η_1 und η_2 her. Auf der Beobachtungsebene wird der theoretische Begriff η_1 durch die beiden beobachtbaren Variablen x_1 und x_2 abgebildet. Der theoretische Begriff η_2 wird durch die beobachtbare Variable x_3 repräsentiert. Die Korrespondenzregeln γ_1, γ_2 und γ_3 verbinden die Variablen auf den beiden Sprachebenen miteinander. Die beobachtbaren Variablen x_1 und x_2 repräsentieren den selben theoretischen Begriff η_1. Zwischen ihnen besteht eine als r_1 bezeichnete Kovarianz. Die Kovarianzen r_2 und r_3 stellen das beobachtbare Gegenstück zu der auf theoretischer Sprachebene formulierten Hypothese H dar. Je stärker der theoretisch begründete Zusammenhang zwischen den theoretischen Begriffen η_1 und η_2 ist, desto höher fallen (unter der Voraussetzung geeigneter Korrespondenzregeln γ_1, γ_2 und γ_3) die empirisch beobachtbaren Kovarianzen r_2 und r_3 aus."

Obwohl es auf der Hand liegt, dass den Korrespondenzregeln in der Messtheorie eine besondere Bedeutung zukommt, wird ihnen in der empirischen Marketingforschung bislang wenig Beachtung geschenkt (*Bagozzi*, 1984a, S. 14). Insbesondere wird die kausale Richtung der Korrespondenzregeln in der Regel nicht thematisiert.

Bezüglich der Richtung der Korrespondenzregeln wurde bereits Mitte der sechziger Jahre von *Blalock* (1964, S. 163) darauf hingewiesen, dass latente Variablen auf zwei unterschiedliche Arten operationalisiert werden können. Entscheidet sich der Forscher für ein reflektives Messmodell, so geht er von der Prämisse aus, dass die latente Variable ihre Indikatoren verursacht. In der englischsprachigen Literatur werden solche Indikatoren auch als „effect indicators" bezeichnet. Hingegen unterstellt ein formatives Messmodell, dass die Indikatoren die latente Variable verursachen. Diese Indikatoren werden im englischen Sprachraum auch „cause indicators" genannt (*Bollen/Lennox*, 1991, S. 305 f.). Obwohl der Unterschied zwischen beiden Messmodellen in der Fachliteratur wiederholt diskutiert wurde (z.B. in der deutschsprachigen Marketingliteratur bei *Hruschka*, 1985, S. 215 ff.; *Balderjahn*, 1986, S. 72 f.), gelangt *Bollen* (1989, S. 65) noch Ende der achtziger Jahre zu dem Schluss: „Most researchers in the social sciences assume that indicators are effect indicators. Cause indicators are neglected despite their appropriateness in many instances." Welche Konsequenzen sich aus den beiden unterschiedlichen Richtungen der Korrespondenzregeln für Messmodelle ergeben, wird im folgenden diskutiert.

4.1.1.2 *Gegenüberstellung von reflektiven und formativen Messmodellen*

Während bei einem reflektiven Messmodell die latente Variable die zugehörigen Indikatoren verursacht, beruht das formative Messmodell auf der Prämisse, dass die Indikatoren die latente Variable verursachen (*Backhaus et al.*, 2003, S. 408). Abbildung 4.2 spiegelt diesen Unterschied wider: die Pfeile zeigen entweder von der latenten Variablen zu den Indikatoren (reflektives Messmodell) oder aber in umgekehrter Richtung von den Indikatoren auf die latente Variable (formatives Messmodell).

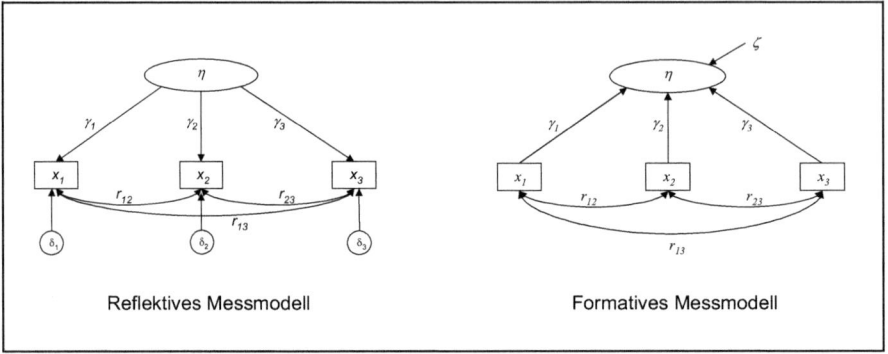

Abb. 4.2:   Reflektive und formative Messmodelle im Vergleich
(Quelle: vgl. *Götz/Liehr-Gobbers*, 2004, S. 11)

In mathematischer Notation hat das reflektive Messmodell die in Formel 4.1 dargestellte Form. Dabei bezeichnet X den Vektor der Indikatoren $(x_1, ..., x_n)$, Γ_x repräsentiert den Vektor der Ladungskoeffizienten $(\gamma_1, ..., \gamma_n)$ der Indikatoren und Δ ist der Vektor der Messfehler $(\delta_1, ..., \delta_n)$. (*Eggert*, 2004, S. 117):

$$(4.1) \quad X = \Gamma_x \cdot \eta + \Delta$$

Somit stellt jeder Indikator eine fehlerbehaftete Messung der zugeordneten latenten Variablen dar. Der Messfehler kann in einen zufälligen und einen systematischen Anteil aufgespalten werden. Falls der zufällige Messfehler den Wert Null annimmt, wird eine Messung als vollständig reliabel bezeichnet. Wenn zusätzlich der systematische Fehler den Wert Null annimmt, wird eine Messung als vollständig valide bezeichnet (*Churchill*, 1979, S. 65). Ändert sich die Ausprägung der latenten Variable η in einem reflektiven Messmodell, so verändern sich auch die Werte ihrer Indikatoren $x_1, ..., x_n$. Würde es sich bei den Indikatoren um fehlerfreie Messungen der latenten Variable handeln, besäßen alle Indikatoren untereinander einen Korrelationskoeffizienten von Eins. Entsprechend kann das Ausmaß der Korrelation der Indikatoren zur Beurteilung der Güte eines reflektiven Messmodells herangezogen werden, d.h. eine hohe Korrelation wird als

Hinweis auf ein reliables und valides Messmodell interpretiert (*Homburg/Giering*, 1996, S. 8 ff.)

In mathematischer Schreibweise (s. Formel 4.2) ist im formativen Fall die latente Variable η als Linearkombination ihrer Indikatoren definiert (*Bollen/Lennox*, 1991, S. 306). Dabei geben die Koeffizienten $\gamma_1...\gamma_n$ die Gewichtung der Indikatoren bei ihrer linearkombinatorischen Aggregation zu der latenten Variablen η an und ζ bezeichnet den Fehlerterm der Messung.

$$(4.2) \qquad \eta = \gamma_1 x_1 + \gamma_2 x_2 + ... + \gamma_n x_n + \zeta$$

Eine Veränderung der Ausprägung der latenten Variablen kann demnach schon auf eine Veränderung eines einzelnen Indikators zurückgeführt werden. Anders formuliert, eine Veränderung der Ausprägung der latenten Variablen erfordert keine gleichgerichtete Veränderung aller Indikatoren. Folglich ist es auch nicht erforderlich, dass die Indikatoren miteinander hoch korrelieren. Die Korrelationen zwischen den Indikatoren können also alle Werte in dem Bereich zwischen -1 und $+1$ annehmen (*Nunnally/Bernstein*, 1994, S. 489). Deshalb dürfen die Korrelationen nicht zur Beurteilung der Güte eines formativen Messmodells herangezogen. Außerdem ist zu beachten (*Bollen*, 1984, S. 383; vgl. auch *Diamantopoulos*, 1999, S. 453 f.): „The empirical practice of factor-analyzing items to determine which measures 'hang together' makes little sense."

Im Rahmen der (statistischen) Beurteilung der Reliabilität und Validität eines Messmodells gehört es zum *state of the art*, latente Variablen einem Skalenbeurteilungs- und -bereinigungsprozess zu unterwerfen. Die etablierten Verfahren (siehe z.B. *Churchill*, 1979 und *Anderson/Gerbing*, 1982; in der deutschen Literatur insb. *Homburg/Giering*, 1996) beurteilen die Güte der Messmodelle anhand der internen Konsistenz der Indikatoren (insbesondere die Berechnung von *Cronbachs* Alpha und der Item-to-Total Korrelation sowie exploratorische und konfirmatorische Faktorenanalysen). Indikatoren, die eine geringe Korrelation mit den übrigen Indikatoren des Messmodells aufweisen, werden eliminiert. Bei reflektiven Messmodellen ist die Eliminierung einzelner Indikatoren unproblematisch, da die Indikatoren grundsätzlich austauschbare Messungen der latenten Variablen darstellen (*Bollen/Lennox*, 1991, S. 308). Anders stellt sich die Situation bei formativen Messmodellen dar. Mit der Eliminierung eines formativen Indikators ändert sich der konzeptionelle Inhalt des operationalisierten Konstrukts. *Bollen/Lennox* (1991, S. 308) betonen deshalb: „[O]mitting an indicator is omitting a part of the construct".

4.1.1.3 Verwendung reflektiver und formativer Messmodelle

In der Marketingforschung wurde der Unterschied zwischen reflektiven und formativen Messmodellen bei der Wahl eines geeigneten Messmodells zur Operationalisierung latenter Variablen bislang kaum thematisiert. Im Rahmen von Strukturgleichungsmodellen werden nahezu ausschließlich reflektive Messmodelle verwendet, ohne die Eignung dieses Messansatzes inhaltlich zu begründen. Die Dominanz reflektiver Messmodelle wird dadurch gefördert, dass kovarianzbasierte Auswertungsprogramme, wie z.b. LISREL, standardmäßig ein reflektives Messmodell unterstellen (*Cohen et al.*, 1990, S. 185). In der Folge gelangen *Jarvis/MacKenzie/Podsakoff* (2003, S. 206) bei ihrer Durchsicht der internationalen Fachzeitschriften „Journal of Consumer Research", „Journal of Marketing", „Journal of Marketing Research" und „Marketing Science" zu dem Ergebnis, dass fast ein Drittel der untersuchten 1192 Messmodelle fehlspezifiziert ist. Nahezu alle Fehlspezifikationen gehen auf Konstrukte zurück, die aus messtheoretischer Sicht formativer Natur sind, aber reflektiv operationalisiert wurden. In einer Monte-Carlo-Simulation zeigen die Autoren zudem auf, dass mit der Fehlspezifikation erhebliche Verzerrungen der Parameterschätzungen im Strukturmodell verbunden sind.

Zur Beurteilung, ob eine latente Variable als formativ oder reflektiv operationalisiert werden sollte, schlagen *Jarvis/MacKenzie/Podsakoff* (2003, S. 202 f.) die Beantwortung folgenden Fragekatalogs vor. Die hinter den einzelnen Fragen angegeben Antworten weisen auf ein reflektives (erste Antwort) bzw. formatives (zweite Antwort) Messmodell hin.

- Sind die Indikatoren definierende Charakteristika oder Manifestationen der latenten Variablen? (Manifestationen / definierende Charakteristika)

- Würden Änderungen in der Ausprägung der Indikatoren eine Veränderung der latenten Variablen verursachen? (nein / ja)

- Würden Änderungen in der Ausprägung der latenten Variablen eine Veränderung der Indikatoren verursachen? (ja / nein)

- Haben die Indikatoren den gleichen bzw. einen ähnlichen Inhalt oder beziehen sich auf ein gemeinsames Thema? (ja / nicht erforderlich)

- Würde die Elimination eines Indikators den konzeptionellen Inhalt der latenten Variablen verändern? (nein / möglich)

- Sind Veränderungen in der Ausprägung eines Indikators verbunden mit gleichgerichteten Veränderungen der übrigen Indikatoren? (ja / nicht erforderlich)

- Haben die Indikatoren dieselben Antezedenzien und Konsequenzen? (ja / nicht erforderlich)[1]

Mit welchen Konsequenzen ist bei einer Fehlspezifikation des Messmodells zu rechnen? Wie zuvor dargestellt wurde, erweisen sich die etablierten Verfahren zur Beurteilung der Skalengüte nur für Messmodelle mit reflektiven Indikatoren als sinnvoll. Werden sie auf Indikatoren angewendet, die formativer Natur sind, kann dies zu unnötigen Indikatoreliminierungen führen. Diese Unstimmigkeit kritisiert *Rossiter* (2002, S. 305 ff.) wie folgt: „Almost universal use of the traditional procedure, with its strict emphasis on factor analysis and internal-consistency reliability (coefficient alpha), which in recent years has been encouraged by structural equations modeling [...], has led to some anomalous results in scale development in marketing. These include the deletion of conceptually necessary items in the pursuit of factorial unidimensionality [...], the addition of unnecessary and often conceptually inappropriate items to obtain a high alpha [...], and the use of high alphas as the solitary evidence for scale validity". Es ist daher zu vermuten, dass bei korrekt als reflektiv spezifizierten Skalen die etablierten Gütekriterien häufiger erfüllt werden als bei fehlspezifizierten Messmodellen.

Um diese Hypothese zu überprüfen wurden die Messmodelle sämtlicher in der *Zeitschrift für Betriebswirtschaft,* der *Zeitschrift für betriebswirtschaftliche Forschung* und *Die Betriebswirtschaft* als den drei führenden deutschsprachigen betriebswirtschaftlichen Fachzeitschriften (*Schlinghoff/Backes-Gellner*, 2002,

---

[1] *Herrmann/Huber/Kressmann* (2006, S. 47) zeigen auf, dass letztendlich alle diese Fragen sich auf die Frage der Kausalität zwischen Indikator und latenter Variable verdichten lassen. D.h. aus der Kausalität folgen die übrigen durch den Fragenkatalog angesprochenen Eigenschaften. Insofern dient die Benutzung des gesamten Fragekatalogs der Absicherung der Kausalitätsrichtung. Denn da die Beantwortung der Fragen zumeist im Sinne eines Gedankenexperiments erfolgt, ist es durchaus denkbar, dass auf einzelne Fragen keine eindeutige Antwort gegeben werden kann. Es ist allerdings auch möglich, dass sich auch bei eindeutiger Beantwortung der einzelnen Fragen kein einheitliches Antwortmuster ergibt. Dies tritt insbesondere dann auf, wenn die zu analysierenden Indikatoren keine inhärenten Attribute der betrachteten latenten Variable sind, sondern eher Indikatoren eines die latente Variable determinierenden oder von ihr beeinflussten Konstruktes darstellen (*Edwards/Bagozzi*, 2000, S. 160).

S. 349) bis einschließlich des Jahres 2003 publizierten Studien mit Strukturgleichungsmodellen untersucht[2].

Insgesamt konnten 43 Studien identifiziert werden, in denen zusammen 341 latente Variablen verwendet werden. Davon sind 9 Artikel (mit 75 Konstrukten) in der *Zeitschrift für betriebswirtschaftliche Forschung*, 18 (146) in der *Zeitschrift für Betriebswirtschaft* und 16 (120) in *Die Betriebswirtschaft* erschienen. Inhaltlich behandeln mehr als die Hälfte der Beiträge (25, 58 %) klassische Marketingthemen mit Konstrukten wie Kundenzufriedenheit oder Kundenloyalität. Weitere Schwerpunkte finden sich in der Erfolgsfaktorenforschung und im Innovationsmanagement. Dabei sind aber auch an diesen beiden Themen meistens Autoren beteiligt, die an Marketing-Lehrstühlen arbeiten. Bezüglich der Autoren zeigen sich ebenfalls deutliche Konzentrationsprozesse. So entstammen 19 Artikel (44 %) den drei Autorengruppen *Fritz* und Kollegen, *Herrmann/ Huber* und Kollegen sowie *Homburg* und Kollegen.

Für 55 Konstrukte konnte nicht beurteilt werden, ob eine formative oder reflektive Operationalisierung vorliegt, da keine beziehungsweise nur Beispielformulierungen für die verwendeten Indikatoren vorlagen. Zusätzlich kann bei 118 Konstrukten keine Aussage über den Umfang der Indikatorelimination auf Konstruktebene gemacht werden, da entweder viele Artikel entweder keine Angaben zu diesem Thema enthielten oder nur pauschal für alle Variablen die Zahl der eliminierten Items berichtet wurde.

Generell dominiert in den Studien die Verwendung von reflektiven Messmodellen mit 257 (75,4 %) Konstrukten. Am zweithäufigsten mit 72 Fällen (21,1 %) werden latente Variable verwendet, die nur mit einem einzigen Indikator operationalisiert sind. Formative Messmodelle kommen dagegen nur bei 12 (3,5 %) Konstrukten zum Einsatz, wobei sie jeweils nach rechnerischer Zusammenfassung der erhobenen Indikatoren zu einer einzigen Größe in die Strukturgleichungsmodelle eingehen.

Insgesamt sind 120 der verwendeten reflektiven Konstrukte auf Basis des Fragenkatalogs als fehlspezifiziert zu klassifizieren, das entspricht einem Anteil von 35,2 % an allen 341 Konstrukten. Wenn sowohl die Konstrukte, deren Operationalisierung in den Studien für eine Beurteilung nicht ausreichend beschrie-

---

[2]   Vgl. hierzu auch *Fassott* (2006). Die Ergebnisse einer analogen Auswertung der Zeitschrift *Marketing ZFP* sind bei *Fassott/Eggert* (2005) dokumentiert. Tendenziell ergibt sich dort ein noch kritischeres Bild als im folgenden berichtet.

ben war, als auch die Ein-Indikator-Variablen unberücksichtigt bleiben, dann sind 120 der 202 verbleibenden, reflektiv modellierten Konstrukte, also 59,4 %, fehlspezifiziert. Nach Abzug der Ein-Indikator-Variablen und angesichts der oben geschilderten Berichtslücken sind insgesamt für 151 reflektiv modellierte, latente Variablen Informationen bezüglich einer Indikatorelimination auswertbar. Davon wurden in 31 Fällen (25,8 %) Indikatoren eliminiert. Im Falle der 31 skalenbereinigten Variablen wurden elfmal (35,5 %) mehr als 30 Prozent der Indikatoren entfernt. Den Extremfall stellt eine Variable zur emotionalen Markenstärke dar, bei der von neun ursprünglich konzipierten Indikatoren nur drei den Skalenbereinigungsprozess überstehen. Dies erscheint sowohl aus forschungsökonomischen Gründen als auch hinsichtlich des letztendlich erfassten, konzeptionellen Inhalts der latenten Variable fragwürdig[3].

Allerdings kann der konzeptionelle Inhalt eines Konstruktes schon deutlich verzerrt werden, wenn nur ein einziger Indikator aufgrund der ungeeigneten reflektiv-orientierten Analysemethode eliminiert wird. Dies kann beispielhaft an einer Studie von *Hribek/Schmalen* (2000) erläutert werden. Hier erfüllt z.B. der Indikator „Freundlichkeit des Pflegepersonals" nicht die Gütekriterien, so dass die Autoren ihn in ihrem Instrument zur Messung des Konstrukts „Interaktionsqualitäten des Pflegepersonals in Krankenhäusern" nicht berücksichtigen. *Hribek/Schmalen* (2000, S. 222) betonen, dass sie für die Eliminierung dieses Indikators „keine inhaltlich plausible Erklärung" haben. Krankenhäuser, denen die Anwendung des entwickelten Messinstruments empfohlen wird, müssten bei unkritischer Übernahme des vorgeschlagenen Messinstruments zu dem Schluss kommen, dass z.B. die Freundlichkeit der Ärzte, nicht aber die Freundlichkeit des Pflegepersonals relevant für die Zufriedenheit ihrer Patienten ist. Insofern stellt also das 30-Prozent-Kriterium eine konservative Schätzung der Indikatorbereinigungsproblematik dar.

In einem letzten Schritt wurde untersucht, ob es einen Zusammenhang zwischen der korrekten Spezifikation eines Messmodells und der Erfüllung der Gütekriterien für Messmodelle gibt. Um dies zu überprüfen, wurde neben der Erfüllung der von *Homburg/Giering* (1996, S. 13) empfohlenen Gütekriterien auf

---

[3] Letzteres gilt nur vor dem folgenden (implizit formativen) Anspruch in der Studie bezüglich der emotionalen Markenstärke: „Bei der empirischen Verankerung der emotionalen Verbundenheit mit der Marke kommt es darauf an, die durch Gefühle ausgelöste Hinwendung des Individuums in *allen* (Hervorhebung d. Verf.) ihren Facetten zu erfassen. In Anbetracht der Vielzahl emotionaler Beziehungen eines Nachfragers zu Marke sind neun Indikatoren *erforderlich* (Hervorhebung d. Verf.)..." (*Huber/Herrmann/Peter*, 2003, S. 354).

Indikator- und Konstruktebene (Indikatorreliabilität ≥ 0,4; Faktorreliabilität ≥ 0,6; Durchschnittlich erfasste Varianz ≥ 0,5) auch der Skalenbereinigungsprozess ausgewertet. Im Sinne einer konservativen Schätzung wurde als kritisch eingestuft, wenn mehr als 30 % der ursprünglichen Indikatoren eliminiert wurden. Insgesamt konnten aufgrund der vorliegenden Angaben 129 reflektiv modellierte, latente Variablen für diese Analyse berücksichtigt werden. In Tabelle 4.1 ist die Erfüllung der Gütekriterien in Abhängigkeit von der (Fehl-)Spezifikation des Messmodells aufgeschlüsselt. Bei korrekt als reflektiv spezifizierten Messmodellen war in 28,9 % (13 von 45) der Fälle mindestens eins der vier Gütekriterien verletzt, bei fehlspezifizierten Modellen jedoch in 42,9 % (36 von 84) der Fälle. Ein Chiquadrattest (χ^2 = 2,43; df = 1) zeigt jedoch, dass ein Zusammenhang zwischen der Spezifikation des Messmodells, wie sie aufgrund der durchgeführten Analyse ermittelt wurde, und der Erfüllung aller Gütekriterien nicht signifikant ist (p>0,1)[4].

| | | verwendete Indikatoren aus messtheoretischer Sicht | |
		reflektiv	formativ
Gütekriterien	alle erfüllt	32 (24,8 %)	48 (37,2 %)
	(teilweise) nicht erfüllt	13 (10,1 %)	36 (27,9 %)

Tab. 4.1:   Aufschlüsselung von 129 reflektiv modellierten, latenten Variablen nach Messmodell und Erfüllung der Gütekriterien

Offen ist bisher die Frage geblieben, warum fehlspezifizierte Messmodelle nicht grundsätzlich zu Problemen im Zuge des Skalenbereinigungsprozesses führen. Die Ursache ist darin zu erkennen, dass auch formative Indikatoren untereinander hochgradig korreliert sein können (aber im Unterschied zu reflektiven Indikatoren nicht hochgradig korreliert sein müssen). Immer wenn die Indikatoren in einem formativen Messmodell hochgradig korreliert sind, werden sie den Skalenbereinigungsprozess überdauern, ohne die etablierten Gütekriterien zu verletzen.

---

[4]   Durch die Beschränkung der Untersuchung auf publizierte Studien könnte dieses Ergebnis verzerrt sein. Zumindest tendenziell werden eher solche Studien publiziert, die zu positiver Hypothesenbestätigung kommen und bei denen die Gütekriterien überwiegend erfüllt sind. *Fassott/Eggert* (2005, S. 45) berichten für die Studien der Marketing ZFP einen signifikanten Chiquadrattest.

Wann ist ein hochgradig korreliertes Verhalten der formativen Indikatoren zu erwarten? Neben dem sog. Halo-Effekt (*Kroeber-Riel/Weinberg, 2003, S. 302ff.*) können weitere Ursachen für eine hochgradige Korrelation formativer Indikatoren vorliegen. Wenn sich die Untersuchungsobjekte hinsichtlich des Untersuchungsgegenstandes weitgehend kohärent verhalten (z.B. saubere Krankenhäuser achten in allen Bereichen auf Sauberkeit, weniger saubere lassen es überall ein wenig an Sauberkeit fehlen), werden formative Indikatoren, welche die unterschiedlichen Formen der Sauberkeit erfassen, hochgradig korreliert sein. Hingegen steigt mit der Heterogenität der Untersuchungsobjekte (von der Befragung der Kunden eines einzigen Unternehmens über branchenspezifische bis branchenübergreifende Befragungen) die Wahrscheinlichkeit gering- bzw. unkorrelierter Indikatorausprägungen. Dies mag ein Grund dafür sein, warum in der Literatur mit reflektiv-orientierten Analysemethoden entwickelte Skalen, die aus messtheoretischer Sicht formativer Natur sind, in neuen Untersuchungssituationen die (reflektiv-orientierten) Gütekriterien gelegentlich nicht erfüllen.

4.1.1.4 Entwicklung und Validierung formativer Messmodelle

Während die Entwicklung und Validierung reflektiver Messmodelle als *state of the art* der empirischen Marketingforschung angesehen werden kann, ist dies aufgrund der bisherigen Vernachlässigung formativer Messmodelle in Strukturgleichungsmodellen in der Literatur noch ein wenig entwickelter Bereich. Deshalb soll an dieser Stelle nur letzteres diskutiert werden. Für reflektive Messmodelle sei auf die einschlägige Literatur verwiesen (siehe z.B. *Churchill,* 1979 und *Anderson/Gerbing,* 1982; in der deutschen Literatur insb. *Homburg/Giering,* 1996).

Zur Entwicklung und Validierung formativer Messmodelle schlagen *Diamantopoulos/Winklhofer* (2001, S. 271 ff.) eine vierstufige Vorgehensweise vor (vgl. *Arnett/Laverie/Meiers,* 2003 und *Reinartz/Krafft/Hoyer,* 2004, S. 298f. bzgl. einer Anwendung dieser Methode im Marketing). Im ersten Schritt legt der Forscher sorgfältig die konzeptionelle Breite des zu operationalisierenden Konstrukts fest. In dieser Hinsicht unterscheidet sich die Vorgehensweise bei der Entwicklung eines formativen Messmodells nicht von ihrem reflektiven Gegenstück. Allerdings sollte die inhaltliche Konstruktabgrenzung im formativen Ansatz mit besonderer Sorgfalt vollzogen werden, weil die latente Variable durch die Gesamtheit ihrer Indikatoren definiert wird (siehe Formel 4.2). *Nun-*

nally/Bernstein (1994, S. 484) unterstreichen: „breadth of definition is extremely important to causal indicators". Es ist zu empfehlen, dass der Forscher auf der Grundlage einer Literaturdurchsicht oder qualitativer Vorstudien eine schriftliche Definition des Konstrukts erarbeitet. Eine solche Vorgehensweise zwingt den Forscher zu einer möglichst umfassenden, klaren und für Dritte nachvollziehbaren Bestimmung des hypothetischen Konstrukts.

Im zweiten Schritt werden die formativen Indikatoren generiert. Dabei orientiert sich der Forscher eng an der zuvor erarbeiteten Definition. Alle Facetten des Konstrukts müssen durch Indikatoren abgedeckt werden, um eine inhaltliche Übereinstimmung zwischen der Definition und der Operationalisierung zu erreichen (*Bollen/Lennox*, 1991, S. 308).

Nachdem die formativen Indikatoren aus der schriftlich niedergelegten Definition des Konstrukts abgeleitet wurden, steht im dritten Schritt eine Überprüfung ihrer Multikollinearität an. Unter Multikollinearität versteht man den Grad der linearen Abhängigkeit der Indikatoren. Sie wird erst dann zu einem Problem, wenn eine starke lineare Abhängigkeit zwischen den Indikatoren besteht. Weil formative Messmodelle auf dem Prinzip der multiplen Regressionsanalyse beruhen (vgl. Formel 4.2), werden die Standardfehler der Koeffizienten $\gamma_1, ..., \gamma_n$ mit zunehmender Multikollinearität größer und damit „werden die Schätzungen der Regressionsparameter unzuverlässiger" (*Backhaus et al.*, 2003, S. 88). Einen ersten Hinweis auf Multikollinearität kann eine Betrachtung der Korrelationsmatrix der betroffenen Indikatoren liefern. Korrelationskoeffizienten nahe dem Extremwert eins deuten auf ein hohes Maß an Multikollinearität hin. Weiterhin stellt die sog. Toleranz der Indikatoren (*Backhaus et al.*, 2003, S. 90) ein Maß der Multikollinearität dar. Die Toleranz kann Werte zwischen Null und Eins annehmen. Solange die kleinste Toleranz den Wert von 0,1 nicht unterschreitet, gilt das Ausmaß an Multikollinearität als unbedenklich (*Kleinbaum et al.*, 1998, S. 241; zu weiteren Verfahren zur Überprüfung der Multi-Kollinearität vgl. *Götz/Liehr-Gobbers*, 2004, S. 20f.).

Im letzten Schritt wird die inhaltliche bzw. nomologische Validität des Messmodells überprüft. Des öfteren kann ein hypothetisches Konstrukt sowohl durch reflektive als auch durch formative Indikatoren operationalisiert werden. Beispielsweise wäre das Konstrukt „Kundenzufriedenheit mit Internetshops" neben formativen Indikatoren, welche auf die einzelnen Zufriedenheitsdimensionen wie z.B. Produktauswahl, Nutzerfreundlichkeit, Service etc. (*Bansal et* al., 2004, S. 294) abstellen, auch durch globale, reflektive Indikatoren (z.B. „Insgesamt bin ich mit dem Internetshop zufrieden") erfassbar. In einem solchen Fall können die reflektiven Indikatoren zur inhaltlichen Validierung des formativen Messmodells herangezogen werden. Stehen keine reflektiven Indikatoren zur Verfügung, kann eine Überprüfung der nomologischen Validität als Ersatz dienen. Dabei wird der Zusammenhang zwischen dem formativ operationalisierten Konstrukt und weiteren Marketingvariablen untersucht. Der untersuchte Strukturzusammenhang sollte theoretisch begründet und empirisch belegt sein. In dem zuvor genannten Beispiel würde sich z.B. der Zusammenhang zwischen der Kundenzufriedenheit mit Internetshops und der aktiven Weiterempfehlungsabsicht des Kunden anbieten. Besteht zwischen diesen beiden latenten Variablen der theoretisch erwartete, signifikant positive Zusammenhang, stellt dies nach *Diamantopoulos/Winkelhofer* (2001, S. 272 ff.) eine Bestätigung für die nomologische Validität der verwendeten Messmodelle dar.

Eine andere Auffassung bezüglich der Validierung von Messmodellen vertritt *Rossiter* (2002). Er streitet die Möglichkeit einer inferenzstatistischen Validierung von Messmodellen grundsätzlich ab. Ihm zufolge gibt es „only one type of validity that is essential: content validity. Content validity is an 'appeal to reason', conducted *before* the scale is developed, that the items will properly represent the construct" (*Rossiter*, 2002, S. 308).

Einen pragmatischen Ansatz zur Beurteilung der Inhaltsvalidität stellt die von *Anderson/Gerbing* (1991) beschriebene Indikatoren-Zuordnungsaufgabe dar. Für diese Aufgabe werden Befragungspersonen gebeten, die zufällig angeordneten Indikatoren verschiedener Konstrukte dem ihrer Meinung nach richtigen Konstrukt zuzuordnen. Als Befragungspersonen kommen fachliche Experten oder als repräsentativ für die Grundgesamtheit erachtete Personen in Betracht. Als geeignete Samplegröße gelten zwölf bis 30 Personen (*Hunt/Sparkman/Wilcox*, 1982, S. 270). *Anderson/Gerbing* (1991, S. 734) schlagen die Berechnung von zwei Indizes vor:

Der p_{sa}-Index ist ein Maß für die Eindeutigkeit der Zuordnung. Er gibt das Ausmaß der Übereinstimmung zwischen der beabsichtigten und der tatsächlich vorgenommenen Zuordnung eines Indikators zu seinem vorgesehenen Konstrukt wieder. Zur Berechnung des p_{sa}-Index wird die Anzahl der Übereinstimmungen ins Verhältnis zu der Anzahl der Befragungspersonen gesetzt (s. Formel 4.3). Der p_{sa}-Index kann Werte zwischen Null und Eins annehmen. Größere Werte deuten auf ein höheres Maß an Übereinstimmung hin.

(4.3) $p_{sa} = n_c / N$

mit n_c Anzahl der „richtigen" Zuordnungen

N   Anzahl der Befragungspersonen

Der c_{sv}-Index ist ein Maß für die inhaltliche Relevanz. Er berechnet sich aus der Differenz zwischen der Anzahl der „richtigen" und der am häufigsten genannten „falschen" Zuordnung. Diese Differenz wird ins Verhältnis zu der Anzahl der Befragungspersonen gesetzt (s. Formel 4.4). Der c_{sv}-Index kann Werte zwischen −1 und +1 annehmen, wobei größere positive Werte auf eine höhere inhaltliche Relevanz hinweisen (Anderson/Gerbing, 1991, S. 734). Sind die Werte dagegen nahe bei −1, dann weist der Indikator eine hohe inhaltliche Relevanz zu einem anderen als dem vorgesehenen Konstrukt auf.

(4.4) $c_{sv} = (n_c - n_o) / N$

mit n_c Anzahl der „richtigen" Zuordnungen

n_o Anzahl der am häufigsten genannten „falschen" Zuordnung

N   Anzahl der Befragungspersonen

Mit dieser praxisbewährten Zuordnungsaufgabe kann die Inhaltsvalidität formativer wie auch reflektiver Messmodelle einem wirkungsvollen Pre-Test unterzogen werden.

4.1.2   Vorgehensweise und Ergebnisse der Operationalisierung

Im diesem Abschnitt wird die Vorgehensweise zur Generierung und Selektion der Indikatoren für die einzelnen latenten Variablen für den Fragebogen der Hauptstudie beschrieben. Die Validierung und ggf. Modifikation der Messmodelle auf Basis der empirischen Ergebnisse der Hauptstudie wird in Kapitel 5 erläutert.

In folgendem mehrstufigen Verfahren, das sich an den im vorangegangenen Abschnitt beschriebenen Empfehlungen orientiert, wurden die latenten Variablen operationalisiert: Basierend auf den Ergebnissen der Literaturanalyse, der Auswertung der Fokusgruppen und der deskriptiven Vorstudie wurden zunächst die latenten Variablen definiert, die Korrespondenzregeln (formativ vs. reflektiv) zwischen Indikatoren und latenten Variablen festgelegt sowie die Indikatoren formuliert.

Diese Liste wurde mit fünf Experten aus Wissenschaft und Marktforschungspraxis auf Stimmigkeit und Verwendbarkeit diskutiert (zum Einbezug von Experten in die Skalenentwicklung vgl. *Moore/Benbasat*, 1991, S. 199ff.). Insbesondere wurde auch darauf geachtet, dass aus Sicht der Experten die jeweils verwendeten Indikatoren keine wesentlichen Facetten bezüglich der Variablendefinition unberücksichtigt ließen. Diese Expertenrunde führte dazu, dass von den ursprünglich 85 Indikatoren eine Liste mit 68 teilweise sprachlich modifizierten Indikatoren für die nächste Stufe entwickelt wurde.

Diese Liste wurde dann 20 Internet-Nutzern im Rahmen der im vorangegangenen Abschnitt beschriebenen Indikatoren-Zuordnungsaufgabe nach *Anderson/Gerbing* (1991) vorgelegt. Die Probanden erhielten neben der per Zufallsreihenfolge erstellten Indikatorenliste ein Deckblatt, auf dem die zentralen Begriffe der geplanten Studie (Nutzung ausländischer Internetshops) erläutert, die latenten Variablen definiert und die Vorgehensweise zum Ausfüllen des Fragebogens beschrieben war. Die Probanden hatten die Möglichkeit, eine Indikatorformulierung einem, keinem oder bis zu drei latenten Variablen zuzuordnen. Im letzten Fall konnten sie durch die Ziffern 1 bis 3 angeben, inwieweit aus ihrer Sicht ein Indikator zu den zugeordneten latenten Variablen unterschiedlich gut passt. Schließlich stand den Befragten noch ein Bemerkungsfeld zur Verfügung, das z.B. für Rückmeldungen bezüglich der Verständlichkeit einer Indikatorformulierung genutzt werden konnte. Aus den Antworten wurden dann der p_{sa}-Index und der c_{sv}-Index berechnet. Darauf basierend wurden 49 Indikatoren für den Pretest-Fragebogen berücksichtigt.

Es ist zu beachten, dass nicht alle der in Tabelle 4.2 aufgeführten latenten Variablen in der Indikatoren-Zuordnungsaufgabe berücksichtigt wurden. Dies betrifft die Variablen Internationalität, Interneterfahrung, Verhaltensaktualität und Zufriedenheit. Weiterhin wurde nicht zwischen Verhalten und Verhaltenshäufigkeit unterschieden, da die Indikatorformulierungen identisch sind und die beiden Variablen zu getrennten Zeitpunkten erhoben werden sollten. Schließlich war der Indikator „Einkaufen in ausländischen Internetshops macht mir Spaß" nicht aber die Vergnügen-Variable in der Indikator-Zuordnungsaufgabe enthalten, da zu diesem Zeitpunkt noch nicht über eine Berücksichtigung des Flow-Ansatzes im Strukturgleichungsmodell entschieden war. Da dieser Indikator im Rahmen der Indikator-Zuordnungsaufgabe nicht eindeutig zugeordnet wurde, d.h. p_{sa}-Index und c_{sv}-Index legten keine Verknüpfung zu einer der berücksichtigten latenten Variablen nahe, steht seiner Verwendung als Indikator für das Vergnügen-Konstrukt nichts entgegen.

Der Pretest des Fragebogens bestand aus zwei Teilen. Im ersten Teil wurden fünf Internet-Nutzer gebeten, den Fragebogen im Beisein des Interviewers nach der Concurrent-Think-Aloud-Methode (*Presser et al.*, 2004, S. 112ff.) auszufüllen. Die Think-Aloud-Methode ist die zentrale kognitive Technik für Pretests (*Prüfer/Rexroth*, 1996, S. 104; vgl. auch *Blair/Presser*, 1993). Die Befragten werden dabei aufgefordert, während (concurrent) bzw. nach (retrospective) der Beantwortung einer Frage sämtliche Gedankengänge zu formulieren, die ihrer Antwort führen bzw. führten. Aus diesen Äußerungen sollen Hinweise gefunden werden, wie die ganze Frage oder einzelne Begriffe verstanden wurden. Dadurch lassen sich mögliche Problemfelder im Fragebogen und ggf. auch Lösungsansätze zu ihrer Behebung ermitteln (*Presser/Blair*, 1994, S. 94). In Bezug auf die Beurteilung der Indikatoren diente der Think-Aloud-Pretest vorwiegend zur Überprüfung der Verständlichkeit der Indikatorenformulierungen.

Der zweite Teil des Pretests kann als Standard-Pretest (*Prüfer/Rexroth*, 1996, S. 97) bzw. konventioneller Pretest (*Presser/Blair*, 1994, S. 78) bezeichnet werden. Hierbei füllten 25 Internet-Nutzer den Fragebogen schriftlich aus, ohne über den Testcharakter informiert zu sein. Aus formal unkorrekt beantworteten Fragen, offen gelassenen Antworten oder Anmerkungen der Befragten auf dem Fragebogen können Rückschlüsse auf das Frageverständnis gezogen werden. Weiterhin kann die zu erwartende durchschnittliche Befragungsdauer durch einen Standard-Pretest abgeschätzt werden. Die Befragungsdauer war angesichts der Komplexität des zu untersuchenden Strukturgleichungsmodells und der daraus resultierende Fragebogenlänge ein wichtiges Kriterium. Entsprechend wurde im Verlauf des gesamten hier beschriebenen Prozesses nach Möglichkeiten gesucht, die latenten Variablen mit einer möglichst geringen Anzahl an Indikatoren bestmöglich zu messen. Dazu wurden für die reflektiven Messmodelle aus den Daten des Standard-Pretests die Cronbach-α-Werte ermittelt und auf Anlässe bzw. Notwendigkeit für Skalenbereinigungen untersucht.

Damit war die Operationalisierung der latenten Variablen abgeschlossen. Tabelle 4.2 zeigt neben den latenten Variablen die zugehörigen Variabalendefinitionen, Korrespondenzregeln der Verknüpfung zwischen latenten Variablen und Indikatoren und die Indikatoren sowie ihre Kürzel, mit denen die Indikatoren im Rahmen der Ergebnispräsentation benannt werden. Schließlich wird noch auf die Literaturquellen verwiesen, die im Rahmen der Formulierung der Indikatoren mit herangezogen wurden.

Latente Variable	Definition der latenten Variablen
Korrespondenzregel	**Literaturquellen für Indikatoren**
Indikatorkürzel	**Indikatorformulierung**
Verhalten(shäufigkeit)	Häufigkeit der Nutzung ausländischer Internetshops zu Kauf und Kaufvorbereitung in der Vergangenheit
Formativ	*Fantapié Altobelli/Grosskopf*, 1998, S. 152; *Shim et al.*, 2001, S. 405
V(VH)_Kauf V(VH)_Produkt- information V(VH)_Preisinformat.	Wie häufig haben Sie ausländische Internetshops in den letzten 12 (bzw. 6) Monaten zu folgenden Zwecken genutzt: (12: Verhaltenshäufigkeit; 6: Verhalten) Zum Kauf, Bestellung bzw. Buchung eines Produktes oder einer Dienstleistung? Zur Information über Produkte oder Dienstleistungen vor dem Kauf? Zum Preisvergleich vor dem Kauf?
Verhaltensaktualität	Zeitpunkt des letzten Einkaufs in einem ausländischen Internetshop
Single-Item	*Bagozzi/Warshaw*, 1990; S. 134;
VA_Kauf	Wann haben Sie das letzte Mal etwas in bzw. aus einem ausländischen Internetshop gekauft, gebucht oder bezogen?
Verhaltensabsicht	Wahrscheinlichkeit zukünftiger Nutzung ausländischer Internetshops zu Kauf und Kaufvorbereitung
Formativ	*Fantapié Altobelli/Grosskopf*, 1998, S. 152; *Shim et al.*, 2001, S. 405
A_Kauf A_Produktinformation A_Preisinformation	Wie wahrscheinlich ist es, dass Sie im Verlauf der nächsten 6 Monate ausländische Internetshops zu folgenden Zwecken nutzen werden: Zum Kauf, Bestellung bzw. Buchung eines Produktes oder einer Dienstleistung? Zur Information über Produkte oder Dienstleistungen vor dem Kauf? Zum Preisvergleich vor dem Kauf?
Vergnügen	Die bei der Nutzung ausländischer Internetshops ausgelöste Freude
Single-Item	*Diehl*, 2002, S. 229; *Koufaris/Kambril/LaBarbera*, 2002, S. 137
VG_Spaß	Einkaufen in ausländischen Internetshops macht mir Spaß.
Einstellung	Affektive Einstellung zur Nutzung ausländischer Internetshops
Reflektiv	*Aijzen/Fishbein*, !980, S. 265 f.; *Bruner/James/Hensel*, 2001, S. 81 f.
E_Gut E_Attraktiv E_Interessant	Die Nutzung ausländischer Internetshops finde ich Gut / Schlecht. Unattraktiv / Attraktiv. Langweilig / Interessant.

Latente Variable	Definition der latenten Variablen
Korrespondenzregel	**Literaturquellen für Indikatoren**
Indikatorkürzel	**Indikatorformulierung**
Vorteil	Wahrgenommene funktionale und nicht-funktionale Vorteile durch die Nutzung ausländischer Internetshops
Formativ	*Walsh/Frenzel/Wiedmann*, 2002, S. 217; *Parsons*, 2002, S. 382
V_Verfügbarkeit	In ausländischen Internetshops kann ich Produkte kaufen, die in Deutschland generell oder zeitweise nicht erhältlich sind (z.B. längere Lieferzeiten, Verkaufsstart erst später).
V_Produktauswahl	Durch den Einbezug ausländischer Internetshops habe ich eine viel größere Produktauswahl.
V_Herkunftsland	In ausländischen Internetshops kann ich Produkte kaufen, die ich am liebsten direkt im Herkunftsland erwerbe.
V_Preis	Die Nutzung ausländischer Internetshops bietet sich an, da sie bei manchen Produkten deutlich niedrigere Preise verlangen als ich in Deutschland bezahlen müsste
V_Information	In ausländischen Internetshops finden sich Informationen zu Produktangeboten, die ich beim Einkaufen in Deutschland nutzen kann.
V_Trend	Durch die Nutzung ausländischer Internetshops bin ich früher über neue Produkte und Trends informiert.
V_Sympathie	Mit dem Kauf in einem ausländischen Internetshop kann ich meinen persönlichen Bezug bzw. meine Sympathie für ein bestimmtes Land ausdrücken.
V_Gemeinschaft	Bei der Nutzung ausländischer Internetshops fühle ich mich als Teil einer weltweiten Internet-Gemeinschaft.
Risiko	Wahrgenommene funktionale und finanzielle Risiken bei der Nutzung ausländischer Internetshops
Formativ	*Korgaonkar/Wolin*, 1999, S. 57
R_Bezahlung	Ich zweifle an der Sicherheit der Bezahlvorgänge beim Einkaufen in ausländischen Internetshops.
R_Anbieter	Es ist schwierig zu erkennen, ob ein ausländischer Internetshop von einem seriösen Unternehmen betrieben wird.
R_Bedienung	Fehlkäufe in ausländischen Internetshops sind nicht auszuschließen, da mir die Bedienung der Seiten schwer fällt.
R_Produkt	Ich befürchte, dass beim Einkaufen in ausländischen Internetshops die gelieferten Produkte nicht nutzbar sind (z.B. wegen Qualitätsmängeln, Transportschäden oder technischer Standards, die in Deutschland nicht verwendet werden).
R_Preis	Es ist schwierig, beim Einkaufen in ausländischen Internetshops den Gesamtpreis zu ermitteln (einschließlich Lieferung, Zoll oder Bankgebühren).
R_Lieferung	Ich befürchte, dass beim Einkaufen in ausländischen Internetshops Produkte überhaupt nicht geliefert werden.
R_Rückgabe	Es ist schwierig, Produkte, die mir nicht gefallen, an ausländische Internetshops zurück zu schicken.
R_Recht	Wenn es beim Einkaufen in ausländischen Internetshops zu Problemen kommt, habe ich keine Chance bzw. es würde sehr teuer, mein Recht zu bekommen.

Latente Variable	Definition der latenten Variablen
Korrespondenzregel	Literaturquellen für Indikatoren
Indikatorkürzel	Indikatorformulierung
Subjektive Norm	Ansicht, dass andere Personen ein bestimmtes Verhalten bzgl. der Nutzung ausländischer Internetshops erwarten
Formativ	*Fishbein/Aijzen*, 1975, S. 314; *Walsh/Frenzel/Wiedmann*, 2002, S. 217
SN_Person	Die meisten Personen, die mir wichtig sind, denken, dass ich ausländische Internetshops nutzen soll.
SN_Trend SN_Unpatriotisch (negativ skaliert)	Ausländische Internetshops zu nutzen, liegt voll im Trend. Ich fühle mich unpatriotisch, wenn ich ausländische Internetshops nutze.
Verhaltenskontrolle	Wahrnehmung des Konsumenten, inwieweit er die Kontrolle über das Ergebnis seiner Nutzung ausländischer Internetshops hat, insbesondere er über die für den Erfolg seines Verhaltens erforderlichen Fähigkeiten, Ressourcen und Fähigkeiten verfügt.
Formativ	*Bauer/Grether/Borrmann*, 2001, S. 30; *Novak/Hoffman/Yung*, 2000, S. 28 f.
K_Klarheit	Wenn ich ausländische Internetshops nutze, ist mir immer klar, wie ich vorzugehen habe.
K_Kontrolle	Wenn ich ausländische Internetshops nutze, habe ich das Gefühl, alles unter Kontrolle zu haben.
K_Land	Wenn ich in einem Internetshop einkaufe, bin ich mir immer sicher, in welchem Land der Internetshop betrieben wird.
Interneterfahrung	Bisherige Erfahrungen mit dem Internet
Formativ	*Bauer/Fischer/Sauer*, 2000, S. 1153; *George*, 2002, S. 175
IE_Start IE_Anwendungen IE_Dauer	Seit wann nutzen Sie das Internet? Intensität genutzter Internetanwendungen Wie lange nutzen Sie privat und beruflich das Internet im Durchschnitt pro Woche?
Internationalität	Bisherige internationale Erfahrungen und Kompetenzen
Formativ	
I_Sprache	In wie vielen Sprachen fühlen Sie sich ausreichend sicher, um ausländische Internetshops zu nutzen, die über keine übersetzte Version in Ihrer Muttersprache verfügen?
I_Kontakt	Wie häufig haben Sie beruflich oder privat Kontakt mit ausländischen Personen außerhalb der deutschsprachigen Länder?
I_Reise	Wie oft verreisen Sie beruflich oder privat in solche Länder?

Latente Variable	Definition der latenten Variablen
Korrespondenzregel	Literaturquellen für Indikatoren
Indikatorkürzel	Indikatorformulierung
Exploratives Surfen	Generelle Bereitschaft des Internet-Nutzers, im Internet Neues zu entdecken
Reflektiv	*Bauer/Grether/Borrmann*, 2001, S. 30; *Novak/Hoffman/Yung*, 2000, S. 28 f.
ES_Neuigkeit	Wenn ich von einer neuen Internetseite höre, möchte ich sie gleich kennen lernen.
ES_Abwechslung	Ich besuche oft für mich völlig neue Internetseiten, um Abwechslung zu haben.
ES_Surfen	Ich surfe gerne in Internetshops, auch wenn ich nicht vorhabe, etwas zu kaufen.
ES_Neugier	Ich klicke im Internet oft einfach aus Neugier auf einen Link oder Button.
Ethnozentrismus	Ansicht bezüglich der Angemessenheit, insb. aus moralischen Gesichtspunkten, des Kaufs ausländischer Produkte
Reflektiv	*Shimp/Sharma*, 1987, S. 282 f.; *Sinkovics*, 1999, S. 187 f.
ET_Bester ET_Wirtschaftslage	Es ist immer am besten, deutsche Produkte zu kaufen. Der Grund für die schlechte Wirtschaftslage liegt größtenteils darin, dass Deutsche ausländische Produkte kaufen.
ET_Auto	Deutsche sollten keine ausländischen Autos kaufen, weil es deutschen Unternehmen schadet und Arbeitslosigkeit hervorruft.
ET_Treue	Deutsche sollten deutschen Produkten gegenüber treu bleiben und keine ausländischen Produkte kaufen.
Zufriedenheit	Gesamtzufriedenheit mit dem Einkauf in ausländischen Internetshops
Single-Item	*Szymanski/Hise*, 2000, S. 322
Zufrieden	Wie zufrieden sind Sie insgesamt mit Ihren Einkäufen in ausländischen Internetshops?

Tab. 4.2:   Operationalisierung der latenten Variablen

In den meisten Fällen wurden die Indikatoren anhand einer 7-stufigen Ratingskala mit vollständiger Zustimmung bzw. Ablehnung als Skalenendwerte gemessen. Dies gilt für die Variablen Vergnügen, Vorteil, Risiko, Subjektive Norm, Verhaltenskontrolle, Exploratives Surfen und Ethnozentrismus[5]. Einstellung wurde an-

---

[5]   Damit wird für die kognitiven Einstellungskomponenten, d.h. die latenten Variablen Vorteil und Risiko, nicht die klassische Erwartungs-Wert-Doppelerhebung (*Fishbein/Ajzen*, 1975, S. 223) verwendet. Zum einen wird dadurch die Befragungsdauer deutlich reduziert, was in der Regel die Antwortqualität steigert (*Drolet/Morrison*, 2001, S. 199 f.). Zum anderen ist

hand einer bipolaren 7-stufigen Skala erhoben. Mittels einer 7-stufigen Ratingskala mit den Endpunkten sehr (un-)zufrieden bzw. sehr (un-)wahrscheinlich
wurden Zufriedenheit bzw. Verhaltensabsicht erhoben. Für Verhalten, Verhaltenshäufigkeit und Verhaltensaktualität wurden Skalen mit mehreren Häufig-
keits- bzw. Zeitraumkategorien verwendet.

Die Indikatoren der Interneterfahrung wurden auf verschiedene Art und
Weise erhoben. Die Intensität genutzter Internetanwendungen wurde als Mittelwert aus 5-stufigen Ratingskalen mit den Endpunkten „nutze ich sehr oft" und
„nutze ich überhaupt nicht" gebildet, anhand derer die Nutzung von vierzehn ty-
pischen Internetanwendungen wie z.b. Informationsrecherche, E-Mail, Chatten,
Einkaufen etc. zu charakterisieren war. Die Zahl der gekauften Produkte wurde
als Summe von ja/nein-Angaben zu sechzehn vorgegebenen Produktkategorien
plus einer Kategorie Sonstiges berechnet. Sowohl die Liste der Internetanwendungen als auch der Produktkategorien wurden den üblicherweise in Erhebungen
des Marktforschungsinstituts, mit dem in der Hauptstudie zusammengearbeitet
wurde (s. Abschnitt 4.3), zum Einkaufen im Internet verwendeten Listen angepasst. Dies gilt auch für die verwendeten Zeitraumkategorien für den Beginn der
Internetnutzung und die Nutzungsdauer pro Woche sowie die Skalen für die sozio-demographischen Merkmale.

Auch für die Indikatoren der Internationalität wurden spezifische Skalen
benutzt. Kontakt- und Reiseaktivitäten wurden anhand einer 6-stufigen Skala mit
den Endpunkten nie/täglich erhoben. Die Fremdsprachenkenntnisse wurden an-

---

die multiplikative Verknüpfung von Ratingwerten äußerst problematisch (*Bagozzi*, 1984b,
S. 295 ff.; *Wochnowski*, 1995, S. 197 ff.). Durch die Aufteilung in die beiden Konstrukte
Vorteil und Risiko ist zudem darauf hingewirkt, dass die jeweiligen Indikatoren relativ ho-
mogen beurteilt werden. Dadurch kann auf eine Doppelerhebung verzichtet werden (*Da-
vis/Bagozzi/Warshaw*, 1989, S. 988). Außerdem ist der zusätzliche Erkenntnisgewinn im
Vergleich zu den in der Datenanalyse gewonnenen Gewichtungen der einzelnen Indikato-
ren bei der Bildung des formativen Konstruktes relativ gering (*Mathieson*, 1991, S. 186).
Falls dennoch eine Doppelerhebung mit Ratingskalen erfolgen sollte, dann fordert *Bagozzi*
(1984b, S. 300) die Modellierung separater Erwartungs- und Wert-Konstrukte sowie die Integration eines Multiplikationskonstruktes als Interaktionsterm. Abzulehnen ist dabei die
Vorgehensweise von *Braunstein* (2001, S. 275 ff.), da sie die jeweiligen Indikatoren im
Rahmen der von ihr verwendeten Kovarianzstrukturanalyse reflektiv und damit fehlerhaft
spezifiziert. Dies führt zu einer deutlichen Verschärfung der Skalenbereinigungsproblema-
tik, da zur Sicherstellung der inhaltlichen Kongruenz zwischen Erwartungs- und Wert-
Konstrukt nur der „kleinste gemeinsame Nenner" an Indikatoren verwendet werden kann.
In der Studie von Braunstein verbleiben z.B. nur drei von zehn in qualitativen Vorstudien
ermittelten Indikatoren (Teilzufriedenheiten) im Messmodell.

hand der Zahlennennung auf die in der Tabelle gezeigten diesbezüglichen offenen Frage erfragt.

Neben den in Tabelle 4.2 aufgelisteten Indikatoren wurden im Fragebogen noch Staatsangehörigkeit, Geschlecht, Bildung und Einkommen als sozio-demographische Angaben abgefragt. Diejenigen Befragten, die schon in ausländischen Internetshops eingekauft haben, sollten zusätzlich noch Angaben machen zu den bisher dort gekauften Produktkategorien, dem durchschnittlichen und höchsten dort ausgegebenen Geldbetrag sowie Namen, Internetadresse und Land von maximal drei der am häufigsten von ihnen besuchten ausländischen Internetshops nennen. Schließlich sollten alle Befragten noch danach befragt werden, welche Informationen sie heranziehen, um das Herkunftsland eines Internetshops zu bestimmen.

Nachdem nun das Strukturgleichungsmodell in Kapitel 3 und die Operationalisierung der latenten Variablen in diesem Abschnitt hergeleitet und dargestellt wurden, wird im folgenden Abschnitt 4.2 die zu verwendende Methodik für die Analyse des Strukturgleichungsmodells erläutert.

4.2 Der Partial-Least-Squares-Ansatz (PLS) zur Analyse von Strukturgleichungsmodellen

Während die insbesondere unter dem Namen LISREL (vgl. z.B. *Jöreskog, 1982*) bekannt gewordene Kovarianzstrukturanalyse sich in den letzten Jahren zu einem Quasi-Standard in der Analyse von Strukturgleichungsmodellen entwickelt hat (vgl. z.B. die Studienanalyse von *Baumgartner/Homburg*, 1996), fand das von *Herman Wold* (vgl. z.B. *Wold*, 1966, 1975, 1982, 1985 und 1989) entwickelte PLS bislang (insbesondere im deutschsprachigen wirtschaftswissenschaftlichen Bereich) noch relativ wenig Beachtung. Da PLS für das im Rahmen der empirischen Studie gewählte Untersuchungsdesign spezifische Vorteile im Vergleich zu LISREL aufweist, soll PLS in den folgenden Abschnitten näher erläutert werden. Dabei wird PLS zunächst in seinem historischen und methodischen Kontext beschrieben (Abschnitt 4.2.1) und der grundlegende Algorithmus von PLS erläutert (Abschnitt 4.2.2). Darauf aufbauend werden dann in Abschnitt 4.2.3 die wesentlichen Gemeinsamkeiten und Unterschiede zwischen PLS und LISREL diskutiert. Abschließend werden in Abschnitt 4.2.4 methodische Besonderheiten dargestellt, die für die spätere Analyse von moderierenden und mediierenden Effekten im Strukturgleichungsmodell erforderlich sind.

4.2.1 Einordnung von PLS im historischen und methodischen Kontext

Neben der im folgenden behandelten methodischen Beziehung zwischen LIS-REL und PLS besteht auch eine persönliche Verknüpfung, da *Wold* der akademische Lehrer von *Jöreskog* war[6]. Dies kommt auch in einem zweibändigen Sammelband zum Ausdruck, in dem jeweils ein Band Beiträgen zu LISREL bzw. PLS gewidmet ist (*Jöreskog/Wold*, 1982a und 1982b).

Fornell (1987) ordnet in seiner Klassifikation multivariater Verfahren PLS und LISREL – neben weiteren Verfahren wie konfirmatorischer Multidimenisonaler Skalierung, konfirmatorischer Latent-Structure-Analyse oder Redundanzanalyse – der zweiten Generation multivariater Verfahren zu. Diese unterscheiden sich von den Verfahren der ersten Generation dadurch, dass sie jeweils alle der folgenden vier Analysemöglichkeiten umfassen (*Fornell*, 1987, S. 411): Einbezug von (1) multiplen exogenen und endogenen Variablen, (2) latenten Variablen, (3) Messfehlern und (4) konfirmatorischen Anwendungen. Letzteres bedeutet, dass der Forscher einige explizite theoretische und Messannahmen oder Hypothesen treffen muss, die statistisch getestet werden können. Weiterhin weist *Fornell* wie in Abbildung 4.3 dargestellt darauf hin, dass PLS wie LISREL als generelle Methoden, die andere Verfahren als Spezialfälle umfassen, gekennzeichnet werden können (vgl. hierzu auch *Tenenhaus et al.*, 2004). Da PLS nur bezüglich der mathematischen Struktur, nicht aber bezüglich der statistischen Schätzmethoden ein Allgemeinfall der insbesondere in der Ökonometrie verwendeten Mehrgleichungsmodelle (*Eckey/Kosfeld/Dreger*, 2001, S. 289 ff.) bzw. Strukturgleichungsmodelle mit beobachteten Variablen (*Schulze*, 1999) ist, ist diese Beziehung in der Abbildung 4.3 gestrichelt gekennzeichnet.

---

[6]   „The general applicability of covariance structure models as implemented by LISREL was questioned by Herman Wold (Jöreskog's doctoral adviser), because, in practice, distributions are often either unknown or far from normal. For these situations, Wold developed an alternative approach, Partial Least Squares (PLS)" (*Fornell/Cha*, 1994, S. 52).

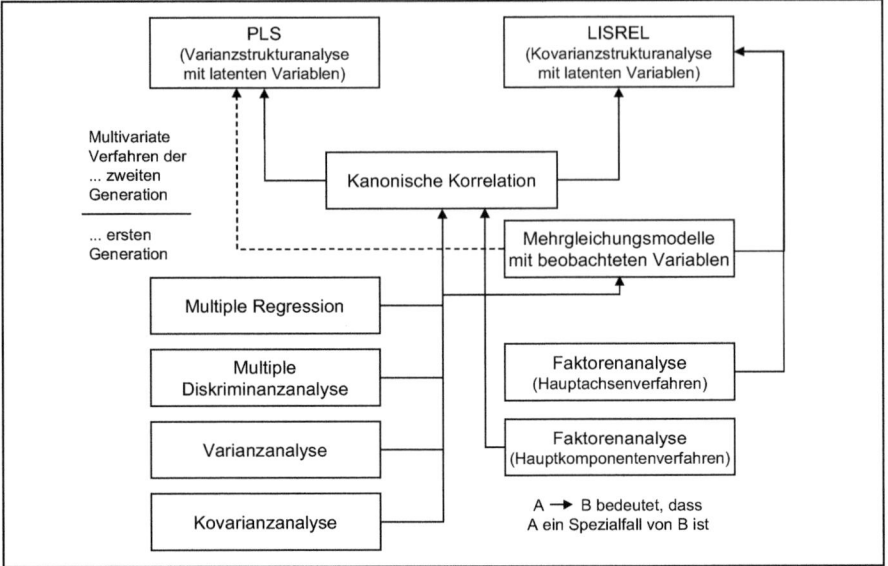

Abb. 4.3:   Beziehungen zwischen multivariaten Verfahren
(Quelle: vgl. *Fornell*, 1987, S. 412)

Warum hat sich PLS bei weitem nicht im selben Ausmaß verbreitet wie LIS-
REL? Dies hängt sicherlich auch mit den folgenden Aspekten zusammen: Aufgrund des frühen Todes von *Jan-Bernd Lohmöller*, der inklusive methodischer
Weiterentwicklungen ein erstes leistungsfähiges PLS-Computerprogramm (PLS
1.8) entwickelt hatte (*Lohmöller* 1989a und 1992; vgl. auch *Seltin/Keeves*, 1994),
fand keine wesentliche Weiterentwicklung von Computerprogrammen statt wie
sie im Bereich der Kovarianzstrukturanalyse zu konstatieren ist (LISREL,
AMOS, EQS etc.; vgl. auch die Software-Übersicht von *Hildebrandt*, 2004). Erst
in den letzten Jahren stehen mit PLS Graph (*Chin* , 1998a und 2001), DPLS
(*Strohe*, 1995; *Strohe/Geppert*, 1997; *Strohe/Härdle/Geppert*, 1999; *Gep-
pert/Strohe*, 2000), SPAD PLS (*Decisia*, 2002) und SmartPLS (*Hans-
mann/Ringle*, 2004) mehr oder weniger ausgereifte Beta-Versionen für PLS-
Anwender zur Verfügung.

Zusätzlich zu diesen eher pragmatisch-orientierten Aspekten standen einer
zügigen PLS-Verbreitung auch inhaltliche Überlegungen im Wege. Angesichts
der in Abschnitt 4.1.1 geschilderten Dominanz reflektiver Messmodelle entfällt
ein – wie im folgenden noch aufzuzeigen ist – wesentlicher Grund, PLS anstelle
von LISREL zu benutzen. Auch die veröffentlichten PLS-Anwendungen sind

zumeist geprägt durch eine unkritische Verwendung reflektiver Messmodelle mit entsprechenden Fehlspezifikationen[7]. Da zudem in den ersten Veröffentlichungen PLS im Vergleich zu LISREL als nicht bzw. weniger geeignet für Theorietests bezeichnet wurde (z.b. *Jöreskog/Wold*, 1982, S. 270), erschien PLS für viele wissenschaftliche Fragestellungen nicht als das Verfahren der ersten Wahl.

Beispielsweise erwähnen *Förster et al.* (1983, S. 9; 1984, S. 346), die damals noch unter dem Begriff Kausalanalyse die Kovarianzstrukturanalyse am Beispiel des LISREL-Ansatzes in die deutschsprachige betriebswirtschaftliche Literatur miteinführen (zu frühen deutschsprachigen Literaturquellen vgl. *Förster et al.*, 1984, S. 347), zwar auch PLS (*Förster et al.*, 1983, S. 9 u. 1984, S. 346). Sie messen PLS aber im Vergleich zu LISREL eine wenig relevante Rolle zu, weil PLS „sich in Situationen geringen theoretischen Wissens zur datenorientierten Modellbildung besser, andererseits aber zur Prüfung theoretisch fundierter Kausalmodelle schlechter eignet als der LISREL-Ansatz. [...] Da aber [...] das zentrale Ziel der theoretischen Wissenschaften in der Erklärung realer Phänomene gesehen werden muß, der vor allem konfirmatorische Analysen dienen, [...] kommt im Rahmen dieses Beitrages dem PLS-Ansatz eine nur untergeordnete Bedeutung zu." (*Förster et al.*, 1983, S. 9).

In der Folge scheint vor allem im deutschsprachigen Raum nach ersten Veröffentlichungen von PLS-Studien (*Apel*, 1979; *Apel/Lohmöller*, 1992; *Balderjahn*, 1986; *Cremer/Knepel*, 1979; *Holzmüller/Kasper*, 1989 und 1991; *Hruschka*, 1985; *Meissner/Uhle-Fassing*, 1982) das Verfahren insbesondere in der Betriebswirtschaftslehre in Vergessenheit geraten zu sein. Spätestens mit den Veröffentlichungen zu Fehlspezifikationen reflektiver Messmodelle (*Diamantopoulos/Winklhofer*, 2001; *Eggert/Fassott*, 2003; *Jarvis/MacKenzie/Podsakoff*, 2003) erfährt das PLS-Verfahren im deutschsprachigen Raum aber eine Renaissance. Zu erwähnen sind insbesondere die Arbeiten von *Betzin* (1997 und 2000), *Eggert* (2004), *Eggert/Fassott* (2003), *Götz/Liehr-Gobbers* (2004), *Hahn* (2002), *Hahn et al.* (2002), *Henseler* (2006), *Huber/Herrmann/Peter* (2003), *Reinartz/Krafft/Hoyer* (2004) und *Ringle* (2004a-c). Auch ein vom Marketing-Lehrstuhl der TU Kaiserslautern im Jahr 2004 veranstalteter PLS-Workshop stieß

---

[7]   Anwendungen formativer Messmodelle in PLS-Studien finden sich z.B. bei *Alpert/Kamins/Graham*, 1992; *Arnett/Laverie/Meiers*, 2003; *Barclay/Higgins/Thomson*, 1995; *Bontis*, 1998; *Chin/Gopal*, 1995; *Eggert*, 2004; *Fornell/Lorange/Roos*, 1990; *Fornell/Robinson*, 1983; *Fornell/Robinson/Wernerfelt*, 1985; *Gilly et al.*, 1998; *Johnson et al.*, 1992; *Hruschka*, 1985; *Huber/Herrmann/Peter*, 2003; *MacKenzie/Hardy*, 1996; *Reinartz/Krafft/Hoyer*, 2004; *Ringle*, 2004a; *Slotegraaf/Dickson*, 2004.

auf sehr große Resonanz und hat zu der Herausgabe eines PLS-Handbuches geführt (*Bliemel et al.*, 2005).

International ist *Claes Fornell* ein führender PLS-Forscher im Marketing[8]. Neben einer Vielzahl methodisch orientierter Artikel (z.B. *Fornell*, 1987 und 1989; *Fornell/Cha*, 1994; *Fornell/Bookstein*, 1982; *Fornell/Tellis/Zinkhan*, 1981) prägte er insbesondere mit seinen Arbeiten zu nationalen Kundenzufriedenheitsindizes in Schweden und den USA (*Fornell*, 1992; *Fornell et al.*, 1996) die Marketingforschung. Entsprechend wird PLS auch im Rahmen des europäischen ECSI-Projektes zur Berechnung nationaler Kundenzufriedenheitsindizes verwendet (*Eskildsen et al.*, 2004; *Hackl/Scharitzer/Zuba*, 1996; *Hackl/Westlund*, 2000; *Kristensen/Grønholdt/Martensen*, 2000; *Selivanova et al.*, 2002; *Tenenhaus/Chatelin/Esposito Vinzi*, 2002; *Vilares/Coelho*, 2003)[9].

Auch in einer Reihe von Studien, in denen mittels Strukturgleichungsmodellen das Verbraucherverhalten erklärt werden soll, wird PLS zur Datenanalyse verwendet (z.B. *Bagozzi/Yi/Singh*, 1991; *Fornell/Robinson/Wernerfelt*, 1985; *Gilly et al.*, 1998; *Johnson/Horne*, 1992; *Klemz*, 1999; *Klemz/Boshoff*, 2001; *Kujala/Johnson*, 1993; *Lee*, 2000; *Olsen/Johnson*, 2003; *Qualls*, 1987; *Vandenbosch*, 1996; *Zinkhan/Fornell*, 1989). Darunter sind auch Untersuchungen zum Verbraucherverhalten im Internet (*Das et al.*, 2003; *Gefen*, 2002; *George*, 2002 u. 2004; *O'Cass/Fenech*, 2003; *Pavlou/Chai*, 2002; *Roy/Dewit/Aubert*, 2001; *Singh et al.* 2005a u. 2005b).

Im Business-to-Business-Bereich sind mittlerweile ebenfalls eine Reihe von Marketingstudien erschienen, die auf PLS zurückgreifen (im Industriegüterbereich z.B. *Georges/Eggert*, 2003; *Smith/Barclay*, 1997; *MacKenzie/Hardy*, 1996; *Mintu-Wimsatt/Graham*, 2004; im Bereich von Handelsunternehmen z.B. *Alpert et al.*, 2001; *Alpert/Kamins/Graham*, 1992). Dass auf der EMAC 2004 in mehr als 20 Präsentationen mit PLS gearbeitet wurde (*Munuera-Alemán*, 2004), lässt auf ein international aktuell ähnlich großes Interesse an PLS schließen wie in der deutschsprachigen Marketingforschung.

---

[8]   Im Bereich der Wirtschaftsinformatik nimmt *Wynne W. Chin* eine ähnlich exponierte Position ein. Neben den im Text genannten Anwendungsstudien hat er auch vielfältige Beiträge zur PLS-Methodik veröffentlicht (z.B. *Chin* 1998a und 1998b; *Chin/Marcolin/Newstedt* 2003; *Chin/Newstedt*, 1999) und stellt mit PLS Graph das zur Zeit wahrscheinlich am weitesten verbreitete PLS-Computerprogramm zur Verfügung.

[9]   Zu einem detaillierten Vergleich der Methodik nationaler Kundenzufriedenheitsindizes vgl. *Bruhn/Murmann*, 1998.

In anderen betriebswirtschaftlichen Bereichen finden sich zahlreiche PLS-Anwendungen im Bereich der Wirtschaftsinformatik. Hier wird PLS vor allem für Strukturgleichungsmodelle eingesetzt, die die Akzeptanz von Informationstechnologien bei Führungskräften oder Mitarbeitern von Unternehmen modellieren (*Anandarajan/Igbaria/Anakwe*, 2000; *Gopal/Bostrom/Chin*, 1992; *Chin/Gopal*, 1995; *Chin/Marcolin/Newsted*, 2003; *Compeau/Higgins*, 1995; *Compeau/Higgins/Huff*, 1999; *Venkatesh et al.*, 2003; *Zinkhan/Joachimsthaler/Kinnear*, 1987). Weitere Themen aus dem Bereich der Informatik, die mit PLS-Strukturgleichungsmodellen untersucht wurden, sind z.b. Outsourcing-Entscheidungen für IT-Operationen (*Aubert/Rivard/Patry*, 1996), Leistungen von IT-Mitarbeitern (*Wade/Parent*, 2002), Vorteile, die Unternehmen aus IT-Nutzung erzielen (*Mackay/Rosier*, 1996), oder Determinanten für die Implementierung von Webseiten durch Unternehmen (*Raymond*, 2001).

In nennenswertem Umfang wurden schließlich noch Studien veröffentlicht, die im weitesten Sinne dem Bereich „Strategisches Management" zugeordnet werden können[10]. Beispielsweise werden Unternehmenskooperationen (*Fornell/Lorange/Roos*, 1990; *Sarkar et al.*, 2001), internationale Fragestellungen (*Birkinshaw/Morrison/Hulland*, 1995; *Johansson/Yip*, 1994), Erfolgsfaktorenmodelle (*Bontis*, 1998; *Cool/Dierickx/Jemison*, 1989; *Slotegraaf/Dickson*, 2004) sowie Führungs- und Personalfragen (*Barclay*, 1991; *Hulland/Kleinmuntz*, 1994; *Lee/Tsang*, 2001; *Wofford/Goodwin/Whittington*, 1998) mit PLS-Strukturgleichungsmodellen analysiert.

4.2.2   Grundlagen zum PLS-Schätzalgorithmus

4.2.2.1 Schätzverfahren

Die Funktionsweise des Schätzverfahrens lässt sich am besten anhand eines Modells mit zwei Konstrukten demonstrieren (vgl. hierzu und zum folgenden *Henseler*, 2005). Hierzu ist das in Abbildung 4.4 dargestellte Strukturgleichungsmodell auf den Zweikonstruktfall mit den Variablen ξ_2 und ξ_3 zu reduzieren. Dieses Modell wird dann wie folgt geschätzt (*Barclay/Higgins/Thompson*, 1995, S. 292):

---

[10]   *Hulland* (1999) vergleicht vier der genannten Studien unter methodischen Aspekten.

- Schritt 0: Für zumindest eine latente Variable ist ein Startwert erforderlich. Ohne Beschränkung der Allgemeinheit wird in der ersten PLS-Iteration ξ_3 gleich einer beliebigen zugehörigen Indikatorvariablen gesetzt, z.B. $\xi_3 = x_{31}$.

- Schritt 1: Mittels einer multiplen Kleinste-Quadrate-Regression mit ξ_3 als abhängiger Variable und x_{21} bis x_{23} als unabhängigen Variablen werden die Regressionsgewichte π_{21} bis π_{23} geschätzt. Es wird also so getan, als gelte $\pi_{23} = 1$.

- Schritt 2: Nun lässt sich ξ_2 bilden als Linearkombination aus x_{21} bis x_{23} mit den Gewichten π_{21} bis π_{23}.

- Schritt 3: Die Ladungen λ_{31} bis λ_{33} werden dann mittels einer Serie einfacher Regressionen mit ξ_2 als unabhängiger Variable und x_{31} bis x_{32} als abhängigen Variablen geschätzt. Die Ladungen $\lambda_{21}, \ldots, \lambda_{2H_2}$ werden in Gewichte umgeformt.

- Schritt 4: Diese Ladungen werden in Gewichte umgeformt, womit ein neuer Schätzwert für ξ_3 als Linearkombination aus x_{31} bis x_{32} berechnet wird.

Die Schritte 1 bis 4 werden so lange wiederholt, bis ein vorzugebendes Abbruchkriterium erfüllt ist. Das Messmodell, d.h. die Beziehungen zwischen Indikatorvariablen und latenten Variablen, inklusive der Werte für ξ_2 und ξ_3 ist nun bestimmt; es fehlt noch die Schätzung des Strukturmodells, d.h. der Beziehungen zwischen den latenten Variablen. Den gesuchten Schätzer β_{32} liefert eine einfache Regression mit ξ_2 als unabhängiger und ξ_3 als abhängiger Variable.

Die Beschreibung des Algorithmus lässt seine Funktionsweise leicht erkennen: Während man einen Teil des Modells als gegeben betrachtet, wird der andere Teil mittels Regressionen neu berechnet. Daher stammt auch die Bezeichnung Partial Least Squares (PLS), also „partielle kleinste Quadrate".

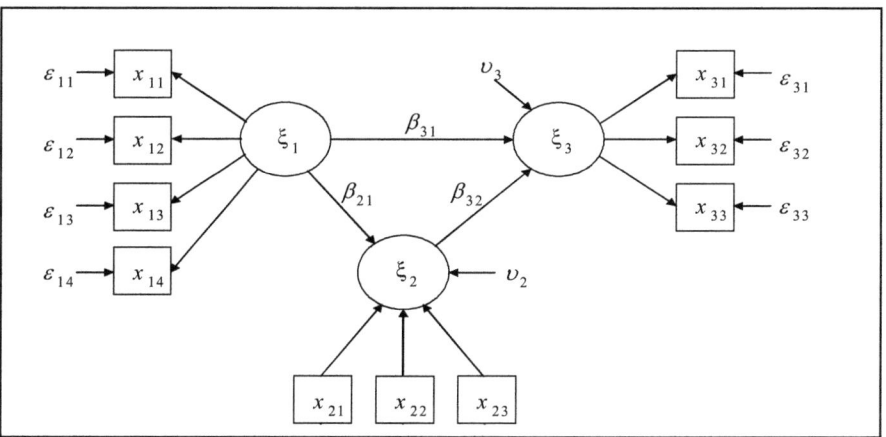

Abb. 4.4:   Strukturgleichungsmodell mit drei latenten Variablen
(Quelle: *Henseler*, 2005, S. 73)

Um den Algorithmus für mehr als zwei latente Variablen zu erweitern, ist folgende Modifikation erforderlich: Für die latenten Variablen ξ_i werden zwei unterschiedliche Schätzungen ermittelt: ein äußerer Schätzwert Y_i aus dem Messmodell und ein innerer Schätzwert Z_i aus dem Strukturmodell. Der Algorithmus zur Schätzung der latenten Variablen besteht aus der Initialisierung und zwei jeweils zweiteiligen Schritten. Iterativ wird in jedem Schritt ein Schätzwert festgehalten (abwechselnd der innere und der äußere), während (a) Gewichtungsfaktoren und (b) die jeweils anderen Schätzwerte berechnet werden. Wenn diese Schätzwerte genügend konvergieren, wird die Iteration beendet und mit den aktuellen Schätzwerten der latenten Variablen das Strukturmodell geschätzt. Dieser Ablauf ist in Abbildung 4.5 zusammengefasst.

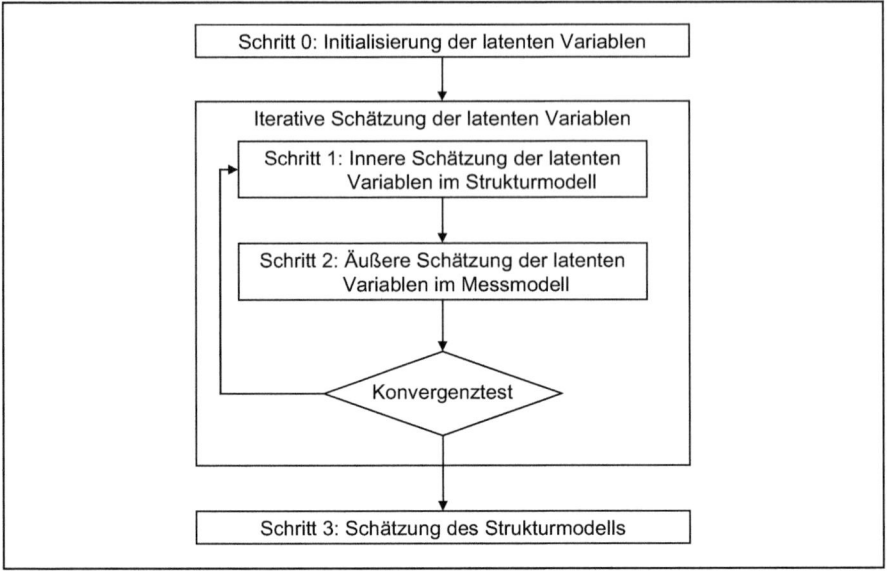

Abb. 4.5:   Ablauf des PLS-Schätzalgorithmus
(Quelle: vgl. *Götz/Liehr-Gobbers*, 2004, S. 6)

Aus Gründen der Übersichtlichkeit wird für die folgende Darstellung des Algorithmus die Annahme getroffen, dass alle Indikatorvariablen standardisiert sind, d.h. einen Mittelwert von 0 und eine Standardabweichung von 1 besitzen. Die Schritte des Schätzalgorithmus für die latenten Variablen lauten dann wie folgt:

- Schritt 0: Bei der Initialisierung wird ein erster äußerer Schätzwert Y_i für jede latente Variable ξ_i ermittelt. Im Prinzip könnten die Y_i beliebige nichttriviale Linearkombinationen der zugehörigen Indikatorvariablen sein. Aus praktischen Erwägungen schlagen *Tenenhaus/Chatelin/Esposito Vinzi* (2002, S. 9f.) als eine Möglichkeit vor, das Gewicht des ersten Indikators einer jeden latenten Variablen auf Eins und die Gewichte der übrigen Indikatoren auf Null zu setzen. Y_i wird somit gleich der ersten Indikatorvariablen x_{i1} gesetzt.

- Schritt 1a: Zur Vorbereitung der inneren Schätzung der latenten Variablen dient die Schätzung der inneren Gewichte e_{ji}. Hierfür existieren drei mögliche Schemata. Sofern das PLS-Pfadmodell Pfeile zwischen den latenten Variablen ξ_i und ξ_j aufweist, werden beim Zentroidschema die inneren Gewichte e_{ji} gleich dem Vorzeichen der Korrelation zwischen Y_i und Y_j gesetzt, falls die beiden Variablen im Pfadmodell miteinander direkt verbunden sind. Ansonsten erhalten die inneren Gewichte den Wert Null. Das Zentroidschema besitzt allerdings bei betragsmäßig sehr kleinen Korrelationen den Nachteil, dass sich die inneren Gewichte sprunghaft zwischen -1 und $+1$ verändern können. Diesen Nachteil behebt das Faktorgewichtungsschema, da bei miteinander verbundenen latenten Variabeln zur Berechnung nicht das Vorzeichen der Korrelation, sondern die Korrelation selbst verwendet wird. Eine Weiterentwicklung des Faktorgewichtungsschemas ist schließlich das Pfadgewichtungsschema. Hier wird für jede latente Variable ξ_j unterschieden zwischen Vorgängern, d.h. latenten Variablen, von denen aus ein Pfeil auf ξ_j zeigt, und Nachfolgern, d.h. latenten Variablen, auf die ein von ξ_j ausgehender Pfeil zeigt. Für Nachfolger wird weiterhin das Faktorgewichtungsschema verwendet. Für Vorgänger ξ_i werden die inneren Gewichte gleich den Regressionskoeffizienten b_{ji} der multiplen Regression mit allen Vorgängern als unabhängigen Variablen und ξ_j als abhängiger Variable gesetzt. Die Regressionskoeffizienten b_{ji} sind zugleich provisorische Pfadwerte des Strukturmodells. In der Anwendungspraxis hat die Wahl des Schätzschemas keine großen Auswirkungen. Unterschiede liegen in der Größenordnung bis 0,005 für die Pfadkoeffizienten im Strukturmodell und das Bestimmtheitsmaß R^2 der endogenen Variablen sowie bis 0,05 für die Gewichte bzw. Ladungen im Messmodell (*Noonan/Wold*, 1982, S. 91).

- **Schritt 1b:** Bei der inneren Schätzung der latenten Variablen erhält man für die latente Variable ξ_j einen Schätzwert Z_j als gewichtete Summe der übrigen latenten Variablen, die mit den der Standardisierung dienenden Faktoren φ_j multipliziert werden.

- **Schritt 2a:** Die Schätzung der äußeren Gewichte hängt maßgeblich von der Wahl des Messmodells für jede einzelne latente Variable ab. Für reflektive und formative Messmodelle hat sich jeweils eine Methode etabliert. Bei reflektiven Messmodellen kommt gewöhnlich der sogenannte Modus A zum Einsatz. Beim Modus A entspricht das äußere Gewicht π_{jh} dem Regressionskoeffizienten der einfachen Regression mit der manifesten Variablen x_{jh} als abhängiger und der inneren Schätzgröße Z_j als unabhängiger Variable. Da sowohl die manifesten Variablen x_{jh} als auch die inneren Schätzgrößen Z_j standardisiert sind, entspricht die Kovarianz dem besagten Regressionskoeffizienten. Auf diesem Weg erhalten diejenigen Indikatorvariablen, die sich einen größeren Teil der Varianz mit der inneren Schätzgröße der latenten Variable teilen, erwartungsgemäß ein größeres Gewicht. Bei formativen Messmodellen dominiert der sogenannte Modus B. Beim Modus B ergibt sich der Vektor π_j der Gewichte π_{jh} als Regressionskoeffizientenvektor aus der multiplen Regression mit der inneren Schätzgröße Z_j als abhängiger Variable und den zur latenten Variablen ξ_j gehörenden Indikatorvariablen x_{jh} als unabhängigen Variablen.

- Schritt 2b: Bei der äußeren Schätzung der latenten Variablen werden alle latenten Variablen anhand der ihnen zugeordneten Indikatorvariablen geschätzt. Für die latenten Variablen ξ_j ermittelt man äußere Schätzwerte Y_j als Linearkombinationen der Indikatorenvariablen unter Berücksichtigung der Gewichte π_{jh} (durch Multiplikation mit den Faktoren f_j werden wiederum standardisierte Variablenwerte gebildet).

Die Schritte 1a bis 2b werden so lange wiederholt, bis ein vorzugebendes Konvergenzkriterium erfüllt ist. Hierzu wird üblicherweise die Summe der Änderung der Gewichte von einer Iteration zur nächsten herangezogen. Sobald die Summe der quadrierten Differenzen der Gewichtsänderungen einen bestimmten Wert unterschreitet (*Wold* (1982, S. 14) schlägt z.B. den Wert 10^{-5} vor), wird der Algorithmus abgebrochen. Der Algorithmus zur Schätzung der latenten Variablen endet also stets mit der äußeren Schätzung der latenten Variablen. Aus den Indikatorvariablen und den äußeren Gewichten kann man die Werte der latenten Variablen entsprechend auch außerhalb einer PLS-Software berechnen.

Während das Messmodell nun bestimmt ist, fehlt noch die Schätzung des Strukturmodells. Dies geschieht mittels multipler Regressionen: Für jede endogene latente Variable ξ_j werden die Pfadwerte β_{ji} als Regressionskoeffizienten aus der Regression mit ξ_j als abhängiger und all ihren Vorgängern ξ_i als unabhängigen Variablen berechnet.

4.2.2.2 Interpretation und Beurteilung eines PLS-Strukturgleichungsmodells

Wie gerade gezeigt, liefert der PLS-Algorithmus Schätzer für die Ladungen bzw. Gewichte der Indikatorvariablen, die Werte der latenten Variablen und die Pfadkoeffizienten zwischen den latenten Variablen. Bei reflektiven Messmodellen besagen die Ladungen der Indikatorvariablen, wie groß die gemeinsame Varianz mit der latenten Variablen ist. Bei formativen Messmodellen drücken die Gewichte der Indikatorvariablen aus, wie stark der Einfluss der jeweiligen Indikatorvariablen auf die zugehörige latente Variable ist. Die einzelnen Pfadkoeffizienten im Strukturmodell können wie Beta-Koeffizienten einer multiplen Regressionsanalyse interpretiert werden.

Um diese Größen schätzen zu können, benötigt PLS keine Annahmen bezüglich der empirischen Verteilung der Variablen (*Chin*, 1998a, S. 315 f.). Auf der anderen Seite ist durch den verteilungsannahmefreien Charakter von PLS der Rückgriff auf parametrisch ausgerichtete Techniken für Signifikanztests nicht möglich. Insbesondere stehen (zunächst) keine Standardabweichungen für die Schätzwerte zur Verfügung. Weiterhin stehen keine Größen zur Verfügung, wie sie in der Kovarianzstrukturanalyse üblicherweise zur Beurteilung der Gesamtgüte eines Strukturgleichungsmodells herangezogen werden wie z.B. der Chi-Quadrat-Test oder der Goodness-of-fit Index (vgl. hierzu *Homburg/Baumgartner*, 1995b). Insbesondere ist der Vergleich der geschätzten Kovarianzmatrix und der empirischen Kovarianzmatrix nicht sinnvoll, da anders als in der Kovarianzstrukturanalyse eine solche Anpassung nicht als Zielfunktion in PLS dient (*Chin*, 1998a, S. 332; *Dijkstra*, 1983, S. 86).

Um dennoch Standardabweichungen der Parameterschätzungen zu erhalten, die eine Bewertung der Stabilität der ermittelten Modellparameter und t-Signifikanztests ermöglichen, werden Resampling-Techniken eingesetzt. Dafür geeignet sind das Jackknifing (*Gray/Schucany*, 1972; *Wildt/Lambert/Durand*, 1982) und das Bootstrapping (*Efron/Tibshirani*, 1993; *Yung/Chan*, 1999). Beide Methoden sind dadurch gekennzeichnet, dass aus den Rohdaten eine größere Anzahl n von Subsamples (in PLS Graph ist die Standardeinstellung beim Bootstrapping n = 100) gebildet wird. Für diese Subsamples wird jeweils das Strukturgleichungsmodell in PLS geschätzt, so dass für jeden Modellparameter n Schätzwerte vorliegen. Daraus können dann entsprechend Mittelwert und Standardabweichung bestimmt werden. Subsamples werden z.B. dadurch gebildet, dass aus der Rohdatenmatrix n-mal eine Anzahl k von Beobachtungen (mit oder ohne Zurücklegen, k ≤ Gesamtzahl N der Fälle) gezogen werden. Da der Rechenzeitvorteil von Jackknifing im Vergleich zum Bootstrapping, der mit einer etwas geringeren Ergebnisqualität verbunden ist (*Chin*, 1998a, S. 320), angesichts der mittlerweile verfügbaren Rechnerleistungen in den meisten Fällen nicht mehr relevant ist, wird in neueren Anwendungen hauptsächlich das Bootstrapping-Verfahren eingesetzt. Jackknifing-Werte gelten als Annäherung an die per Bootstrapping ermittelten Werte: „In general, both the jackknife and bootstrap standard errors should converge" (*Chin*, 1998a, S. 320).

Mit den bis hierher vorliegenden Informationen ist eine Beurteilung des Messmodells wie folgt möglich: Im Falle reflektiver Messmodelle sind die aus der Kovarianzstrukturanalyse bekannten Größen Indikatorreliabilität, Signifikanztest der Faktorladungen, Faktorreliabilität, durchschnittlich erfasste Varianz sowie Fornell-Larcker-Test (*Fornell/Larcker*, 1981, S. 46) zur Gütebeurteilung heranzuziehen, wie sie beispielsweise von *Homburg/Giering* (1996, S. 10 ff.) ausführlich beschrieben sind. Da wie bereits erwähnt keine Gütemaße für die Gesamtanpassung eines PLS-Modells existieren, steht die bei Kovarianzstrukturmodellen übliche Überprüfung der Eindimensionalität einer latenten Variablen anhand der Gesamtanpassung des Messmodells im Rahmen einer konfirmatorischen Faktorenanalyse (*Steenkam/van Trijp*, 1991, S. 287) nicht zur Verfügung. Deshalb kann diesbezüglich nur auf die (explorative) Faktorenanalyse zurückgegriffen werden. Dabei ist das Hauptachsenverfahren anzuwenden, da es im Gegensatz zum Hauptkomponentenverfahren die Faktoren als Ursache der Faktorladungen interpretiert (*Backhaus et al.*, 2003, S. 292 f.). Damit entspricht nur das Hauptachsenverfahren der im reflektiven Messmodell unterstellten Kausalitätsbeziehung zwischen Faktor und Indikatoren.

Eine weitere Änderung im Vergleich zu den Empfehlungen von *Homburg/Giering* (1996, S. 13) erscheint für die Beurteilung reflektiver Messmodelle erforderlich. PLS weist im Vergleich zu LISREL tendenziell höhere Faktorladungen aus (*Dijkstra*, 1983, S. 85; zum Verhältnis von LISREL-und PLS-Faktorladungen vgl. auch *Schneeweiß*, 1990 und 1991). Deshalb werden in Tabelle 4.3 etwas höhere Anspruchslevel bezüglich Indikator- und Faktorreliabilität sowie in Folge auch bezüglich des t-Wertes der Faktorladungen gefordert. Diese Erhöhung erfolgt umso mehr, da auch im Rahmen der Literatur zur Kovarianzstrukturanalyse teilweise mit den in Tabelle 4.3 genannten Werten (0,5 für Indikatorreliabilität; 0,7 für Faktorreliabilität) gearbeitet wird (*Hair et al.*, 1998, S. 608; ähnlich *Chin*, 1998b, S. XII)

Bezeichnung	Anspruchsniveau
Reflektives Messmodell:	
Faktorenanalyse (Hauptachsenmethode; außerhalb von PLS durchzuführen)	Einfaktoriell
Indikatorreliabilität	$\geq 0{,}5$ (entspricht Faktorladung $\geq 0{,}71$)
Signifikanztest der Faktorladungen	$t \geq 2{,}326$ (einseitiger Test, 1 %-Niveau)
Faktorreliabilität	$\geq 0{,}7$
Durchschnittlich erfasste Varianz DEV	$\geq 0{,}5$
Diskriminanzvalidität (Fornell-Larcker-Kriterium)	DEV > quadrierte Korrelationen zwischen den latenten Variablen
Formatives Messmodell:	
Toleranz (Variance Inflation Factor)	$> 0{,}1$ (< 10)
Konditionsindex	< 15 (bzw. 30)
Signifikanztest der Gewichte	$t \geq 1{,}645$ (einseitiger Test, 5 %-Niveau)
Strukturmodell:	
Größe der Pfadkoeffizienten	$\geq 0{,}2$
Signifikanztest der Pfadkoeffizienten	$t \geq 1{,}645$ (einseitiger Test, 5 %-Niveau)
Bestimmtheitsmaß R^2	$\geq 0{,}4$ (bei Ziel möglichst vollständiger Erklärung der endogenen Variablen)
Prädiktive Relevanz PRE (Stone-Geisser-Kriterium)	> 0
Effektgröße f^2 bzw. p^2	$\geq 0{,}02$
Teststärke (Power)	$\geq 0{,}8$

Tab. 4.3:   Kriterien zur Beurteilung von PLS-Strukturgleichungsmodellen

Da in einem formativen Messmodell keine Bedingungen bezüglich der Korrelation der Indikatoren bestehen, sind die meisten der für reflektive Messmodelle benutzen Gütemaße im formativen Fall nicht geeignet. Anstelle statistischer Größen muss sich die Beurteilung eines formativen Messmodells an der in Abschnitt 4.1.1.4 beschriebenen, sachlogisch ausgerichteten Vorgehensweise bei der Entwicklung formativer Messmodelle orientieren. Sicherlich sind die Gewichte zu beurteilen, mit denen die jeweiligen Indikatoren zur Bildung der latenten Variablen beitragen. Dies ist allerdings nur sinnvoll möglich, wenn die Indikatoren nicht eine unzulässig hohe Multikollinearität aufweisen. Deshalb sind vorab die in gängigen Statistikpaketen implementierten Multikollinearitätsprüfungen anzuwenden. Neben den schon erwähnten Kenngrößen Toleranz bzw.

Variance Inflation Factor (VIF) sollte auch der Konditionsindex nach *Belsley/Kuh/Welsch* (1980, S. 117 f.) herangezogen werden. Falls dieser Wert kleiner als fünfzehn ist, ist das Ausmaß an Multikollinearität unbedenklich. Im Bereich zwischen 15 und 30 sollte zusätzlich die von *Hair et al.* (1998, S. 220 f.) empfohlene Varianzzerlegung zur Beurteilung hinzugezogen werden. Falls der Forscher nur am Strukturmodell nicht aber an den einzelnen Gewichten der formativen Indikatoren interessiert ist, ist es trotzdem unbedenklich, wenn die in Tabelle 4.3 genannten Grenzen nicht eingehalten sind (*Chin*, 1998a, S. 307). Denn die Multikollinearität führt zwar zu Verzerrungen der Indikatorgewichte untereinander, beeinträchtigt jedoch nicht die Schätzung der latenten Variablen (*Mason/Perreault*, 1991, S. 268).

Sind die Multikollinearitätsgrenzen eingehalten, dann werden in einem zweiten Schritt Größe, Richtung, und Signifikanz der Indikatorgewichte untersucht. Zwar ist es wünschenswert, wenn alle Gewichte signifikant sind, eine Eliminierung nichtsignifikanter Indikatoren und anschließender Neuberechnung des PLS-Modells erscheint dennoch nicht zwingend (*Götz/Liehr-Gobbers*, 2004, S. 19).

Für die Beurteilung des Strukturmodells können wie schon erwähnt keine Gütemaße für die Gesamtanpassung herangezogen werden. Die in Tabelle 4.3 angegebenen Werte beziehen sich deshalb jeweils auf Teile des Strukturmodells, d.h. auf die einzelnen Pfadkoeffizienten und die latenten endogenen Variablen. Von Interesse ist zunächst, ob ein Pfadkoeffizient das im Strukturmodell vorgesehene Vorzeichen aufweist und signifikant von Null verschieden ist. *Chin* (1998b, S. XIII) weist allerdings darauf hin, dass sehr niedrige Pfadkoeffizienten, auch wenn sie statistisch signifikant von Null verschieden sein sollten, von geringem Interesse sind. Denn es wird dann nur ein vernachlässigbar kleiner Anteil der Varianz der endogenen Variablen durch diesen Modellteil erklärt[11]. Entsprechend sollten (standardisierte) Pfadkoeffizienten Werte von mindestens 0,2 besser 0,3 aufweisen. Da bei formativen Messmodellen die durchschnittlich erfasste Varianz keine zulässige Größe ist, ist auch eine Beurteilung der Diskriminanzvalidität nicht möglich. Insofern könnte es auch zu Multikollinearitätsproblemen kommen, wenn eine endogene Variable von mehreren latenten Variablen beeinflusst wird. Simulationsstudien haben jedoch gezeigt, dass die von PLS geschätz-

---

[11] Zu einer grundlegenden Kritik an der Praxis des Signifikanztests gegenüber einer „Nil Hypothesis" vgl. *Cohen* (1994).

ten Pfadkoeffizienten relativ robust gegenüber Veränderungen im Ausmaß der Multikollinearität sind (*Cassel/Hackl/Westlund*, 1999, S. 443 ff. und 2000, S. 905 f.; anders dagegen *Jagpal*, 1982; S. 434; generell zur Robustheit von PLS-Schätzern vgl. auch *Westlund et al.*, 2001).

Auf der Ebene der latenten endogenen Variablen ist das aus der Regressionsanalyse bekannte Bestimmtheitsmaß (bzw. multipler quadrierter Korrelationskoeffizient) R^2 das zentrale Beurteilungskriterium im Strukturmodell. „Allgemein gültige Aussagen, ab welcher Höhe ein R^2 als gut einzustufen ist, lassen sich jedoch nicht machen, da dies von der jeweiligen Problemstellung abhängig ist." (*Backhaus et al.*, 2003, S. 96 ; vgl. auch *Cohen*, 1988, S. 413 f.). Falls das Erkenntnisziel einer Untersuchung darin besteht, eine endogene Variable möglichst vollständig zu erklären, dann könnte man allerdings ein Bestimmtheitsmaß von mindestens 0,4 fordern (*Homburg/Baumgartner*, 1995b, S. 172).

Das Bestimmtheitsmaß erlaubt auch eine Aussage darüber, ob eine unabhängige (exogene) Variable einen substantiellen Einfluss auf eine unabhängige (endogene) Variable ausübt. Dies wird über die in Formel 4.5 definierte Effektstärke f^2 ermittelt, die sich aus den unterschiedlichen R^2 berechnet, wenn die betreffende exogene Variable in die endogene Variable einfließt (R^2_{inkl}) oder nicht (R^2_{exkl}). Dabei besagen f^2-Werte von jeweils 0,02 / 0,15 / 0,30 und mehr, dass die betreffende exogene Variable über die bisher bereits die endogene Variable beeinflussenden anderen exogenen Variablen hinaus einen kleinen / mittleren / großen Einfluss auf die endogene Variable aufweist (*Chin*, 1998a, S. 316 f.). Der f^2-Wert kann insofern auch zum Vergleich alternativer Modelle herangezogen werden, die in hierarchischer Beziehung zueinander stehen (nested models), d.h. die Modelle ohne den betreffenden Pfadkoeffizienten entsprechen dem allgemeineren Modell mit der Einschränkung, dass der Wert des betrachteten Pfadkoeffizienten Null ist (*Gefen/Straub/Boudreau*, 2000, S. 63 f.)

$$(4.5) \quad f^2 = (R^2_{inkl} - R^2_{exkl} / (1 - R^2_{inkl})$$

mit R^2_{inkl} Bestimmtheitsmaß inkl. untersuchter latenter exogener Variable

              R^2_{exkl} Bestimmtheitsmaß ohne untersuchte latente exogene Variable

In Bezug auf die Prognoserelevanz des Strukturgleichungsmodells hat das Bestimmtheitsmaß den Nachteil, dass es auf der Grundlage der gleichen Daten berechnet wurde, die für die Schätzung der Modellparameter verwendet wurden. Diesem Problem begegnet eine Maßzahl für die Güte der Datenrekonstruktion in einem Blindfolding-Verfahren, das als simulierte Kreuzvalidierung aufgefasst werden kann (*Lohmöller*, 1992, S. 355 ff.). Dieses Verfahren wird auch als Stone-Geisser-Test bezeichnet (*Stone*, 1974; *Geisser*, 1974). Dabei wird in einer Serie von Modellschätzungen jeweils systematisch ein Teil der Rohdatenmatrix als fehlend angenommen. Danach werden die so berechneten PLS-Parameter zur Berechnung, d.h. Rekonstruktion der als fehlend angenommenen Rohdaten eingesetzt. Der hierbei auftretende Prognosefehler wird dem Prognosefehler einer Trivialschätzung auf Basis der Mittelwerte der verbliebenen Datenpunkte gegenübergestellt. Aus diesen beiden Fehlergrößen wird die Prädiktive Relevanz PRE einer latenten Variablen J gemäß Formel 4.6 berechnet.

$$(4.6) \quad PRE_j = 1 - \frac{\sum_k Ejk}{\sum_k Ojk}$$

mit E_{jk} Quadratsumme der Fehler der geschätzten Werte

      O_{jk} Quadratsumme der Fehler der Trivialschätzung

Im Falle fehlerfreier Datenrekonstruktion erreicht die PRE-Maßzahl[12] ihr Maximum Eins und den Wert Null, wenn das Modell nicht besser ist als das Trivialmodell der Prädiktion durch den Mittelwert. Sie ist negativ, „wenn das Modell irreleitend ist, oder die Datenmatrix inhomogen bezüglich des unterlegten Modells, oder die Parameterschätzungen instabil sind." (*Lohmöller*, 1992, S. 356). D.h. bei positiven PRE-Werten kann dem Strukturgleichungsmodell (bezüglich der jeweils betrachteten latenten Variablen) hinreichende Prognosefähigkeit zugestanden werden. Analog zur Effektstärke f^2 kann eine Effektstärke p^2 bezüglich des PRE-Maßes gebildet werden, indem zwei Modelle mit und ohne Einbezug einer exogenen Variablen geschätzt und die jeweiligen PRE-Maße ermittelt werden. Auch die Interpretation bezüglich der Höhe des p^2-Wertes ist identisch mit den f^2-Werten (*Chin*, 1998a, S. 318). Anders als beim R^2-Wert ist es möglich, dass der PRE-Wert steigt, wenn der Pfad von einer beeinflussenden Variablen entfernt wird. Dies zeigt an, dass die betreffende Variable ein irrelevanter Prädiktor ist bzw. zu instabilen Paramaterschätzungen führt (*Selting/Keeves*, 1994, S. 4357)

Abschließend sei noch auf die Teststärke (Power) als eine vielfach vernachlässigte Beurteilungsgröße in empirischen Untersuchungen hingewiesen (*Cashen/Geiger*, 2004; *Kaplan*, 1995; *MacCallum/Browne/Sugawara*, 1996;

---

[12] Unter bestimmten Voraussetzungen wie z.B. hinreichend große Stichproben kann gezeigt werden, dass PRE proportional zum Bestimmtheitsmaß R^2 ist (*Dijkstra*, 1983, S. 88; vgl. auch *Lohmöller*, 1989b, S. 12).

Sedlmeier/Gigerenzer, 1989). Die Teststärke gibt an, mit welcher Wahrscheinlichkeit ein tatsächlich von Null verschiedener Parameter durch den verwendeten statistischen Test auch aufgedeckt werden könnte (*Cashen/Geiger*, 2004, S. 154). Üblicherweise wird eine Teststärke von 80 % als ausreichend erachtet (*Cohen*, 1992, S. 156). Die Teststärke kann sowohl nach Durchführung einer empirischen Studie ermittelt werden als auch im Vorfeld einer empirischen Studie zur Planung der zur Erreichung einer gewünschten Teststärke erforderlichen Stichprobengröße verwendet werden. Zur Berechnung der Teststärke bzw. der erforderlichen Stichprobengröße können z.B. die bei *Cohen* (1988, S. 407 ff.) tabellierten Werte bezüglich der multiplen Regression herangezogen werden. Bezüglich der Abschätzung der erforderlichen Stichprobengröße ist unter der Annahme gleichhoher zu erwartender Effektgrößen bzw. R^2-Werte derjenige Modellteil heranzuziehen, der die höchste Zahl unabhängiger Variablen aufweist. Dies kann entweder ein formatives Konstrukt sein mit den Indikatoren als unabhängigen Variablen, oder im Strukturmodell eine latente endogene Variable, die von mehreren anderen latenten Variablen direkt beeinflusst wird. Unter der Annahme einer mittleren Effektstärke, einem Signifikanzniveau von 0,05 und einem formativen Konstrukt mit acht Indikatoren, wäre nach *Cohen* (*1992*, S. 158) eine Stichprobe von N=107 erforderlich, um eine Teststärke von 80 % zu erzielen[13].

4.2.3   PLS und Kovarianzstrukturanalyse im Vergleich

4.2.3.1 Methodenvergleich im Überblick

Angesichts der weiten Verbreitung der Kovarianzstrukturanalyse stellt sich die Frage, inwieweit PLS als eine konkurrierende und/oder komplementäre Alternative im Vergleich mit der Kovarianzstrukturanalyse zu beurteilen ist. Der Überblick in Tabelle 4.4 macht deutlich, dass eindeutige Unterschiede zwischen PLS und der Kovarianzstrukturanalyse bestehen. Infolgedessen muss die inhaltlich fundierte Methodenwahl ein elementarer Bestandteil für die Schätzung von Strukturgleichungsmodellen sein, um verfahrensspezifische Implikationen für die

---

[13] Dies ist deutlich höher als der mit der Faustregel zehnfache Zahl der maximalen Zahl unabhängiger Variablen (*Chin/Newstedt*, 1999, S. 327) ermittelte Stichprobenumfang von 80. Aufgrund dieses partiell-determinierten Stichprobenumfangs kann PLS deshalb in der Regel bei wesentlich kleineren Stichproben als die Kovarianzstrukturanalyse eingesetzt werden. Somit lassen sich auch in Experimenten, die üblicherweise nur kleine Stichproben verwenden können, komplexe Zusammenhänge mit Strukturgleichungsmodellen analysieren (*Bagozzi/Yi/Singh*, 1991).

praktischen Anwendungsfälle zu berücksichtigen und methodische Fehler zu vermeiden (*Ringle*, 2004b, S. 35). Entsprechend empfehlen *Chin/Newsted* (1999, S. 336, vgl. auch *Falk/Miller*, 1992, S. 5 f.), dass PLS gegenüber der Kovarianzstrukturanalyse zu bevorzugen ist, wenn eine oder mehrere der folgenden Bedingungen zutreffen:

1. Es sollen Vorhersagen getroffen werden.

2. Das zu erforschende Phänomen ist neuartig und bewährte Messansätze liegen noch nicht vor.

3. Das Modell ist komplex und weist viele Indikatoren auf[14].

4. Eine Multinormalverteilung der Daten ist nicht gegeben.

5. Die Beobachtungswerte sind nicht unabhängig.

6. Die Stichprobe ist relativ klein.

7. Das Modell enthält latente Variablen, die mit formativen Messmodellen operationalisiert werden.

---

[14] Das Argument bzgl. der Modellkomplexität bezieht sich zum einen auf die Rechenzeitanforderungen, was angesichts heutiger Rechnerleistungen nicht mehr relevant ist. Zum anderen steigt die Gefahr, dass der LISREL-Algorithmus nicht konvergiert. Dies ist aber zumeist ein rein mathematisches Problem: „One should never conclude that the refusal of LISREL to converge represents anything other than the inability of the matrices to be reduced, which is the mathematical method used for maximum likelihood estimation. Lack of convergence does not suggest anything definitive about the model itself [...] or its hypothesized causal paths. [...] Moving to another technique is a perfectly acceptable alternative in such a case." (*Gefen/Straub/Boudreau*, 2000, S. 33 f.).

Kriterium	PLS	LISREL
Hauptziel	Prognoseorientiert: Erklärung latenter und/oder Indikatorvariablen	Parameterorientiert: Erklärung empirischer Datenstrukturen
Methodenansatz	Varianzbasiert	Kovarianzbasiert
Annahmen	Prädiktorspezifikation	Multinormalverteilung und unabhängige Beobachtungen
Parameterschätzer	Konsistent, wenn Fallzahl und Indikatorenzahl hoch („consistency at large")	Konsistent
Latente Variable	Werte explizit geschätzt	Werte nicht determiniert
Messmodell	Reflektiv und/oder formativ	Reflektiv
Theorieanforderungen	Flexibel	Hoch
Modellkomplexität	Hochkomplexe Modelle analysierbar (z.B. 100 latente Variablen, 1000 Indikatoren)	Begrenzt
Stichprobengröße	Auch für kleine Stichproben geeignet	Hoch (200 plus)
Implikation	Optimal für Prognosegenauigkeit	Optimal für Parametergenauigkeit

Tab. 4.4:   Methodenvergleich zwischen PLS und Kovarianzstrukturanalyse (LISREL)
(Quelle: vgl. *Chin/Newstedt*, 1999, S. 314; *Fornell*, 1987, S. 413)

4.2.3.2 Begründung für die Wahl von PLS

Ausschlaggebend für die Wahl von PLS für die Analyse des in Kapitel 3 beschriebenen Strukturgleichungsmodells sind die Möglichkeiten für die Modellierung formativer und reflektiver Konstrukte, die PLS bietet. Dabei gilt zu beachten, dass das Erkenntnisinteresse nicht nur auf die Beziehungen zwischen den latenten Variablen gerichtet ist, sondern auch dem Messmodell anstelle einer bloßen Hilfsgröße bzw. zu erfüllenden Rahmenbedingung ein eigenständiges Interesse gilt. „Wenn Marketingforschung wirklichen Erkenntnisfortschritt erzielen will, muss den Einflussfaktoren der behandelten Konstrukte erheblich größere Aufmerksamkeit gewidmet werden als den oft recht banalen Folgewirkungen i.S. reflektiver Indikatoren. Sie nämlich konstituieren potenzielle Eingriffspunkte für praktisches Handeln, das doch durch Marketingforschung ermöglicht und verbessert werden soll." (*Diller*, 2004, S. 177).

Dem wird die bisher übliche Behandlung formativer Konstrukte im Rahmen der Kovarianzstrukturanalyse nicht gerecht. Dabei werden die Indikatoren über Aufsummieren, Durchschnittsbildung oder eine andere Berechnungsvorschrift im Vorfeld zu einer einzigen Indexvariablen zusammengefasst (vgl. z.B. *Kuester/Homburg/Robertson*, 1999, S. f.; *Kuester et al.*, 2001, S. 1204 f.; *Morgan/Hunt*, 1994, S. 29 und 34 f.; *Stock*, 2003, S. 390). Damit wird natürlich der Einfluss der einzelnen Indikatoren nicht mehr ermittelbar. Diese Vorgehensweise liegt darin begründet, dass in der Kovarianzstrukturanalyse formative Indikatoren vom Prinzip her nicht abgebildet werden können. Sie können nur dadurch in die Analyse eingeführt werden, dass in der Kovarianzstrukturanalyse auch mit manifesten Variablen gearbeitet werden kann (*MacCallum*, S. 20 f.). So kann z.B. auch eine klassische Regressionsanalyse auf Basis von manifesten Variablen berechnet werden (*Arbuckle/Wothke*, 1999, S. 107 ff.).

Entsprechend gilt für formative Indikatoren in der Kovarianzstrukturanalyse: „they are exogenous measured variables that influence the composite defined as a causally indicated variable." (*MacCallum/Browne* 1993, S. 534). Als solche werden sie mit latenten Variablen verknüpft, die entweder auch durch reflektive Indikatoren abgebildet sind oder denen keine reflektiven Indikatoren zugeordnet sind. Im ersten Fall bilden formative und reflektive Indikatoren ein sogenanntes MIMIC-Modell (*Jöreskog/Goldberger*, 1975; für ein Anwendungsbeispiel vgl. *Winklhofer/Diamantopoulos*, 2002, S. 152 ff.). Im zweiten Fall stellt die latente Variable eine sogenannte Phantomvariable dar (*Rindskopf*, 1984; für ein Anwendungsbeispiel vgl. *Fassott*, 2004b, S. 339). Sobald der latenten Variablen weniger als zwei reflektive Indikatoren zugeordnet sind, muss zur Sicherstellung der Identifizierbarkeit eines Kovarianzstrukturmodells die latente Variable in geeigneter Weise mit anderen „regulär" reflektiven, latenten Variablen verknüpft sein (*Jarvis/MacKenzie/Podsakoff*, 2003, S. 214) oder ein identifiziertes Modell ist durch geeignete Parameterfixierungen zu erreichen (*Diamantopoulos/Winklhofer*, 2001, S. 273). Sowohl die MIMIC-Modellierung als auch ggf. die Verknüpfung mit anderen latenten Variablen führen dazu, dass mehr Indikatoren erhoben werden müssen. Dies kann gerade bei Erhebungen zu komplexen Modellen mit einer Vielzahl von Multi-Item-Messmodellen zu umfangreichen Fragebögen mit entsprechend negativen Auswirkungen auf das Antwortverhalten der Befragten führen (*Drolet/Morrison*, 2001, S. 199 f.).

4.2.3.3 Theorietest und Strukturgleichungsmodelle

Anhand des in Abschnitt 4.2.3.1 dargestellten Überblicks über die Unterschiede von PLS und Kovarianzstrukturmodellen wird folgendes deutlich: „PLS should probably not simply be viewed as an alternative to LISREL with less stringent assumptions, but as an approach to empirical modeling that is quite different from covariance structure analysis." (*Fornell/Cha*, 1994, S. 52). Von Interesse sind hier insbesondere die Aspekte Theorietest, Erklärung und Prognose.

Die Kovarianzstrukturanalyse wird in erster Linie als konfirmatorisches Verfahren eingesetzt, das zur Überprüfung substanzwissenschaftlich fundierter Strukturgleichungsmodelle bzw. in anderen Worten zum Theorietest geeignet ist (*Fornell*, 1987, S. 420; *Hildebrandt*, 1999, S. 50 ff.; *Homburg/Dobratz*, 1991, S. 215). Dies liegt darin begründet, dass das Verfahren davon ausgeht, dass das spezifizierte Modell das richtige ist. Entsprechend versucht das Verfahren, die vom Modell generierte Kovarianzmatrix der empirisch ermittelten Kovarianzmatrix möglichst gut anzupassen. Deshalb kann die Hypothese statistisch überprüft werden, dass diese beiden Kovarianzmatrizen übereinstimmen, woraus eine Ablehnung bzw. Unterstützung des Strukturgleichungsmodells bzw. der darin ausgedrückten Theorie abgeleitet wird.

	Strukturmodell	**Einzelbeziehungen**
Signifikanz	(1) Theorietest	(3) Hypothesen bezüglich zweier latenter Variablen
Relevanz	(2) Hohe Erklärungs- bzw. Prognosekraft	(4) Relative Bedeutung der Einflussgrößen untereinander

Abb. 4.6:   Mögliche Untersuchungsziele von Strukturgleichungsmodellen (Quelle: vgl. *Albers*, 2004, S. 23)

Eine solche globale Zielfunktion gibt es für PLS nicht. Die Parameter für das PLS-Modell werden unter den strukturellen Restriktionen des Strukturgleichungsmodells so geschätzt, dass sie die beste Prädiktion leisten bzw. die Rohdatenmatrix möglichst optimal reproduzieren. Darunter leidet die Reproduktion der Kovarianzmatrix. „Unter diesem Gesichtspunkt ist es keine Frage, ob ein Modell wahr oder falsch ist, sondern nur, ob ein Modell mehr oder weniger prädiktiv ist." (*Lohmöller*, 1992, S. 355). In diesem Sinne ist PLS nicht zum Theorietest geeignet (Feld (1) in Abbildung 4.6).

Weiterhin weist *Hunt* (2002, S. 142) darauf hin, dass Erklärung und Prognose nicht in einem symmetrischen Zusammenhang stehen: „all adequate explanations of phenomena must be potentially predictive. However, all adequate predictions of phenomena are not necessarily adequate explanations because predictions can be made without the use of lawlike generalizations." Zwar kann (bzw. sollte) der Forscher ein PLS-Strukturgleichungsmodell theoriegestützt entwickeln im Sinne der Nutzung von „lawlike generalizations". Zeigt das geschätzte Modell dann eine hohe Prognosekraft, die sich in hohen PRE-Werten manifestiert, so kann dies aber allenfalls als indirekter Beleg herangezogen werden, dass das Strukturmodell die endogenen Variablen erklärt (*Falk/Miller*, 1992, S. 5). Insofern ist PLS theoretisch auch bezüglich Feld (2) in Abbildung 4.6 der Kovarianzstrukturanalyse unterlegen.

Die Überlegenheit bzw. Eignung der Kovarianzstrukturanalyse zum Theorietest und zur Erklärung von latenten Variablen ist aber angesichts der herrschenden Forschungspraxis (vgl. z.B. *Breckler*, 1990; *Homburg/Baumgartner*, 1995a) kritisch zu beurteilen[15]. So ist streng genommen eine Theorie abzulehnen, wenn auch nur einer der Pfade im Strukturgleichungsmodell nicht bestätigt werden kann. Als Konsequenz wäre das Strukturgleichungsmodell weiterzuentwickeln, d.h. eine entsprechend abgeänderte Theorie müsste in Replikationsstudien einer Kreuzvalidierung unterzogen werden (zur Kreuzvalidierung von Strukturgleichungsmodellen vgl. *Balderjahn*, 1988). Die Forschungspraxis zeigt hierzu ein ernüchterndes Bild: „The low incidence of cross-validation coupled with the presumably frequent practice of searching for an acceptable model specification (we would venture to guess that most models reported in the literature have been modified at least to some extent) imply that the replicability of findings obtained through SEM (Kovarianzstrukturanalyse, d. Verfasser) may often be doubtful" (*Baumgartner/Homburg*, 1996, S. 155). Neben dieser "Capitalization on Chance" (*MacCallum/Roznowski/Necowitz*, 1992, S. 492) wird auch der Aspekt äquivalenter Modelle nur selten beachtet (*Baumgartner/Homburg*, 1996, S. 155). Gerade bei komplexeren Modellen ist die Wahrscheinlichkeit hoch, dass auch alternative Pfadmodelle identische modellimplizierte Kovarianzmatrizen bzw. Fit-Werte

---

[15]   *Diller* (2004, S. 177) charakterisiert die (Anwendung der) Kovarianzstrukturanalyse pointiert mit: „Das süße Gift der Kausalanalyse".

erzielen (*MacCallum et al.*, 1993; S. 190; *Williams/Bozdogan/Aiman-Smith*, 1996, S. 286 ff.; Hinweise zur Identifikation äquivalenter Modelle finden sich bei *Hershberger*, 1994; *Lee/Hershberger*, 1990). Dies ist nicht nur in Bezug auf einen Theorietest problematisch, sondern wirkt sich auch auf die Erklärungskraft eines Modells aus bis hin zur Umkehrung von Wirkungsrichtungen, wenn z.b. in äquivalenten Modellen endogene Variablen exogene werden und umgekehrt. Dann nützen die statistischen Kenngrößen nichts, der Forscher muss sich auf das Argument theoretisch plausibler vs. inplausibler Modelle zurückziehen.

Ein weiteres Problem verbirgt sich hinter dem Aspekt der Teststärke der statistischen Tests bezüglich der Modellanpassung. Dieses Thema ist für Kovarianzstrukturmodelle von besonderer Bedeutung, da ja gerade die Nullhypothese (kein Unterschied zwischen der modellimplizierter und stichprobenbasierter Kovarianzmatrix) nicht zurückgewiesen werden soll (*Hildebrandt*, 1994, S. 547; *Kaplan*, 1995, S. 101). Für diesen Fall sollten allerdings strengere Anforderungen an die Teststärke gelten, als der in Abschnitt 4.2.2.2 angegebene Wert (0,8). *Bortz* (1993, S. 117) empfiehlt eine Teststärke von mindestens 95 %, wenn die Bestätigung einer Nullhypothese angestrebt ist. *MacCallum/Browne/Sugawara* (1996, S. 144) haben gezeigt, dass die Teststärke stark mit der Anzahl der Freiheitsgrade eines Kovarianzstrukturmodells variiert. Da die Teststärke auf der anderen Seite von der Stichprobengröße abhängt, wachsen die Anforderungen an die Größe einer Stichprobe sehr stark, wenn Modelle mit wenigen Freiheitsgraden spezifiziert werden. Beispielsweise ist beim Test of Close Fit bezüglich des RMSEA-Wertes eine Teststärke von etwa 95 % bei einer Stichprobe von 200 erst bei Modellen mit mindestens 100 Freiheitsgraden gegeben, stehen nur 30 Freiheitsgrade zu Verfügung, wäre schon eine Stichprobe von 500 erforderlich. Und bei zwei Freiheitsgraden, wie sie z.B. bei Tests des Messmodells auf Faktorebene nicht unüblich sind, wird mit einer Stichprobe von 3.488 nur eine Teststärke von 80 % erreicht (*MacCallum/Browne/Sugawara*, 1996, S. 144). Alternativ wurden für Kovarianzstrukturmodelle eine Vielzahl deskriptiver globaler Fitmaße entwickelt (vgl. z.B. den Überblick bei *Homburg/Baumgartner*, 1995b, S. 165 ff.). „Die meisten deskriptiven Fitmaße sind jedoch nur in begrenztem Umfang statistisch fundiert" (*Hildebrandt*, 2004, S. 548; vgl. auch *Bollen/Long*, S. 6 ff.)

Während die bisherigen Überlegungen den Schluss nahe legen, dass nur in den wenigsten Anwendungsfällen eine Kovarianzstrukturanalyse so gestaltet wird bzw. werden kann, dass der angestrebte Theorietest auch wirklich methodisch abgesichert ist, weist die Kovarianzstrukturanalyse auch bezüglich der Erklärungs- bzw. Prognosekraft Schwächen auf. Denn dieser Aspekt spielt für

Fit-Werte keine Rolle. So müssen z.B. *Weiber/Adler* (*2002*, S. 12) für ihre Studie konstatieren: „Trotz des sehr guten Modellfits lässt die Erklärungskraft des Modells zu wünschen übrig. Die Varianzen der latent endogenen Größen werden mit quadrierten multiplen Korrelationskoeffizienten von 0,105 (Effizienzparadoxie), 0,160 (Effektivitätsparadoxie) und 0,073 (Wettbewerbserfolg) nur relativ schwach erklärt". *Homburg/Baumgartner* (1995b, S. 172) unterscheiden zwar zwischen den Zielen „Prüfung bestimmter vermuteter Beziehungen zwischen den latenten Variablen", bei der die R^2-Werte nur im Rahmen der Ergebnisinterpretation „zur Kenntnis" genommen werden sollen, und dem Ziel, „die jeweiligen endogenen latenten Variablen möglichst vollständig zu erklären", für das sie eine hohe Erklärungskraft als Gütemaß empfehlen (R^2-Wert $\geq$ 0,4). Wenn man sich aber mit guten globalen Fit-Werten bei geringer Erklärungskraft, d.h. kleinen, statistisch jedoch signifikanten Pfadkoeffizienten, zufrieden gibt, stellt sich die Frage, ob die gefunden Beziehungen zwischen den latenten Variablen nicht lediglich auf *Meehl's* (1990, S. 204) „crud factor" zurückzuführen sind, d.h. „everything correlates to some extent with everything else" (S. 204) aufgrund „some complex unknown network of genetic and environmental factors" (S. 209). Entsprechend pointiert formuliert *Hunt* (2002, S. 142): „Therefore, models and theories in marketing that do not explain and predict do not contribute to scientific understanding". Bezogen auf die Abbildung 4.6 heißt das, Feld (1) und Feld (2) sollten nicht separat, sondern zusammen beachtet werden.

Neben der Beurteilung auf der Ebene des gesamten Strukurmodells, wo wie diskutiert die theoretischen Vorteile der Kovarianzstrukturanalyse gegenüber PLS in der Forschungspraxis möglicherweise nur eingeschränkt zum Tragen kommen, kann das Erkenntnisziel bzw. die Beurteilung eines Strukturgleichungsmodelles auch auf die Einzelbeziehungen ausgerichtet sein. Hier rücken die einzelnen Pfadkoeffizienten ins Blickpunkt des Interesses, so dass der grundsätzliche Nachteil der fehlenden globalen Gütemaße von PLS für die Felder (3) und (4) in Abbildung 4.6 nicht relevant ist. Im Gegenteil stellt PLS sogar einen konservativeren Test der Einzelbeziehungen dar, weil PLS im Vergleich die Pfadkoeffizienten im Strukturmodell niedriger schätzt als LISREL (*Bagozzi/Yi*, 1994, S. 19).

Abschließend sei noch darauf hingewiesen, dass die aufgezeigten Unterschiede zwischen PLS und der Kovarianzstrukturanalyse auch als unterschiedlicher Forschungsansätze interpretierbar sind. Während die Kovarianzstrukturanalyse eher einer deduktiven Vorgehensweise entspricht, wird mit PLS den empirischen Daten ein größeres Gewicht eingeräumt und somit ein eher induktiver Forschungsansatz beschritten. *Fornell* (1989, S. 164 ff.) zeigt dies anhand einer Beziehung zwischen zwei latenten Variablen mit jeweils zwei reflektiven Indikatoren auf, die paarweise relativ geringe Korrelationen aufweisen (zwischen 0,11 und 0,26). Nach der Kovarianzstrukturanalyse würde eine Korrelation von 0,87 zwischen den latenten Variablen berechnet, PLS weist dagegen eine Korrelation von 0,29 aus. Der von den Korrelationen der Indikatoren stark abweichende Wert erklärt sich dadurch, dass in der Kovarianzstrukturanalyse von der Richtigkeit des Modells, d.h. des Pfades zwischen den beiden latenten Variablen ausgegangen wird, und die geringen Korrelationen zwischen den Indikatoren demnach hier als messfehlerbedingt betrachtet werden.

4.2.4 Modellierung spezieller Strukturgleichungsmodelle in PLS

4.2.4.1 Modellierung moderierender Effekte

Zur Beurteilung moderierender Effekte wird untersucht, inwieweit eine Moderatorvariable die Richtung oder Stärke des Zusammenhangs zwischen einer exogenen Variablen und einer endogenen Variablen beeinflusst. Zur Analyse moderierender Effekte wird neben der Beziehung zwischen exogener und endogener Variable auch ein direkter Einfluss der Moderatorvariable auf die endogene Variable untersucht sowie der Einfluss einer Interaktionsvariablen, die als Produkt aus exogener Variable und Moderatorvariable berechnet wird (siehe Abbildung 4.7). Die Moderatoren-Hypothese wird unterstützt, wenn – unabhängig von den Ausprägungen der Pfadkoeffizienten a oder b von exogener Variable und Moderator – die Interaktionsbeziehung (Pfad c) signifikant ist, also ein signifikanter *Interaktionseffekt* feststellbar ist (*Baron/Kenny,* 1986, S. 1174).

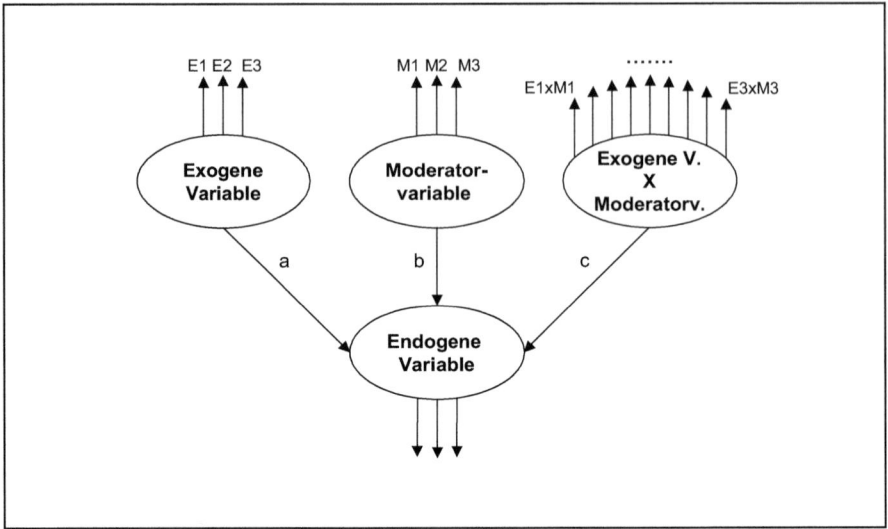

Abb. 4.7:   Moderatoren-Modell

Die Modellierung des Strukturmodells in PLS erfolgt in Abhängigkeit von den Messmodellen der exogenen Variablen und der Moderatorvariablen (*Chin/Marcolin/Newstedt*, 2003). Im Falle reflektiver Indikatoren für exogene und Moderatorvariable, der in Abbildung 4.7 dargestellt ist, werden folgende Schritte durchlaufen (*Götz/Liehr-Gobbers* 2004, S. 9f.):

In einem ersten Schritt werden die ursprünglichen Indikatoren der exogenen Variablen und der Moderatorvariablen standardisiert (Mittelwert 0, Varianz 1) bzw. zentriert (Mittelwert 0) und gehen so in das Strukturgleichungsmodell ein. Damit kann zum einem dem Multikollinearitätsproblem begegnet werden, das sich aus der im zweiten Schritt beschriebenen Multiplikation der Indikatorwerte ergibt. Zum anderen erleichtert dies die Interpretation der Pfadkoeffizienten a, b und c. Zentrierte Indikatoren sollten nur verwendet werden, wenn es zur Interpretation unbedingt erforderlich ist, die Messeinheiten zu erhalten, oder einzelne Indikatoren aus theoretischen Überlegungen für wichtiger bezüglich der Messung der latenten Variablen gehalten werden als die übrigen Indikatoren (*Chin/Marcolin/Newstedt*, 2003, S. 199). Im zweiten Schritt werden die Indikatoren der Interaktionsvariablen berechnet, indem paarweise die (standardisierten bzw. zentrierten) Indikatoren der exogenen Variablen und der Moderatorvariablen miteinander multipliziert werden. Existieren beispielsweise wie in Abbildung 4.7 dargestellt jeweils drei Indikatoren für diese beiden Variablen, dann wird die Interaktionsvariable durch neun Indikatoren gemessen.

Im Fall formativer Indikatoren ist diese paarweise Indikatormultiplikation nicht möglich. „Since formative indicators are not assumed to reflect the same underlying construct (i.e., can be independent of one another and measuring different factors), the product indicators between two sets of formative indicators will not necessarily tap into the same underlying interaction effect" (*Chin/Marcolin/Newsted,* 2003, Appendix D). Vielmehr werden in PLS im Haupteffektmodell jeweils die standardisierten Konstruktwerte auf Fallebene für die exogene und die Moderatorvariable berechnet. Die Interaktionsvariable wird dann mittels eines einzigen Indikators gebildet, der aus der Multiplikation der jeweiligen Konstruktwerte entsteht.

Alternativ könnte man die exogene und die Moderatorvariable ebenfalls als Single-Item-Konstrukte über die Konstruktwerte des Haupteffektmodells operationalisieren. Dies hätte zwar den theoretischen Vorteil, dass die Interaktionsvariable das exakte Produkt der beiden Haupteffektkonstrukte ist. Dies ist in der hier vorgeschlagenen Vorgehensweise nicht sichergestellt, wie im übrigen auch für die Vorgehensweise im reflektiven Fall. Allerdings wäre es dann nicht möglich, im Interaktionsmodell den Einfluss der einzelnen formativen Indikatoren auf die exogene und Moderatorvariable zu bestimmen. Alternativ hat *Henseler* (2006, S. 112f.) einen PLS-Algorithmus entwickelt, der die Berechnung der Interaktionsvariable in ein einziges Modell integriert. Ähnlich wie *Chin/Mar-colin/Newstedt* (2003) per Monte-Carlo-Simulation die Überlegenheit ihres Verfahrens gezeigt haben, sollte in zukünftigen Arbeiten die mögliche Überlegenheit eines der drei soeben beschriebenen Verfahren abgeklärt werden.

Nachdem entsprechend den zuvor beschriebenen Regeln die Indikatoren aller latenten Variablen berechnet wurden, d.h. Standardisierung der (gemessenen) Indikatoren von exogener, endogener und Moderatorvariable sowie Bildung des/der Multiplikationsindikator(s)en, wird das Strukturgleichungsmodell in PLS geschätzt. Der Wert des berechneten Pfadkoeffizienten a beschreibt dann den Einfluss der exogenen Variablen auf die endogene Variable, wenn die Moderatorvariable ihren Mittelwert (d.h. 0) annimmt. Der Pfadkoeffizient c der Interaktionsvariable gibt an, inwieweit sich der Einfluss der exogenen auf die endogene Variable ändert, wenn sich die Moderatorvariable ändert. So ändert sich der Einfluss auf a+c, wenn sich die Moderatorvariable um eine Standardabweichung von ihrem Mittelwert erhöht. Es ist zu beachten, dass der Pfadkoeffizient b der Moderatorvariablen bzw. seine Veränderung b+c in Abhängigkeit der Ausprägung der exogenen Variablen entsprechend interpretiert werden kann. D.h. aufgrund der Datenanalyse kann nicht entschieden werden, ob anstelle der moderierenden Wirkung der Moderatorvariablen auf die Beziehung exogener zu endogener Variable nicht möglicherweise eine moderierende Wirkung der exogenen Variablen auf die Beziehung Moderatorvariable zu endogener Variable vorliegt. Hierfür sind sachlogische Überlegungen heranzuziehen.

Der Interaktionseffekt kann weiterhin anhand der Veränderung des Bestimmtheitsmaßes (R^2) beurteilt werden, wenn zusätzlich zu der exogenen Variablen und des Moderators (Haupteffektmodell) auch die Interaktionsvariable zur Erklärung der Varianz der endogenen Variablen herangezogen wird. Dazu wird gemäß Formel 4.7 die Effektstärke f^2 berechnet (vgl. hierzu *Chin/Marcolin/ Newsted*, 2003, S. 195 f.). Generell sind Interaktionseffekte als gering einzuschätzen bei Werten bis 0,02, als moderat bei 0,15 und als groß bei Werten ab 0,35.

$$(4.7) \quad f^2 = (R^2_{IV} - R^2_{HE}) / (1 - R^2_{HE})$$

mit R^2_{IV} Bestimmtheitsmaß inkl. Interaktionsvariable

R^2_{HE} Bestimmtheitsmaß im Haupteffektmodell

Allerdings weisen *Chin/Marcolin/Newsted* darauf hin, dass ein geringes f^2 nicht zwingend bedeutet, dass der zu Grunde liegende Effekt unwichtig ist. „Even a small interaction effect can be meaningful under extreme moderating conditions, if the resulting beta changes are meaningful, then it is important to take these conditions into account" (*Chin/Marcolin/Newsted, 2003, S. 211*). Dies liegt daran, dass der f^2-Wert nur eine Aussage über die zusätzlich erklärbare Varianz der endogenen Variablen erlaubt, wenn die Interaktionsvariable dem Haupteffektmodell hinzugefügt wird. Wenn jedoch der Effekt der Interaktionsvariable vor allem auf Kosten der Haupteffekte eintritt, d.h. die Pfadkoeffizienten a und/oder b verkleinern sich im Vergleich zum Haupteffektmodell deutlich, bleiben die Veränderungen des Bestimmtheitsmaßes gering.

4.2.4.2 Modellierung mediierender Effekte

Im Unterschied zur Vorgehensweise der Überprüfung moderierender Effekte ist bei der Analyse mediierender Effekte keine Unterscheidung bezüglich formativer oder reflektiver Messmodelle und eine spezielle Datenaufbereitung erforderlich.

Ein mediierender Effekt wird anhand des in Abbildung 4.8 dargestellten Strukturmodells getestet (*Iacobucci/Duhachek*, 2003). Demnach fungiert eine Variable als Mediator, wenn a) graduelle Veränderungen der exogenen Variable zu signifikanten Effekten auf die mediierende Variable führen (Pfad a), wenn b) Veränderungen der Mediatorvariable zu signifikanten Effekten auf die endogene Variable führen (Pfad b) und wenn c) der Pfad c signifikant kleiner ist, d.h. zwischen Null und dem Pfad c' in einem Alternativmodell ohne Mediatorvariable liegt. Falls der Pfad c nicht signifikant von Null verschieden ist, liegt eine vollständige Mediation vor, ansonsten spricht man von einer partiellen Mediation. Im letzteren Fall ist es auch möglich, dass der Pfad c ein anderes Vorzeichen als der indirekte Effekt a*b aufweist. Dies wird als Suppressoreffekt bezeichnet (*Shrout/Bolger*, 2002, S. 430 ff.). Dabei gilt es allerdings zu beachten, dass im Falle vollständiger Mediation der ermittelte Pfadkoeffizient c nahe bei Null liegt, d.h. sein Vorzeichen im Vergleich zum indirekten Effekt bzw. die Unterscheidung zwischen mediierendem und Suppressoreffekt irrelevant ist („statistische" Suppressoreffekte).

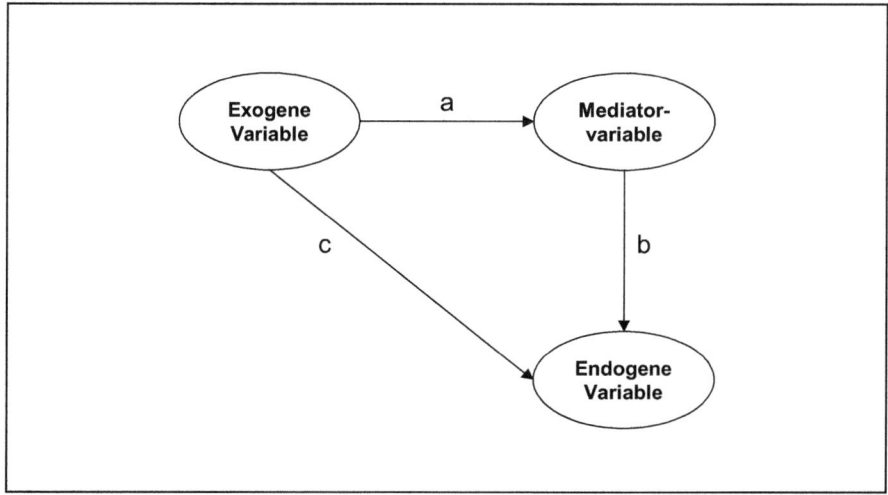

Abb. 4.8:   Mediatoren-Modell

Während nach *Baron/Kenny* (1986, S. 1177) die Bedingungen a) bis c) anhand separater Teilmodelle getestet werden sollte, plädieren *Iacobucci/Duhachek* (2003) für eine einzige Analyse des in Abbildung 4.8 dargestellten Strukturmodells. Insbesondere ist es nicht erforderlich, zur Abklärung der Bedingung c) ein Modell ohne Mediatorvariable, d.h. den Pfad c' zu berechnen. Zur Beurteilung dieser Bedingung genügt es nämlich, die Signifikanz des indirekten Effektes a*b zu belegen. Hierzu kann der von *Sobel* (1982) vorgeschlagene z-Test für den indirekten Effekt der exogenen Variablen über den Mediator auf die endogene Variable herangezogen werden. Die Testgröße z wird gemäß Formel 4.8 unter Berücksichtigung der Pfadkoeffizienten a und b sowie der entsprechenden Standardfehler für a und b berechnet. Ist der z-Wert beispielsweise größer als 1,96, so kann auf dem Niveau p<0,05 die Nullhypothese, dass kein indirekter Effekt besteht bzw. er vernachlässigbar klein ist (a*b = 0), zurückgewiesen werden.

$$(4.8) \quad z = \frac{a \bullet b}{\sqrt{b^2 \bullet sa^2 + a^2 \bullet sb^2}}$$

mit   a,b   Pfadkoeffizienten a bzw. b
        s_a, s_b Standardabweichung der Pfadkoeffizienten a bzw. b

Bei der Unterscheidung zwischen vollständiger und partieller Mediation ist zu beachten, dass aufgrund eines nichtsignifikanten Pfadkoeffizienten die dem Signifikanztest zugrunde liegende Nullhypothese (Pfadkoeffizient c = 0 bzw. vernachlässigbar klein) nicht automatisch bestätigt ist (*Bortz*, 1993, S. 114). Hierzu ist die Teststärke (Power) zu beurteilen, die angibt, mit welcher Wahrscheinlichkeit ein tatsächlich von Null verschiedener Pfadkoeffizient durch den verwendeten statistischen Test auch aufgedeckt werden könnte (*Cashen/Geiger*, 2004, S. 154). Üblicherweise wird eine Teststärke von 80 % als ausreichend erachtet (*Cohen*, 1992, S. 156). *Bortz* (1993, S. 117) hält dagegen eine Teststärke von mindestens 95 % für erforderlich, wenn die Bestätigung einer Nullhypothese angestrebt ist. Letzteres Kriterium sollte dann herangezogen werden, wenn der Forscher eine vollständig mediierende Wirkung einer Variablen erwartet. Zur Ermittlung der Teststärke sollten die bei *Cohen* (1988, S. 37) tabellierten Werte für die Teststärke von t-Tests herangezogen werden.

Nach dem Nachweis des vollständigen bzw. partiell mediierenden Effekts sollte in einem letzten Schritt das Ausmaß des mediierenden Effektes ermittelt werden. Hierzu ziehen *Iacobucci/Ducachek* (2003) die Größe VAF (Variance accounted for) heran, die gemäß Formel 4.9 den indirekten Einfluss der exogenen Variablen auf die endogene Variable zu ihrem Gesamteinfluss ins Verhältnis setzt. Eine VAF-Wert von 0,5 würde z.B. bedeuten, dass 50 Prozent des Effektes der exogenen Variablen auf die endogene Variable auf die Mediatorvariable zurückzuführen ist. Bei der Interpretation ist zu beachten, dass beim Vorliegen statistischer Suppressoreffekte der berechnete VAF-Wert größer als eins wird. In diesem Fall sollte VAF auf den Wert 1 gesetzt werden (*Shrout/Bolger*, 2002, S. 434).

$$(4.9) \quad VAF = \frac{a \bullet b}{a \bullet b + c}$$

4.2.4.3 Datenäquivalenz im Mehrgruppenfall

Wenn ein Strukturgleichungsmodell an unterschiedlichen Stichproben oder Teilgruppen einer Stichprobe getestet und die Gruppenergebnisse verglichen werden sollen, ist die Datenäquivalenz der latenten Variablen zu beachten. *Steenkamp/Baumgartner* (1998, S. 80) unterscheiden diesbezüglich zwischen struktureller, metrischer, skalarer, Faktor-Kovarianz-, Faktor-Varianz- und Fehler-Varianz-Äquivalenz. Beschränkt sich der Vergleich darauf, ob dieselben Pfade im Strukturgleichungsmodell vorhanden sind, dann ist metrische Äquivalenz, die strukturelle Äquivalenz umfasst, ausreichend. Wenn zusätzlich die Stärke der Beziehungen zwischen den latenten Variablen anhand standardisierter Größen (Korrelationen, Pfadkoeffizienten) verglichen werden soll, ist Faktor-Varianz-Äquivalenz erforderlich, d.h. die Varianzen der jeweiligen Konstrukte in den Gruppen müssen übereinstimmen (*Steenkamp/Baumgartner*, 1998, S. 82).

Strukturelle Äquivalenz ist gegeben, wenn in den betrachteten Gruppen die jeweils gleichen Indikatoren auf ein Konstrukt laden und auf die anderen Konstrukte nicht bzw. vernachlässigbar gering laden. Ist anhand von Faktorenanalysen die strukturelle Äquivalenz gegeben, sind die Daten auf metrische Äquivalenz zu untersuchen. Hierzu wird getestet, ob die Faktorladungen eines Indikators in den Gruppen identisch sind. Insofern sind dies zunächst auf reflektive Messmodelle beschränkte Kriterien.

Während in der Kovarianzstrukturanalyse solche Untersuchungen auf Basis hierarchischer Modelle (nested models) und entsprechender χ^2-Differenztests gemacht werden, beschränken sich die Testmöglichkeiten in PLS auf t-Tests der Unterschiede in den Koeffizientenschätzungen (*Chin*, 2003, S. 33 f.). Kritisch zu hinterfragen ist dabei die Verwendung der Nullhypothese mit der Effektstärke gleich Null. Diese „nil hypothesis is always false" (*Cohen*, 1994, S. 1994), d.h. die Nullhypothese wird in statistischen Tests immer zurückgewiesen, wenn die Stichprobe groß ist. So können bei für Strukturgleichungsanalysen nicht unüblichen Stichprobengrößen von mehreren Hunderten auch Ladungsdifferenzen im Bereich der dritten Nachkommastelle zu „signifikanten" Unterschieden führen.

Deshalb wird die folgende Modifikation des t-Tests zur Analyse von Faktorladungsunterschieden vorgeschlagen: Anstelle gegen Null wird der t-Test auf eine Mittelwertdifferenz, die einer kleinen Effektstärke entspricht, angewandt. Da standardisierte Faktorladungen nichts anderes als Korrelationen zwischen zwei Variablen darstellen, kann die Effektstärke aus den Angaben von *Cohen* zum Vergleich von Korrelationen abgeleitet werden (*Cohen*, 1988, S. 110 ff.). Dabei gilt es zu beachten, dass Korrelationsdifferenzen relative Effekte darstellen, d.h. eine Differenz von z.B. 0,1 ist ein großer Effekt, wenn die verglichenen Korrelationen hoch sind. Sind dagegen die verglichenen Korrelationen gering, dann ist eine solche Differenz eher als kleiner Effekt einzustufen. Aus *Cohens* (1988, S. 115) Beispielliste von Korrelationsdifferenzen wurden deshalb folgende Mittelwertdifferenzen abgeleitet, die einer kleinen Effektstärke entsprechen: Falls die kleinere der zu vergleichenden Faktorladungen zwischen 0,60 und 0,85 liegt, wird in den t-Test die Korrektur 0,05 aufgenommen. Liegt die kleinere Faktorladung über 0,85, dann beträgt die Korrektur 0,03.

Da in PLS die Konstruktwerte determiniert sind, läge es auf der Hand, die zur Berechnung der individuellen Konstruktwerte geschätzten Gewichte zwischen den Gruppen zu vergleichen. Allerdings können die Effektstärken für die einzelnen Regressionskoeffizienten im Falle der multiplen Regression nicht so einfach abgeleitet werden. Näherungsweise könnte mit dem Wert 0,03 als kleinerem der beiden für Ladungen verwendeten Korrekturterm gearbeitet werden. Da PLS durch die wechselseitig iterierende Bestimmung von Faktorladungen und Gewichten beide Größen für reflektive und formative Konstrukte bereitstellt, ist das soeben beschriebene Verfahren in beiden Fällen anwendbar.

Steenkamp/Baumgartner (1988, S. 81 f.) weisen darauf hin, dass die metrische Äquivalenz in ihrer vollständigen Form, d.h. alle Indikatoren eines Konstruktes stimmen in dem gerade beschriebenen Sinne zwischen den Gruppen überein, oftmals nicht gegeben ist. Sie halten deshalb die partielle metrische Äquivalenz für ausreichend, d.h. mindestens zwei Indikatoren eines Konstruktes sollen übereinstimmen. Insbesondere für formative Konstrukte sollte aber nicht nur auf die Zahl übereinstimmenden Faktorladungen bzw. Gewichte geachtet werden. Denn sind die Abweichungen bei den differierenden Gewichten sehr groß, dann erscheint die Datenäquivalenz auf Konstruktebene fraglich. Deshalb sollten im Falle partieller metrischer Äquivalenz immer auch der Höhe der Gewichtedifferenzen berücksichtigt werden.

4.3 Untersuchungsdesign

In diesem Abschnitt wird das Untersuchungsdesign des empirischen Teils dieser Arbeit erläutert. Insbesondere werden das Erhebungskonzept (Abschnitt 4.3.1), die verwendeten Stichproben (Abschnitt 4.3.2) und die Entwicklung des Fragebogens (Abschnitt 4.3.3) erläutert.

4.3.1 Erhebungskonzept

Als grundlegende Erhebungsverfahren stehen die Beobachtung und die Befragung zur Verfügung. Da aber wesentliche Modellgrößen wie z.B. Einstellungen und Kaufabsicht als latente Variablen nicht unmittelbar beobachtet werden können, scheidet die Beobachtung als Erhebungsverfahren aus. Neben den klassischen Befragungsformen mündliches bzw. persönliches Interview, telefonisches Interview und schriftliche Befragung wird mittlerweile auch das Internet als Befragungsinstrument eingesetzt (*Theobald*, 2000a; *Theobald/Dreyer/Starsetzki*, 2003).

Die Gegenüberstellung in Tabelle 4.5 macht deutlich, dass jede dieser Befragungsformen spezifische Vor- und Nachteile hat und keine Methode den anderen generell überlegen erscheint. Die Auswahl muss deshalb vor dem Hintergrund der konkreten Untersuchungsziele und Rahmenbedingungen erfolgen. Für die vorliegende Untersuchung ist sowohl aufgrund der Themenstellung als auch der anvisierten Zielgruppe eine Internet-Befragung naheliegend.

	schriftliche Befragung	telefonische Befragung	mündliche Befragung	WWW-Befragung
Antwortquote	-	+	+	-/o [a]
einheitlicher Erhebungsstichtag	-	+	+	o/+ [b]
Antwortzeit				
Ausschluss unüberlegter Antworten	o	-	+	o
Messung	-	+	o	o [c]
Einfluss von dritter Seite	-	o	+	o [d]
Umfang des Fragebogens	-	-	+	o [e]
Gefahr von Missverständnissen	-	+	+	-/o [f]
komplexe Informationen	-	-	+	o/+ [g]
Interviewereinfluss	+	o	-	+
schwer erreichbare Berufskreise	+	o	-	o [h]
räumliche Repräsentation	+	+	-	+
Kosten	+	+	-	+

Es bedeuten: + = Vorteil; - = Nachteil; o = Indifferenz bzw. (noch) unklar

Anmerkungen:
a)	stark abhängig vom Befragungsthema
b)	Erhebungszeitraum genau kontrollierbar, Antwortquote jedoch kaum determinierbar
c)	nicht möglich, falls Bearbeitung unterbrochen wird
d)	wird als geringer angenommen, da WWW-Nutzer häufig alleine am PC sitzen
e)	durch Unterstützung mit graphischen und multimedialen Elementen kurzweiliger
f)	bessere Erklärungsmöglichkeiten durch Hilfefenster
g)	Bilder und Töne ohne weiteres einbindbar
h)	prinzipiell gut erreichbar, jedoch abhängig von WWW-Zugang

Tab. 4.5:　　Vor- und Nachteile der Grundformen der Befragungsarten nach dem Erhebungsmodus (Quelle: Theobald, 2000b, S. 308)

Neben der Befragungsform bzw. im Rahmen der Entscheidung für eine Befragungsform sind zwei Besonderheiten von Strukturgleichungsanalysen zu beachten. Anders als der vielfach noch verwendete Begriff „Kausalanalyse" suggeriert, kann mittels den in Strukturgleichungsanalysen eingesetzten statistischen Verfahren keine Aussage über kausale Beziehungen getroffen werden (*Homburg/Hildebrandt*, 1998, S. 17). Hilfsweise wird in Verbindung mit Strukturgleichungsmodellen über weitere Kriterien auf kausale Zusammenhänge geschlossen. Dazu gehört auch die zeitliche Sequenz zwischen exogener und endogener Variable, d.h. Veränderungen der exogenen Variablen müssen vor den durch sie bewirkten Veränderungen der endogenen Variablen stattgefunden haben (*Hunt*, 2002, S. 126). Insbesondere wenn eine gegenseitige Beeinflussung von Variablen nicht ausgeschlossen werden kann bzw. zu erwarten ist, ist die gleichzeitige Erhebung der Daten im Rahmen von Querschnittsuntersuchungen ungeeignet (*Compeau/Higgins/Huff*, 1999, S. 146 f.). Im vorliegenden Strukturgleichungsmodell stellt das Nutzungsverhalten bezüglich ausländischer Internetshops die zentrale endogene Größe dar. Da zu erwarten ist, dass Erfahrungen aus der Nutzung ausländischer Internetshops sich auf die diesbezüglichen Ansichten der Nutzer auswirken, wäre die Aussagekraft des Modells stark eingeschränkt, wenn das Verhalten über vergangene oder aktuelle Aktivitäten operationalisiert wäre. Deshalb wird in einer Nacherhebung, die entsprechend der Operationalisierung der Verhaltensabsicht sechs Monate nach der Ersterhebung durchgeführt wurde, das in Bezug auf die übrigen Modellvariablen zukünftige Verhalten separat ermittelt[16].

Der zweite Besonderheit von Strukturgleichungsanalysen steht in Zusammenhang mit der Generalisierbarkeit der Ergebnisse empirischer Untersuchungen. Während dies für jede empirische Untersuchung gilt und deshalb immer wieder die vermehrte Durchführung von Replikationsstudien gefordert wird (*Barwise*, 1995, S. G33; *Hubbard/Armstrong*, 1994, S. 245; *Hubbard/Vetter*, 1996, S. 162)[17], ist ein inhärentes Problem von Strukturgleichungsanalysen die Modellmodifikation im Analyseprozess. Solche Modellmodifikationen sind aber ohne Überprüfung anhand eines neuen Datensatzes nur als optimierte Anpassung an einen vorhandenen Datensatz zu betrachten (*Balderjahn*, 1988, S. 63). Mit dem im Rahmen der Kovarianzstrukturanalyse eingesetzten Verfahren der Kreuzvalidierung wird der Datensatz einer Studie aufgeteilt, so dass ein Modell auch an einer zur Modellmodifikation nicht herangezogenen Teilstichprobe getestet werden kann (*Balderjahn*, 1988, S. 68). Alternativ kann eine eigenständige Replikationsstudie durchgeführt werden. Dies hat gegenüber der Kreuzvalidierung den Vorteil, dass neben der Möglichkeit des Einsatzes unterschiedlicher Untersuchungsdesigns, um die Robustheit eines Modells gegenüber möglichen Methodeneffekten bzw. Rahmenbedingungen abzuschätzen, auch Modellerweiterungen im Sinne eines Einbezugs zusätzlicher (Kontroll-)Variablen möglich sind (*Lindsay/Ehrenberg*, 1993, S. 220ff.). Aufgrund dieser Vorteile wurde eine Replikationsstudie durchgeführt, die sich insbesondere auch durch die Datener-

---

[16] Diesem Vorteil steht allerdings das Problem der selbsterfüllenden Prophezeiung bzw. des mere-measurement Effekts (*Dholakia/Morvitz*, 2002, S. 159) gegenüber. Die Teilnahme an einer Befragung führt demnach zur Bildung bzw. Verstärkung von Ansichten bzw. Bewertungen im Augenblick der Befragung, die auch auf das Verhalten nach der Befragung abstrahlen. Dieser Effekt wurde insbesondere auch bei der Erhebung von Verhaltensabsichten gefunden. Entsprechend wirkt der mere-measurement Effekt auf eine größere Konsistenz der Antworten in der Befragung und dem späteren Verhalten. Dies sollte bei der Interpretation der Ergebnisse des vorliegenden Strukturmodells berücksichtigt werden.

[17] Den begrenzten Aussagegehalt einer einzelnen empirischen Studie verdeutlichen *Easley/Madden/Dunn* (2000, S. 89): „The publishing of a paper that has relied on results from a single study (and, thus, has not been replicated) should be unacceptable to the discipline because of the inherent variability of human subjects. [...] When replication is not endorsed by a discipline, we are implicitly subscribing to the validity of n of 1 research studies."

hebung (Telefonbefragung anstelle Internetbefragung) und die im nächsten Abschnitt erläuterte Stichprobenbildung von der Hauptstudie unterscheidet.

4.3.2 Stichprobe

Zur Bestimmung der für die empirische Erhebung relevanten Stichprobe wurde zunächst nach der in Abschnitt 4.2.2.2 beschriebenen Vorgehensweise die erforderlichen Stichprobengröße bestimmt. Die multiple Regressionsgleichung mit den meisten unabhängigen Variablen bilden die formativen Konstrukte Vorteil bzw. Risiko mit jeweils acht Indikatoren. Im Sinne der Beschränkung auf substanzielle Erklärungsbeiträge wurden eine mittlere Effektstärke von 0,15 (dies entspricht einem R^2 von 0,13), ein Signifikanzniveau von 0,05 und eine Teststärke von 80 % als zu erfüllende Kriterien herangezogen. Dies erfordert eine Stichprobe von N = 107 (*Cohen, 1992*, S. 158). Um diese Teststärke auch für Teilstichproben zu erzielen, z.B. getrennte Auswertungen nach bisherigen Nutzern und Nicht-Nutzern ausländischer Internetshops, wurde zusätzlich noch angenommen, dass eine Teilstichprobe im ungünstigsten Fall ein Drittel der Gesamtstichprobe umfassen würde. Somit ergab sich die anzustrebende Stichprobengröße N = 324.

Da das zu überprüfende Modell für die Erklärung der Nutzung ausländischer Internetshops durch aktuelle Online-Shopper konzipiert ist, bilden in Deutschland lebende Online-Shopper die Grundgesamtheit der empirischen Studie. Allerdings existiert weder eine Liste der aktuellen Internetnutzer noch eine solche der Online-Shopper, die zur Stichprobenbildung herangezogen werden könnte. Auch eine Stichprobenbildung anhand allgemeiner Adressdaten erschien aufgrund des Anteils der Online-Shopper an der Gesamtbevölkerung, der zum Zeitpunkt der Erhebung etwa auf 20 % geschätzt wurde, und der damit verbundenen Streuverluste als ungeeignet.

Solche Streuverluste sind entsprechend kleiner, wenn sichergestellt ist, dass die kontaktierten Personen Internetnutzer sind. Diese Forderung ist mit der Durchführung einer Befragung im Internet zwar grundsätzlich erfüllt, jedoch steht dem als Hauptproblem das Hol-Prinzip im Internet entgegen (*Bliemel/Eggert/Adolphs*, 2000, S. 208f.). Der Internetnutzer ist ermächtigt bzw. entscheidet selbst, welche der bereitgestellten Informationen er im Internet aufnehmen und weiter verfolgen möchte. Entsprechend ermöglichen im Internet z.B. per Banner oder Pop-Up-Fenstern platzierte Einladungen zur Teilnahme an Befragungen nur eine ungezielte Ansprache und somit aufgrund von Selbstselektionseffekten stark verzerrten Stichproben. Zudem ist es nicht möglich, die Rücklaufquote abzuschätzen bzw. auf für die Erhebung relevante Strukturen der Teilnahmeverweigerer zu untersuchen (*Theobald*, 2000a, S. 29ff.).

Eine weitere Möglichkeit zur Ansprache von Internetnutzern, die zudem den Vorteil der direkten Selektion von Online-Shoppern bieten, sind sogenannte Online-Access-Panels. Hierbei handelt es sich um einen Pool von registrierten Personen, die sich bereit erklärt haben, an Internet-Befragungen teilzunehmen (*ADM*, 2001, S. 6). Zur Motivierung der Panelisten verwenden die Panelbetreiber Anreize wie z.b. Teilnahme an Verlosungen oder gegen Waren einlösbare Bonuspunkte. Eine ausgewogene Belohnung, insbesondere zur Entmutigung von Anreizjägern, ist ebenso wie die Rekrutierung der Panel-Teilnehmer ein wichtiges Instrument zur Sicherstellung eines qualitativ hochwertigen Online-Access-Panels. Insbesondere bei passiven Rekrutierungen im Internet, d.h. die potenziellen Panelisten werden z.b. per Banner geworben, ist eine Verzerrung der Panelstruktur in Richtung der medienkompetenteren Intensivnutzer zu erwarten (*Göritz*, 2003, S. 235). Diese Verzerrung ist bei aktiver Rekrutierung außerhalb des Internets nur bedingt lösbar, da durch telefonische Einladungen Gelegenheitsnutzer kaum zur Teilnahme an einem Online-Access-Panel bewegt werden können (*Gräf*, 2003, S. 267; *Hellwig/von Heesen/Bouwmeester*, 2003, S. 248f.). In Kenntnis dieser Problematik erscheint die Nutzung eines aktiv rekrutierten Online-Access-Panels dennoch als geeignet für die Hauptstudie.

Über die Firma GfK Marktforschung stand das GfK eSolutions Access Panel zur Verfügung. Die Teilnehmer werden aktiv sowohl offline (persönliche Rekrutierung durch Interviewer, telefonische Rekrutierung im Anschluss an Befragungen mit bevölkerungsrepräsentativen Stichproben) als auch online (Rekrutierung im Anschluss an Online-Adhoc-Befragungen, bei denen der Erstkontakt auf postalischem Weg hergestellt wurde; Rekrutierung über Kooperationspartner im Internet durch e-Mail nach Vorselektion) gewonnen. Die Rekrutierung geschieht auf Basis der von der GfK regelmäßig in Telefonbefragungen (GfK Webgauge, GfK Online-Monitor) gewonnenen Erkenntnisse über die Struktur der deutschen Internet-Nutzer. Zum Zeitpunkt der vorliegenden Studie nahmen 4000 Personen an dem Panel teil, darunter 1530 Online-Shopper. Basierend auf den Erfahrungen des Unternehmens bezüglich der Teilnahmequoten für Internet-Befragungen erschien eine Stichprobengröße von 830 Panelisten als ausreichend zur Erfüllung der anvisierten Teilnehmerzahl an der Befragung[18]. Die Stichprobe wurde per Quote anhand Geschlecht (60 % Männer, 40 % Frauen) und Alter (jeweils ein Drittel 18-29 Jahre, 30-39 Jahre, 40 Jahre und älter) gezogen. Die Quotenkriterien richteten sich nach den Erkenntnissen der GfK über die Struktur der Online-Shopper in Deutschland.

Adressen von Online-Shoppern stellen schließlich auch Direktmarketingdienstleister zur Verfügung. Im Rahmen von allgemeinen Haushaltsbefragungen werden u.a. neben der Bereitschaft der Befragten, generell an Umfragen teilzunehmen, in den letzten Jahren auch Fragen zur Internetnutzung gestellt. Insofern finden sich in den Adresslisten informationsaktivere Personen, eine Verzerrung in Richtung intensivere Internetnutzung wie beim Online-Access-Panel ist dagegen nicht zu erwarten (*Hoppe/Lamp*, 2001, S. 48). Deshalb bietet sich die Nutzung eines solchen Adressenpools für die Replikationsstudie an.

Über die Firma AZ Direct konnte auf etwa 41.000 Adressen von Online-Shoppern in Deutschland zugegriffen werden. Da keine E-Mail-Adressen verfügbar waren, war eine Internet-Befragung nicht möglich. Eine mündliche Befragung war aus Kostengründen nicht möglich. Eine telefonische Befragung weist schließlich im Vergleich zu einer schriftlichen Befragung im Sinn des im vorangegangenen Abschnitt diskutierten Replikationsansatzes den Vorteil einer deutlich unterschiedlichen Befragungssituation auf (*Dillmann*, 2000, S. 231). Da die Rücklaufquote für die geplante telefonische Befragung deutlich niedriger erwartet wurde und zudem mehr Adressen für den Pretest der Telefonbefragung erforderlich waren wurde aus dem Adressbestand von AZ Direct per Zufallsauswahl eine Teilstichprobe von 1.995 Adressen gebildet.

4.3.3 Fragebogen

4.3.3.1 Internet-Fragebogen

Der Fragebogen für die Internet-Befragung wurde nach der in Abschnitt 4.1.2 beschriebenen Vorgehensweise entwickelt. Danach wurde er von der GfK Marktforschung in eine Online-Version übertragen. Sowohl bei der Entwicklung des Fragebogens als auch bei der Übertragung in eine Online-Version wurde darauf geachtet, dass der Fragebogen den Erfahrungen der Panelisten mit bisherigen Be-

---

[18] Zu Rücklaufquoten in Online-Access-Panels vgl. *Göritz/Reinhold/Batinic*, 2000, S. 66.

fragungen möglichst entsprach[19]. Dies gilt für das Layout des Fragebogens genauso wie für die verwendeten Skalierungen und Skalierungserläuterungen bis hin zur Übernahme von kompletten Fragen wie z.B. sozio-demographische Angaben, die in den GfK-Erhebungen normalerweise erhoben werden.

Als Fragefolge wurde der Fragebogen in einzelne Seiten aufgeteilt, auf der jeweils eine Frage bzw. ein Fragekomplex präsentiert wurde. Dadurch entfällt das Scrollen zu nicht auf dem Bildschirm darstellbaren Frageteilen und eingabeabhängige Verzweigungen sind innerhalb des Fragebogens handhabbar (*Theobald*, 2000, S. 83). Da ein Großteil der Indikatoren zu den verschiedenen Variablen in Form von Zustimmungs-Aussagen operationalisiert war, wurden sie wie in Abbildung 4.9 gezeigt zu Fragekomplexen zusammengefasst. Zur Vermeidung von Reihenfolgeeffekten wurde die Reihenfolge der Indikatoren auf den einzelnen Seiten für jeden Befragten zufallsgesteuert verändert. Weiterhin wurden die insgesamt vier Frageseiten dieses Stils auf den Fragebogen verteilt. Durch Rücksprungmöglichkeit zu der jeweils vorangegangen Seite hatten die Befragten ähnlich wie in der schriftlichen Befragung die Möglichkeit, ihre Angaben zu modifizieren.

Weiterhin ist aus Abbildung 4.9 ersichtlich, dass die Befragten auf Hilfetexte bzw. Begriffserklärungen zurückgreifen konnten. Dies bezog sich insbesondere auf den zentralen Begriff „Nutzung ausländischer Internetshops". Anhand der in Abbildung 4.10 gezeigten Erläuterungen und Beispiele wurde ein möglichst einheitliches Begriffsverständnis unter den Befragten angestrebt. Hierbei sollte insbesondere der Aspekt „staatsgrenzenüberschreitend" vermittelt werden. Dabei kann nicht davon ausgegangen werden und wurde auch nicht beabsichtigt, dass die Erläuterungen im Sinne einer eindeutigen Klassifikationen eines konkreten Anbieters im Internet wirken. Entscheidend ist vielmehr, wie der einzelne Internetnutzer subjektiv einen Internetshop als „staatsgrenzenüberschreitend" empfindet.

---

[19] Zu Richtlinien für die Gestaltung eines Internet-Fragebogens vgl. z.B. *Dillman*, 2000, S. 376 ff.; *Theobald*, 2000, S. 75 ff.

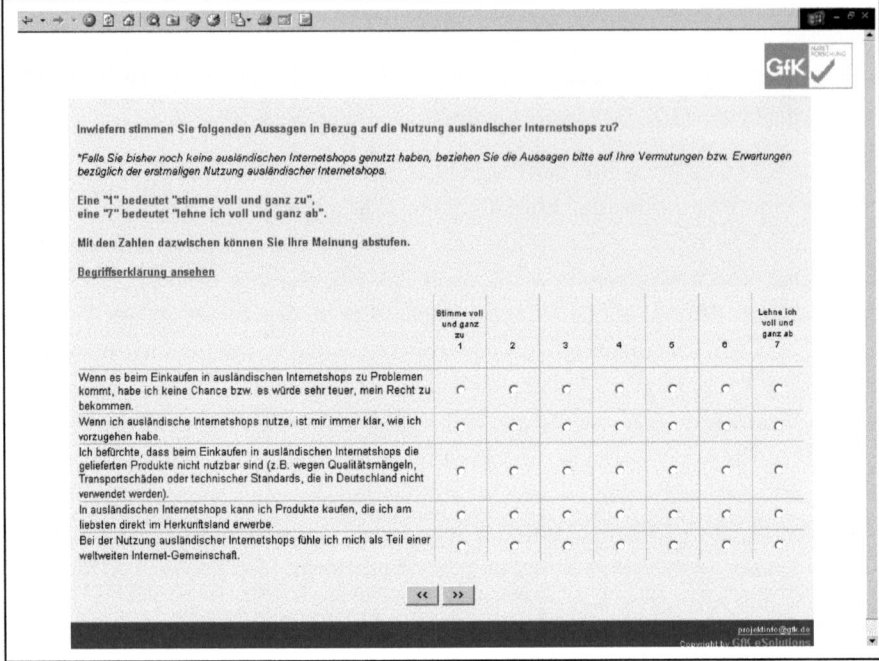

Abb. 4.9:   Ausschnitt aus dem Internet-Fragebogen

Nach einigen kleineren Modifikationen aufgrund von Rückmeldungen von Testern, die den Internet-Fragebogen auf Konsistenz mit dem erarbeiteten Fragebogen und generelle Nutzbarkeit überprüften, und einem Pretest war der Fragebogen schließlich einsatzfertig. Am sechsten Dezember 2002 wurden die ausgewählten Online-Shopper aus dem GfK eSolutions Access Panel per E-Mail zur Teilnahme an der Befragung eingeladen. Am elften Dezember wurde die Befragung abgeschlossen, da die vereinbarte Zahl an vollständigen Befragungen erreicht war. Mitte Juni 2003 wurden die Teilnehmer dann noch nach ihrer Nutzung ausländischer Internetshops im Zeitraum zwischen Haupt- und Nacherhebung befragt.

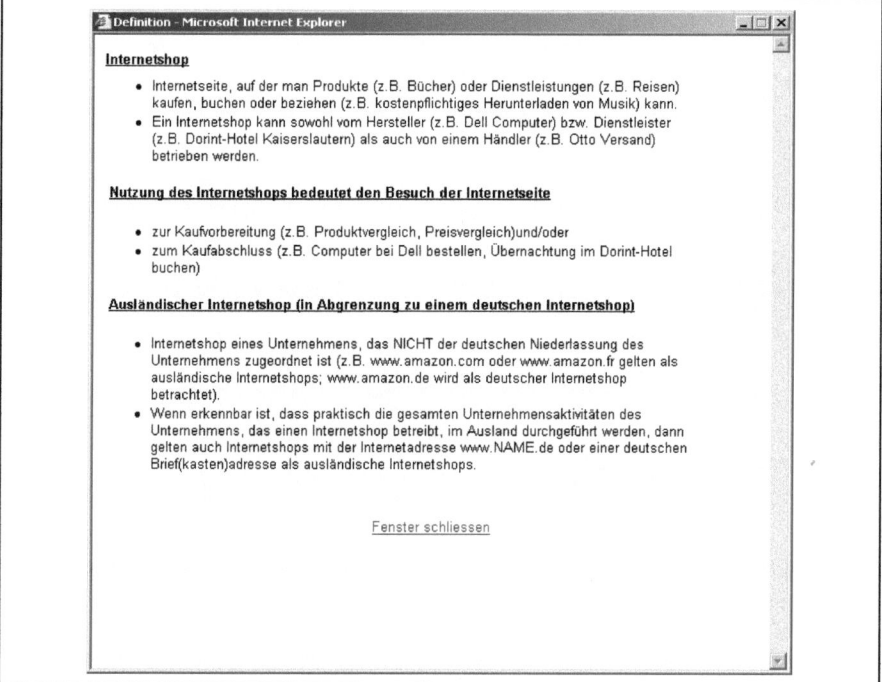

Internetshop

- Internetseite, auf der man Produkte (z.B. Bücher) oder Dienstleistungen (z.B. Reisen) kaufen, buchen oder beziehen (z.B. kostenpflichtiges Herunterladen von Musik) kann.
- Ein Internetshop kann sowohl vom Hersteller (z.B. Dell Computer) bzw. Dienstleister (z.B. Dorint-Hotel Kaiserslautern) als auch von einem Händler (z.B. Otto Versand) betrieben werden.

Nutzung des Internetshops bedeutet den Besuch der Internetseite

- zur Kaufvorbereitung (z.B. Produktvergleich, Preisvergleich)und/oder
- zum Kaufabschluss (z.B. Computer bei Dell bestellen, Übernachtung im Dorint-Hotel buchen)

Ausländischer Internetshop (in Abgrenzung zu einem deutschen Internetshop)

- Internetshop eines Unternehmens, das NICHT der deutschen Niederlassung des Unternehmens zugeordnet ist (z.B. www.amazon.com oder www.amazon.fr gelten als ausländische Internetshops; www.amazon.de wird als deutscher Internetshop betrachtet).
- Wenn erkennbar ist, dass praktisch die gesamten Unternehmensaktivitäten des Unternehmens, das einen Internetshop betreibt, im Ausland durchgeführt werden, dann gelten auch Internetshops mit der Internetadresse www.NAME.de oder einer deutschen Brief(kasten)adresse als ausländische Internetshops.

Fenster schliessen

Abb. 4.10:   Hilfetext im Internet-Fragebogen

4.3.3.2 Fragebogen für die telefonische Erhebung

Parallel zu Programmierung des Internet-Fragebogens und der Durchführung der Internet-Befragung wurde der Fragebogen für die telefonische Befragung aufbereitet und einem ausführlichem Pretest unterzogen. Da der Pretest einige Tage länger lief als die Internet-Befragung, konnten erste Ergebnisse der Auswertung der Internet-Befragung in einer letzten Testversion des Telefonfragebogens bzw. der endgültigen Fassung des Telefonfragebogens berücksichtigt werden. Neben der im folgenden geschilderten Optimierung des Fragebogens wurden im Pretest auch Hinweise zur Organisation der telefonischen Befragung wie z.B. Anrufzeiten und zu erwartende Antwortquoten[20] sowie zur Interviewerschulung ermittelt.

---

[20]   Im Pretest wurde versucht, 275 Personen telefonisch zu kontaktieren. Es konnten 36 vollständige Interviews durchgeführt werden. Nicht erreicht wurden 143 Personen, 24 lehnten eine Befragung ab. In 41 Fällen wollten die Befragten aus terminlichen Gründen das Inter-

Die telefonische Befragung wurde computerunterstützt durchgeführt, so dass der Ausgangsfragebogen zunächst auf eine elektronische Version überführt wurde[21]. Da der ursprüngliche Fragebogen bereits weitgehend nach den Unimode-Prinzipien entwickelt war (*Dillman*, 2000, S. 232 ff.), die Hinweise für die Konzeption von Fragebögen mit Einsatz in unterschiedlichen Erhebungsverfahren geben, konnte er mit wenigen Modifikationen umgesetzt werden, die der spezifischen Situation der Telefonbefragung Rechnung trugen. Die erste Pretest-Phase zeigte allerdings, dass der Zeitbedarf für die Beantwortung im Vergleich zur Internet-Befragung deutlich höher lag und die für Telefonbefragungen üblicherweise sinnvolle Länge überschritt (*Kotler/Bliemel*, 2001, S. 217).

Dieser Kürzungsbedarf führte unter Berücksichtigung der sonstigen Erkenntnisse aus dem Telefon-Pretest und ersten Ergebnissen der Internet-Befragung zu den in Tabelle 4.6 beschriebenen Modifikationen im Vergleich zum Internet-Fragebogen. Hier dient insbesondere Tabelle 4.2 aus Abschnitt 4.1.3 als Referenz. Zusätzlich wurde noch die Frage gestrichen, anhand welcher Kriterien die Befragten das Land eines Internetshops bestimmen, und die Zahl der Kategorien in der Frage nach dem Einkommen wurden verdichtet.

Die Telefonbefragung wurde schließlich in der zweiten Januarhälfte 2003 durchgeführt. Interviewer waren 25 Wirtschaftsingenieur-Studenten der TU Kaiserslautern, die zuvor unter Berücksichtigung der Erkenntnisse aus dem Pretest intensiv geschult worden waren. Um Interviewereinflüsse zu vermindern bzw. den Einfluss einzelner Interviewer zu begrenzen, sollte jeder Interviewer fünfzehn vollständige Interviews durchführen. Aus Ressourcengründen war es nicht möglich, sechs Monate später das zur erhobenen Verhaltensabsicht korrespondierende Verhalten zu ermitteln. Zudem wäre eine zur Internet-Befragung analoge Nacherhebung in die Sommerferien gefallen, so dass die nochmalige Erreichbarkeit der Teilnehmer problematisch gewesen wäre bzw. aufgrund der Ferienregelung in Deutschland zu regional verzerrten Rücklaufquoten geführt hätte.

---

view erst nach Beendigung des Pretest-Zeitraums führen. Schließlich lag in 31 Fällen ein Adressaten-Problem vor, d.h. Person und Telefonnummer passten nicht (mehr) zusammen oder die Person gab an, noch nie im Internet eingekauft zu haben.

[21]   Dank gilt Dr. Theobald von der Rogator AG für die Bereitstellung der Befragungssoftware.

Latente Variable	Erläuterung der Modifikation
Indikatorkürzel	**Modifizierte Indikatorenformulierung**
Verhaltenshäufigkeit; Verhaltensabsicht	Zusammenfassung der beiden separaten Informationsindikatoren zu einem Einzigen
VH_Information bzw. A_Information	Zur Information über Produkt- bzw. Dienstleistungsangebote vor dem Kauf
Vorteil	Umformulierung V_Preis
V_Preis	Die Nutzung ausländischer Internetshops bietet sich an, da manche Produkte dort billiger sind.
Verhaltenskontrolle	K_Land nicht erhoben
Interneterfahrung	IE-Start nicht erhoben, IE_Anwendungen umskaliert
IE_Anwendungen	3er-Skala (nie-selten-häufig) anstelle 5er-Skala
Exploratives Surfen	Nicht erhoben

Tab. 4.6:   Modifikationen im Fragebogen für die Telefonerhebung

5 Ergebnisse der empirischen Erhebungen

Für Hauptstudie (Internet-Studie), Nacherhebung und Replikationsstudie wird zunächst in Abschnitt 5.1 das Ausmaß der Nutzung ausländischer Internetshops beschrieben. In Abschnitt 5.2 beginnt mit der Schätzung der Messmodelle der empirische Test der in Kapitel 3 entwickelten Strukturgleichungsmodelle. Die Ergebnisse der Strukturgleichungsmodelle mit der Verhaltensabsicht als letztendlich zu erklärende Variable werden in Abschnitt 5.3 dargestellt. Dabei werden auch die Strukturdaten von Haupt- und Replikationsstudie miteinander verglichen. Schließlich wird in Abschnitt 5.4 auf Basis der Nacherhebung das Gesamtmodell inklusive des zukünftigen Verhaltens als letztendlich zu erklärende Variable getestet.

5.1 Deskriptive Analysen

5.1.1 Hauptstudie

Von den 830 Online-Shoppern des GfK eSolution Access Panels, die per E-Mail zur Teilnahme an der Befragung eingeladen worden waren, haben 576 (69,4 %) den Fragebogen aufgerufen. Von diesen 576 Personen haben sieben (1,2 %) nur die Startseite besucht, auf der das Thema der Befragung kurz erläutert wurde. 40 Teilnehmer (6,9 %) haben mit dem Ausfüllen des Fragebogens begonnen, die Befragung aber nicht zu Ende geführt. In 174 Fällen (30,2 %) fand keine Befragung statt, da die entsprechende Alter-Geschlecht-Quote schon erfüllt war[1]. Somit stehen für die Auswertung 355 (61,3 %) verwertbar ausgefüllte Internet-Fragebogen zur Verfügung. Bezogen auf die Zahl der eingeladenen Online-Shopper entspricht dies einer Rücklaufquote von 42,8 %. Unterstellt man in den Fällen, die aufgrund der Quote nicht zur Befragung zugelassen waren, eine ähnliche Abbruchquote (8,1 %) wie bei den Teilnehmern, so hätten 515 Interviews (Rücklaufquote 62,1 %) realisiert werden können. Dieser Rücklauf ist im Ver-

---

[1] Tendenziell schienen eher jüngere Männer der Befragungseinladung zu folgen. Die Quotenvorgaben (60:40 Männer:Frauen; je ein Drittel unter 30 Jahre, 30 bis 39 Jahre und über 40 Jahre) sind unter den 355 Befragungsteilnehmern in etwa erfüllt (61,7:38,3 bzw. 34,4:33,8:31,8).

gleich zu den mit Online-Access-Paneln erzielbaren Rücklaufquoten (*Göritz/Reinhold/Batinic*, 2000, S. 66) als gut einzuschätzen.

Knapp die Hälfte der Befragten (175, 49 %) gab an, innerhalb der letzten 12 Monate in ausländischen Internetshops eingekauft zu haben. Allerdings nutzten nur 12 % der Befragten diese Möglichkeit mehr als einmal im Quartal (s. Abbildung 5.1). Etwa drei Viertel der Befragten nutzen ausländische Internetshops, um sich über Produkte (74 %) zu informieren oder Preise zu vergleichen (71 %). Im Vergleich zum Einkaufen ist hier der Anteil der Mehrfachnutzer ebenfalls wesentlich höher.

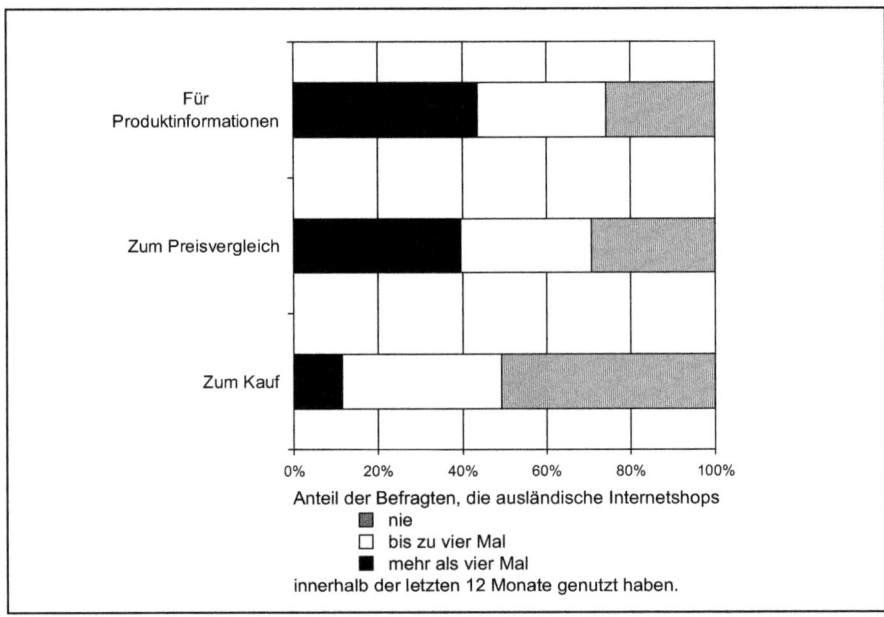

Abb. 5.1:   Nutzung ausländischer Internetshops in den vergangenen zwölf Monaten

In ausländischen Internetshops werden vor allem Bücher, Musik- und Videoartikel und IT-Produkte wie Computer, Software und Computerzubehör gekauft (s. Tabelle 5.1). Dies entspricht auch der Rangfolge der meistgekauften Produkte in deutschen Internetshops. Dagegen gewinnt die Buchung von Reisen, Flugtickets und Mietwagen in ausländischen Internetshops deutlich an Bedeutung, die Buchung von Veranstaltungstickets ist im Vergleich zu deutschen Internetshops

weniger gefragt. Die Käufer geben in ausländischen Internetshops im Durchschnitt pro Bestellung 60,- € aus, die teuerste Bestellung der Befragten betrug im
Durchschnitt 276,- €.

Eindeutige Nummer Eins bei den ausländischer Internetshops ist Amazon.
Mit deutlichem Abstand folgen Ebay, CDnow und Play. Dabei gilt zu beachten,
dass die deutschen Niederlassungen wie Amazon.de oder Ebay.de nicht als ausländische Internetshops zählen. Entsprechend dieser Anbieterliste dominieren
Einkäufe in den USA. Deutlich seltener werden Internetshops aus Großbritannien, Österreich, Niederlande und Frankreich genutzt.

Produkte (Nennungen bzw. Anteil der Antwortenden in %)			Internetshops (Nennungen bzw. Anteil der Antwortenden in %)			Länder (Nennungen bzw. Anteil der Antwortenden in %)		
Bücher	21	45	Amazon	34	54	USA	50	83
Musik/Videos	19	39	Ebay	7	11	Großbritan-nien	15	25
IT-Produkte	16	34	CDnow	3	5	Österreich	7	11
Reisen/Flüge	10	21	Play	2	3	Niederlande	5	9
Kleidung	5	11				Frankreich	5	8

Tab. 5.1:   Verteilung der Einkäufe in ausländischen Internetshops nach Produkt, Anbieter und Land

Insgesamt sind die Käufer mit ihren Einkäufen zufrieden (Mittelwert 5,06; Standardabweichung 1,72). Allerdings stehen etwa zwei Drittel der Käufer, die zufrieden bzw. sehr zufrieden sind, auch etwa 10 % Käufer gegenüber, die sich unzufrieden bzw. sehr unzufrieden mit ihren Einkäufen in ausländischen
Internetshops zeigen. Wie in Tabelle 5.2 dargestellt entspricht letzteres auch dem
Anteil derer, die in den kommenden sechs Monaten nicht in einem ausländischen
Internetshop einkaufen wollen (Skalenwerte 1 und 2 der Wahrscheinlichkeitsska-
la). Dagegen realisiert sich der Anteil der Zufriedenen nicht in einem entsprechend hohen Anteil an Kaufabsichten (Skalenwerte 6 und 7 der Wahrscheinlich-
keitsskala). Insgesamt plant aber mehr als zwei Drittel der Käufer, zukünftig
ausländische Internetshops zu Informationszwecken zu besuchen. Die bisherigen
Nicht-Käufer sind in Bezug auf eine zukünftige Nutzung recht zögerlich. Nur ein
Zehntel scheint einen Einkauf in einem ausländischen Internetshop konkret ins
Auge gefasst zu haben.

Nutzungsabsicht in % bezüglich		Käufer (n = 175)	Nicht-Käufer (n = 180)
Produktinformation	Gering	7,4	21,1
	Hoch	71,0	42,8
Preisinformation	Gering	8,0	20,6
	Hoch	66,9	43,3
Einkauf	Gering	10,9	56,1
	Hoch	46,9	10,6

Tab. 5.2:   Nutzungsabsichten von Käufern und Nicht-Käufern in ausländischen Internetshops

Bei einer Gegenüberstellung zwischen Käufern und Nicht-Käufern in ausländischen Internetshops zeigen sich auf der Ebene der Indikatoren der in den Strukturmodellen berücksichtigen Variablen durchgängig Unterschiede (t-Test bzw. Mann-Whitney-U-Test). Dabei entsprechen die Mittelwertunterschiede den Modellannahmen, z.B. Käufer stimmen den Vorteilsindikatoren mehr zu als die Nicht-Käufer, die ihrerseits eine größere Zustimmung zu den Risikoindikatoren aufweisen. Ausnahmen sind die Indikatoren der beiden latenten Variablen Exploratives Surfen und Ethnozentrismus, wo keine Unterschiede zwischen den beiden Gruppen bestehen. Schließlich fällt noch auf, dass sich die Unterschiede zwischen Käufern und Nicht-Käufern bezüglich der generellen Nutzung verschiedener Internetanwendungen auf kaufnahe Anwendungen beschränken. D.h. Käufer in ausländischen Internetshops sind aktivere Online-Shopper, die auch bereits ein breiteres Spektrum unterschiedlicher Produktkategorien im Internet eingekauft haben.

Bezüglich sozio-demographischer Variablen unterscheiden sich Käufer von Nicht-Käufern in ausländischen Internetshops wie folgt (p = Signifikanzniveau des χ^2-Tests): Käufer sind demnach eher männlich (p = 0,079) und verfügen über einen höheren Bildungsabschluss (p = 0,003) sowie ein größeres Haushaltseinkommen (p = 0,034). Dagegen sind die Altersunterschiede zwischen den beiden Gruppen nicht signifikant.

5.1.2 Nacherhebung zur Hauptstudie

An der Nacherhebung haben 250 der 355 Teilnehmer der Haupterhebung teilgenommen. Im wesentlichen dürfte die Differenz aus temporärer Nichterreichbarkeit während der Nacherhebung in der zweiten Junihälfte 2002 resultieren. Insbesondere stehen die Ausfälle nicht in einem systematischen Zusammenhang mit dem Befragungsinhalt. Bei einer Analyse aller im Fragebogen der Hauptstudie enthaltenen Variablen ergibt sich bei einer Gegenüberstellung der Daten von Teilnehmern und Nicht-Teilnehmern der Nacherhebung auf Basis von t-, Mann-Whitney-U- bzw. χ^2-Tests nur bei fünf Variablen eine signifikante Differenz (p < 0,10). Davon ist nur ein einziger Indikator der latenten Variablen betroffen. Auch die Unterschiede in den sozio-demographischen Variablen sind statistisch nicht signifikant.

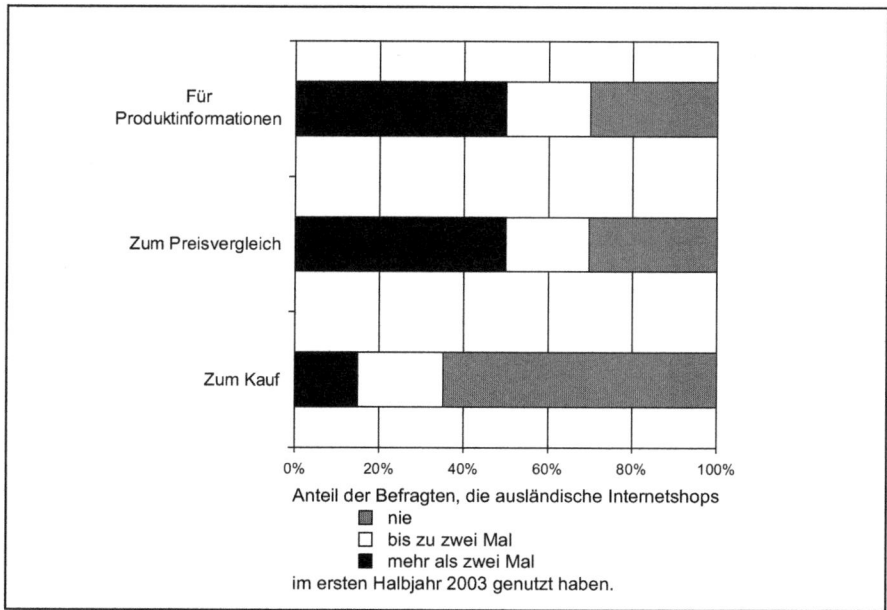

Abb. 5.2:   Nutzung ausländischer Internetshops in den vergangenen sechs
             Monaten

Von den Teilnehmern der Nacherhebung hatten 128 (51,2 %) in der Haupterhebung angegeben, in den vergangenen zwölf Monaten in ausländischen Internetshops eingekauft zu haben. Etwas mehr als ein Viertel (28,5 %) der Teilnehmer der Nacherhebung hatten angegeben, mit hoher Wahrscheinlichkeit (Skalenwerte 6 und 7) im Verlauf der nächsten sechs Monate in einem ausländischen Internetshop einkaufen zu wollen. Mehr als die Hälfte beabsichtigte entsprechend, aus-

ländische Internetshops zur Informationssammlung zu besuchen (65,5 % für Produktinformationen, 54,1 % für Preisinformationen).

Wie Abbildung 5.2 zeigt wäre eine Prognose des tatsächlichen Einkaufsverhaltens, die sich auf die beiden Endwerte der Kaufabsichtsskala beschränkt
hätte, zu konservativ ausgefallen. So haben 35,2 Prozent der Teilnehmer der
Nacherhebung im Verlauf des Jahres 2003 bis zum Zeitpunkt der Nacherhebung
in der zweiten Junihälfte in einem ausländischen Internetshop eingekauft. Und
70 % bzw. 65,6 % haben in ausländischen Internetshops nach Produkt- bzw.
Preisinformationen recherchiert. Dabei hat sich im Vergleich zur Nutzung im
Jahr 2002 in allen drei Nutzungskategorien der Anteil derjenigen erhöht, die
mehr als einmal pro Quartal ausländische Internetshops nutzen.

5.1.3 Replikationsstudie

Jedem der 25 Interviewer wurden 60 per Zufallsauswahl aus der Adressliste ge-
zogene Adressen zu Verfügung gestellt. Auf Basis der Erfahrungen des Pretests
und unter Berücksichtigung einer im Vergleich zur Adventszeit besseren Erreichbarkeit in der zweiten Januarhälfte wurde diese Zuordnung als ausreichend
angesehen, damit die Interviewer ihre Quote von fünfzehn durchgeführten Interviews erfüllen konnten. Die ursprünglich 1.500 Adressen mussten im Verlauf der
Befragung um 132 Adressen korrigiert werden, da Telefonnummer und Person
nicht übereinstimmten. In 85 Fällen gaben die Befragten an, noch nie im Internet
eingekauft zu haben, so dass sie nicht der Grundgesamtheit entsprachen. Schließlich brauchten 274 Adressen nicht genutzt zu werden, da die Interviewer schon
genügend Befragungen durchgeführt hatten.

Aus dem daraus verbleibenden Adresspool von 1.009 Kontaktdaten wurden 454 Personen (45,0 %) im Befragungszeitraum nicht erreicht. Die Befragung
wurde von 171 Personen (16,9 %) verweigert. Damit konnten in 384 Fällen
(38 %) verwertbare Interviews durchgeführt werden. Bezüglich der Verteilung
der soziodemographischen Variablen stimmen die Stichproben der Internet- und
Telefonbefragung nur bezüglich der Anteile der Geschlechter überein. Ansonsten
ist das Telefonsample im Durchschnitt 4 Jahre älter, wobei insbesondere die Al-
tersgruppe bis einschließlich 29 Jahren deutlich kleiner ist (25,4 % vs. 34,3 %).
Während das Internet-Sample einen höheren Bildungsgrad hat, weist das Telefon-Sample ein höheres Einkommen auf.

Zentraler themenbezogener Unterschied zwischen den beiden Untersuchungen ist der Anteil der Nutzer ausländischer Internetshops (s. Abbildung 5.3).
Während im Internet-Sample knapp die Hälfte der Befragten (49 %) bereits in
ausländischen Internetshops eingekauft hatte, sind es in der Replikationsstudie
nur etwa ein Viertel (26,0 %). Etwas weniger stark ist der Unterschied bezüglich
der Nutzung zu Informationszwecken (74 % Produktinformation vs. 60,7 % allgemeine Information).

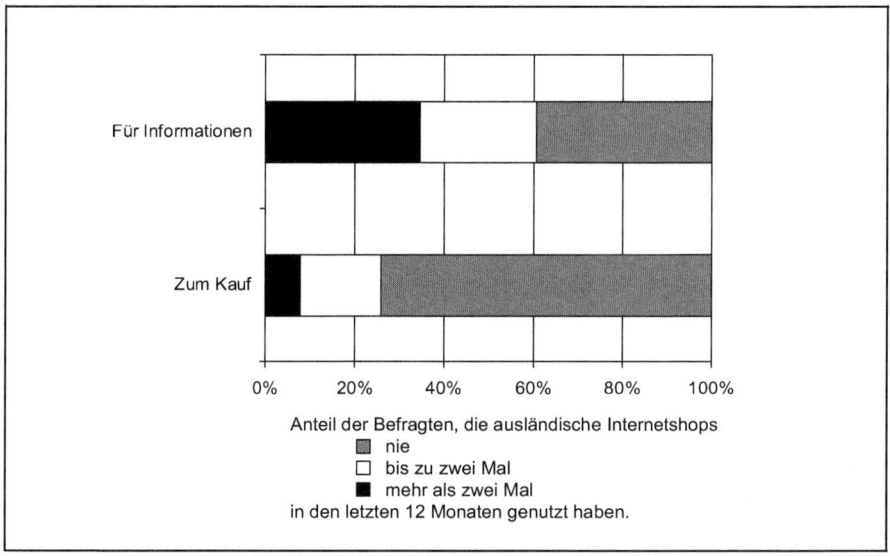

Abb. 5.3:   Nutzung ausländischer Internetshops in den vergangenen zwölf
              Monaten (Replikationsstudie)

Aufgrund der in Abschnitt 5.1.1 aufgezeigten Unterschiede zwischen Käufern
und Nicht-Käufern in ausländischen Internetshops bezüglich der modelrelevanten
Variablen erscheint es deshalb nicht sinnvoll, die erhobenen Variablen auf der
Ebene der Gesamtstichproben von Internet- und Telefonbefragung zu vergleichen. Bevor allerdings getrennt nach Käufer- und Nicht-Käufergruppe die beiden
Studiensamples miteinander verglichen werden, ist noch der in Abschnitt 4.3.2
genannte Hinweis zu überprüfen, dass Online-Access-Panel einen überdurchschnittlichen Anteil intensiver Internetnutzer aufweisen. Dies kann tendenziell
bestätigt werden, da die Teilnehmer der Internet-Befragung durchschnittlich
mehr Zeit pro Woche im Internet verbringen und ein breiteres Spektrum an Pro-

dukten eingekauft haben. Bezogen auf die unterschiedlichen Anwendungsmög-
lichkeiten des Internets lässt sich allerdings keine generell intensivere Nutzung
im Internet-Sample nachweisen. In den meisten Fällen sind die Unterschiede statistisch nicht signifikant. Ausnahmen sind generelle Informationssuche und Flir-
ten/Partnersuche, die in der Internet-Stichprobe intensiver genutzt werden, und
Weiterbildungszwecke/e-Learning mit einer größeren Nutzungsintensität im Telefon-Sample.

Der Vergleich der Gruppe der Käufer in den beiden Erhebungen zeigt für
die sozio-demographischen Variablen keine statistisch signifikanten Unterschiede (Signifikanzniveau 0,05). Die Unterschiede bezüglich der Dauer der wöchent-
lichen Internetnutzung und einzelner Anwendungen (Flirten und Weiterbildung),
die auf der Ebene der Gesamtstichprobe erwähnt wurden, zeigen sich auch in der
Teilgruppe der Käufer. Auffallend ist eine durchgängig niedrigere Zustimmung
zu den Risikoindikatoren, eine positivere Einstellung zur Nutzung ausländischer
Internetshops sowie eine höhere Zustimmung zu den Indikatoren der subjektiven
Norm in der Replikationsstudie. Der Aussage, dass das Einkaufen in ausländischen Internetshops Spaß macht, wird ebenfalls mehr zugestimmt. Die Käufer
aus der Telefon-Stichprobe geben im Durchschnitt deutlich mehr beim Einkaufen
in ausländischen Internetshops aus (117,- € vs. 60,-€) und zeigen ein höheres Zu-
friedenheitsniveau mit ihren Einkäufen. Dagegen ist das Telefon-Sample bezüglich Kontakten zu Ausländern und Reisen ins Ausland weniger aktiv.

Produkte (Nennungen bzw. Anteil der Antwortenden in %)			Internetshops (Nennungen bzw. Anteil der Antwortenden in %)			Länder (Nennungen bzw. Anteil der Antwortenden in %)		
Bücher	20	64	Amazon	36	48	USA	66	89
Musik/Videos	13	42	Ebay	13	17	Niederlande	9	12
IT-Produkte	13	41	DocMorris	5	7	Österreich	7	9
Hobbyartikel	12	40	Dell	3	3	Großbritan-nien	7	9
Kleidung	12	40	Ryanair	3	3	Frankreich	4	5

Tab. 5.3:   Verteilung der Einkäufe in ausländischen Internetshops nach Produkt, Anbieter und Land (Replikationsstudie)

Dies führt dann auch dazu, dass die Buchung von Reisen bzw. Flugtickets nicht
mehr unter den fünf am häufigsten in ausländischen Internetshops gekauften
Produkten zu finden ist (s. Tabelle 5.3). Ansonsten ist die Produktliste relativ

stabil. Auch die Anbieterliste wird im Telefon-Sample mit deutlichem Abstand von Amazon und Ebay angeführt. Danach folgen aber mit DocMorris, Dell und Ryanair andere Anbieter als in der Internet-Befragung. In der Liste der Länder finden sich auf den vorderen Rängen die gleichen Länder wie in der Internet-Erhebung. Allerdings tauschen Anbieter aus Großbritannien und den Niederlanden in der Gunst des Telefon-Samples die Plätze.

Der Vergleich der Gruppe der Nicht-Käufer in beiden Erhebungen zeigt ähnliche Ergebnisse wie der Käufervergleich. Allerdings finden sich hier die für die Gesamtstichproben schon beschriebenen Unterschiede in den sozio-demographischen Variablen. Etwas unerwartet berichten die Nicht-Käufer im Telefon-Sample eine intensivere Nutzung der kaufbezogenen Aktivitäten (Online-Shopping und Auktionen)[2]. Schließlich stoßen die vier Ethnozentrismus-Indikatoren in der Replikationsstudie auf eine größere Ablehnung, was unter dem Aspekt des Einflusses der sozialen Erwünschtheit im Antwortverhalten bei unterschiedlichen Erhebungsmethoden nicht überrascht.

Schließlich ist noch zu untersuchen, inwiefern sich die beiden Erhebungen unterscheiden, wenn Käufer- und Nichtkäufergruppe der jeweiligen Erhebung einander gegenübergestellt werden. Bezüglich der modellrelevanten Variablen unterscheiden sich die Käufer in der Replikationsstudie von den Nicht-Käufern ebenso wie die Gruppen sich im Internet-Sample unterschiedlich verhalten. Allerdings folgen vereinzelte Indikatoren nicht dem erwarteten Muster. Deutlicher grenzen sich die beiden Erhebungen in Bezug auf das genutzte Anwendungs-spektrum im Internet ab. Zwar sind die Käufer im Telefon-Sample insgesamt intensivere Internet-Nutzer als die Nicht-Käufer. Aber im Gegensatz zur Internet-Befragung ist dies nicht auf intensivere Nutzung von kaufbezogenen Aktivitäten zurückzuführen. In den sozio-demographischen Variablen unterscheidet sich die Käufer- von der Nicht-Käufergruppe nur im höheren Bildungsgrad.

Bezüglich der zukünftigen Nutzung ausländischer Internetshops zeigt Tabelle 5.4 ähnliche Unterschiede zwischen bisherigen Käufern und Nicht-Käufern, wie sie in der Internet-Befragung vorgefunden wurden. Allerdings berichten deutlich mehr Käufer der Replikationsstudie eine hohe Kaufabsicht als in der Internet-Befragung. Auf der anderen Seite ist der Anteil der Nicht-Käufer mit ho-

---

[2]   Aufgrund der unterschiedlichen Skalen (3er vs. 5er-Rating) in den beiden Erhebungen ist der Vergleich der Anwendungsintensitäten aber nur eingeschränkt möglich. Auch bezüglich der Breite des gekauften Produktspektrums werden die Unterschiede tendenziell überschätzt, da in der Telefonbefragung die Produktkategorien ungestützt erhoben wurden.

her Informationsabsicht deutlich kleiner als in der Internet-Befragung. Versteht man die Informationsnutzung als ein erstes Kennenlernen und somit Vorstufe zum Einkauf in späteren Perioden, dann weist die Replikationsstudie auf ein eingeschränktes Wachstumspotenzial der Käufergruppe hin.

Nutzungsabsicht in % bezüglich		Käufer (n = 100)	Nicht-Käufer (n = 284)
Information	Gering	5,0	17,2
	Hoch	78,0	31,3
Einkauf	Gering	10,0	56,3
	Hoch	60,0	10,9

Tab. 5.4:   Nutzungsabsichten von Käufern und Nicht-Käufern in ausländischen Internetshops (Replikationsstudie)

Insgesamt weisen die aufgezeigten Unterschiede zwischen Internet- und Telefon-Sample darauf hin, dass es gelungen ist, in der Replikationsstudie einen durchaus verschiedenartigen Befragtenkreis zu erreichen. Insofern würde die Replikationsstudie tatsächlich in Richtung einer Verallgemeinerung der Erkenntnisse beitragen, wenn das entwickelte Modell sowohl auf Basis des Internets- als auch des Telefondatensatzes unterstützt werden könnte.

5.2   Schätzung der Messmodelle

Die folgenden Abschnitte behandeln basierend auf den empirischen Daten die Beurteilung der Indikatoren zur Bildung der latenten Variablen. Dabei ist folgender zentrale Unterschied zwischen formativen und reflektiven Konstrukten zu beachten: Im Gegensatz zu reflektiven Konstrukten können formative Konstrukte nicht separat, d.h. ohne einen Pfad zu einer anderen latenten Variablen, geschätzt werden. Deshalb können für formative Konstrukte keine zu Abschnitt 5.2.1, in dem die Messmodelle der reflektiven Konstrukte beurteilt werden, analogen Aussagen getroffen werden. Deshalb werden die Gewichte, mit denen die Indikatoren ein formatives Konstrukt bilden, in Zusammenhang mit dem jeweiligen Strukturmodell in Abschnitt 5.3 berichtet. Stattdessen wird hier in Abschnitt 5.2.2. nur die Prüfung auf Multikollinearität durchgeführt. Abschnitt 5.2.3 widmet sich schließlich der Frage der Datenäquivalenz von latenten Variablen in Mehrgruppenfällen.

5.2.1 Reflektive Konstrukte

Die Messmodelle der in den Strukturmodellen der Internet- und der Replikationsstudie verwendeten drei bzw. zwei reflektiven Konstrukte sind in den Tabellen 5.5 und 5.6 dargestellt Sämtliche in Abschnitt 4.2.2.2 genannten Kriterien zur Beurteilung reflektiver Messmodelle sind erfüllt. Die einzige Ausnahme stellt der Ethnozentrismus-Indikator ET_Bester in der Replikationsstudie dar, dessen Faktorladung etwas unterhalb des Anspruchsniveaus von 0,71 liegt. Da aber auf Konstruktebene die jeweiligen kritischen Werte deutlich überschritten werden, erscheint eine Skalenbereinigung nicht erforderlich. Sie ist auch im Sinne der Vergleichbarkeit der Ergebnisse von Internet- und Telefonbefragung nicht sinnvoll. Generell fällt auf, dass die Messmodelle in der Internet-Studie bessere Werte als in der Replikationsstudie aufweisen.

Latente Variable	Cronbach α (> 0,7) / Zahl extrahierter Faktoren (= 1)/ Faktorreliabilität (>0,7)/Durchschnittlich erfasste Varianz (>0,5)					
Indikator	**Mittel-wert**	**Streu-ung**	**La-dung (> 0,71)**	**t-Wert Lad. (> 2,33)**	**Ge-wicht**	**t-Wert Gew.**
Einstellung	0,87 / 1 / 0,92 / 0,79					
E_Gut	4,45	1,219	0,8749	60,7579	0,3676	36,9210
E_Attraktiv	4,46	1,165	0,9188	96,7153	0,3861	39,0093
E_Interessant	4,70	1,170	0,8776	56,2551	0,3688	40,4110
Ethnozentrismus	0,89 / 1 / 0,92/ 0,75					
ET_Bester	3,21	1,906	0,7708	20,7750	0,2583	28,5951
ET_Wirtschaftslage	2,71	1,770	0,8638	45,4622	0,2895	33,6507
ET_Auto	2,40	1,784	0,9006	72,0502	0,3019	37,5456
ET_Treue	2,37	1,757	0,9122	66,1046	0,3058	38,2896
Exploratives Surfen	0,82 / 1 / 0,88 / 0,65					
ES_Neuigkeit	4,66	1,565	0,7828	31,9524	0,3005	32,3562
ES_Abwechslung	4,60	1,671	0,8883	72,2204	0,3410	36,1225
ES_Surfen	4,96	1,774	0,7776	25,4112	0,2985	32,8643
ES_Neugier	4,32	1,892	0,7734	32,0928	0,2969	29,1947
Korrelationen:	Einstellung – Ethnozentrismus -0,37 Einstellung – Exploratives Surfen 0,04 Ethnozentrismus – Exploratives Surfen 0,21					

Tab. 5.5:   Reflektive Messmodelle der Internet-Studie

Auf Indikatorebene werden zunächst die jeweiligen Mittelwerte und Streuungen der Rohdaten berichtet. Die Faktorladungen und Gewichte wurden in einem PLS-Modell geschätzt, das die jeweiligen Konstrukte ohne einen Pfad zwischen ihnen enthielt. Die t-Werte der Faktorladungen und Gewichte wurden mit der Bootstrapping-Methode ermittelt. Zwar sind die Gewichte zur Beurteilung des Messmodells nicht erforderlich. Da aber in PLS die individuellen Werte jeder latenten Variablen berechnet werden, zeigen die Gewichte, wie die jeweiligen Indikatorwerte in die Berechnung des Konstruktwertes eingehen.

Latente Variable	Cronbach α (> 0,7) / Zahl extrahierter Faktoren (= 1)/ Faktorreliabilität (>0,7) / Durchschnittlich erfasste Varianz (>0,5)					
Indikator	Mittel-wert	Streu-ung	La-dung (> 0,71)	t-Wert Lad. (> 2,33)	Ge-wicht	t-Wert Gew.
Einstellung	0,78 / 1 / 0,87 / 0,69					
E_Gut	4,56	1,256	0,8185	38,9778	0,3930	29,3509
E_Attraktiv	4,58	1,441	0,8745	65,2581	0,4199	32,3767
E_Interessant	4,91	1,395	0,8050	27,5700	0,3865	34,3690
Ethnozentrismus	0,77 / 1 / 0,86 / 0,60					
ET_Bester	2,93	1,968	0,6836	18,4746	0,2858	18,6019
ET_Wirtschaftsl.	2,44	1,775	0,7574	26,6696	0,3166	24,2548
ET_Auto	2,15	1,671	0,8126	32,7676	0,3397	27,0270
ET_Treue	1,99	1,549	0,8311	39,3880	0,3474	27,7213
Korrelation :	Einstellung – Ethnozentrismus		-0,24			

Tab. 5.6:   Reflektive Messmodelle der Replikationsstudie

5.2.2 Formative Konstrukte

Analog zur Darstellung der reflektiven Messmodelle im vorangegangen Abschnitt zeigen die Tabellen 5.7 und 5.8 die Mittelwerte und Streuungen der Rohdaten der formativen Konstrukte aus der Internet- und der Telefonbefragung. Da jedoch keine Schätzung formativer Messmodelle in Reinform möglich ist[3], ent-

---

[3]   Die erforderliche Verknüpfung im Strukturmodell und damit auch Abhängigkeit eines formativen Messmodells mit bzw. von anderen latenten Variablen veranschaulicht folgendes Beispiel. Ein formatives Konstrukt mit zwei Indikatoren beeinflusst jeweils eine von zwei

halten die Tabellen zusätzlich noch die Ergebnisse der Multikollinearitäts-Überprüfung. Hierzu wurden jeweils die in der Regressions-Prozedur von SPSS verfügbaren Multikollinearitäts-Test verwendet, wobei jeweils die multiple Regression mit den Indikatoren des jeweiligen Konstruktes als unabhängige Variablen und einer beliebigen anderen Variablen als abhängige Variable berechnet wurde.

Latente Variable	Maximaler Konditionsindex (< 15 bzw. 30)		
Indikator	Mittelwert	Streuung	Toleranz (> 0,1)
Verhaltenshäufigkeit	6,354		
VH_Kauf	1,01	1,541	0,697
VH_Produktinformation	2,66	2,441	0,282
VH_Preisinformation	2,37	2,364	0,308
Verhaltensabsicht	13,816		
A_Kauf	3,89	2,142	0,630
A_Produktinformation	5,12	1,933	0,266
A_Preisinformation	5,06	1,920	0,296
Verhalten (Nacherhebung)	7,086		
V_Kauf	0,69	1,358	0,690
V_Produktinformation	2,13	2,269	0,194
V_Preisinformation	1,99	2,213	0,224
Vorteil	Dreimal > 15: 15,227 bis 19,159; Varianzzerlegung erfüllt		
V_Verfügbarkeit	5,52	1,504	0,558
V_Produktauswahl	5,47	1,444	0,554
V_Herkunftsland	5,05	1,683	0,626
V_Preis	5,20	1,463	0,630
V_Information	4,99	1,450	0,724
V_Trend	4,52	1,632	0,561
V_Sympathie	3,08	1,861	0,522
V_Gemeinschaft	4,27	1,823	0,821

Single-Item-Konstrukten. Im ersten Fall korreliert der Indikator der einen abhängigen Variable nur mit dem ersten Indikator des formativen Konstruktes hochgradig. Im zweiten Fall korreliert der Indikator der anderen abhängigen Variable nur mit dem zweiten Indikator des formativen Konstruktes hochgradig. Entsprechend würde der erste Indikator im ersten Fall, dagegen der zweite Indikator im zweiten Fall mit hohem Gewicht in die Berechnung des formativen Konstruktes eingehen.

Latente Variable	Maximaler Konditionsindex (< 15 bzw. 30)		
Indikator	Mittelwert	Streuung	Toleranz (> 0,1)
Risiko	Zweimal > 15: 15,031 bis 17,624; Varianzzerlegung erfüllt		
R_Bezahlung	4,57	1,797	0,525
R_Anbieter	5,45	1,456	0,497
R_Bedienung	3,81	1,789	0,628
R_Produkt	3,85	1,879	0,589
R_Preis	4,86	1,758	0,594
R_Lieferung	4,14	1,742	0,542
R_Rückgabe	5,29	1,580	0,545
R_Recht	5,30	1,643	0,621
Subjektive Norm	10.738		
SN_Person	2,51	1,597	0,852
SN_Tremd	3,78	1,635	0,889
SN_Unpatriotisch	2,24	1,804	0,939
Verhaltenskontrolle	6,957		
K_Klarheit	4,11	1,723	0,746
K_Kontrolle	3,48	1,652	0,778
K_Land	3,68	1,809	0,868
Interneterfahrung	Zweimal > 15: 17,483 bis 19,945; Varianzzerlegung erfüllt		
IE_Start	4,27	0,764	0,867
IE_Anwendungen	3,04	0,470	0,855
IE_Dauer	4,42	0,673	0,756
Internationalität	6,891		
I_Sprache	1,48	0,821	0,837
I_Kontakt	2,67	1,436	0,704
I_Reise	2,37	1,024	0,725
Vergnügen	4,10	1,656	---
Verhaltensaktualität (n = 175)	3,13	1,482	---
Zufriedenheit (n = 175)	5,06	1,723	---

Tab. 5.7:   Multikollinearitäts-Test für die Internet-Studie[4]

---

[4]   Zu Indikatorbezeichnungen und -formulierungen vgl. Abschnitt 4.1.2.

Auf Indikatorebene ist die Toleranz ein Maß für die (Nicht-)Darstellbarkeit eines Indikators als Linearkombination der übrigen Indikatoren der betrachteten latenten Variablen. Da der Toleranz-Wert sich aus $(1-R^2)$ der multiplen Regression mit den übrigen Indikatoren als unabhängige und des betrachteten Indikators als abhängige Variable berechnet, deuten kleine Werte auf eine hohe Multikollinearität hin. Der kritische Wert von 0,1 ist in den meisten Fällen deutlich überschritten, so dass aufgrund von möglicher Multikollinearität keine Skalenbereinigung erforderlich ist. Ein höheres, wenn auch noch vertretbares Ausmaß von Multikollinearität weisen die jeweiligen Nutzungsindikatoren Produktinformation und Preisinformation auf, die in den Konstrukten Verhalten, Verhaltenshäufigkeit und Verhaltensabsicht der Internet-Befragung erhoben wurden. Dies deutet darauf hin, dass die theoretisch unterschiedliche Nutzung von Preis- und Produktinformationen in der Praxis eher selten vorkommt. Entsprechend wurde auf diese Differenzierung in der Replikationsstudie verzichtet (s. Abschnitt 4.3.3.2).

Latente Variable	Maximaler Konditionsindex (< 15 bzw. 30)		
Indikator	Mittelwert	Streuung	Toleranz (> 0,1)
Verhaltenshäufigkeit	2,751		
VH_Kauf	0,65	1,468	0,744
VH_Information	2,18	2,522	0,744
Verhaltensabsicht	6,123		
A_Kauf	3,47	2,209	0,737
A_Information	4,94	2,116	0,737
Vorteil	15,025; Varianzzerlegung erfüllt		
V_Verfügbarkeit	5,54	1,657	0,756
V_Produktauswahl	5,71	1,589	0,637
V_Herkunftsland	4,66	1,996	0,763
V_Preis	5,19	1,640	0,811
V_Information	5,11	1,665	0,816
V_Trend	4,37	1,959	0,714
V_Sympathie	2,62	1,848	0,922
V_Gemeinschaft	4,37	2,074	0,706
Risiko	12,650		
R_Bezahlung	4,17	2,103	0,724
R_Anbieter	5,15	1,929	0,775
R_Bedienung	3,91	2,053	0,710

Latente Variable	Maximaler Konditionsindex (< 15 bzw. 30)		
Indikator	Mittelwert	Streuung	Toleranz (> 0,1)
R_Produkt	3,45	1,911	0,797
R_Preis	3,93	2,044	0,818
R_Lieferung	3,74	1,985	0,666
R_Rückgabe	4,78	1,907	0,763
R_Recht	5,04	1,959	0,800
Subjektive Norm	9,396		
SN_Person	2,93	1,780	0,876
SN_Tremd	4,00	1,760	0,876
SN_Unpatriotisch	2,35	1,852	0,998
Verhaltenskontrolle	4,714		
K_Klarheit	3,66	2,094	0,839
K_Kontrolle	3,39	1,882	0,839
Interneterfahrung	14,238		
IE_Anwendungen	3,00	0,547	0,687
IE_Dauer	4,03	0,919	0,687
Internationalität	5,736		
I_Sprache	1,31	0,858	0,914
I_Kontakt	2,29	1,522	0,806
I_Reise	1,91	0,995	0,836
Vergnügen	4,17	1,846	---
Verhaltensaktualität (n = 100)	3,58	1,224	---
Zufriedenheit (n = 100)	5,95	1,731	---

Tab. 5.8: Multikollinearitäts-Test für die Replikationsstudie

Zur Berechnung des Konditionsindex wird anhand von Eigenwerten untersucht, wie viele unterschiedliche Dimensionen bzw. Hauptkomponenten die Indikatoren einer latenten Variablen bilden. Für jede Dimension wird ein Konditionsindex als Quadratwurzel aus dem größten gefundenen Eigenwert und dem Eigenwert einer Dimension berechnet. Solange das Maximum dieser Konditionsindizes kleiner als fünfzehn ist, ist das Ausmaß an Multikollinearität ebenfalls unbedenklich. Bei Werten zwischen fünfzehn und 30 sollte noch die Varianzzerlegung zu Rate gezogen werden. Erklärt die zugehörige Dimension hohe Anteile der Varianz von mindestens zwei Indikatoren, lässt dies auf ein unzulässig hohes Ausmaß an

Multikollinearität schließen. Wie in den Tabellen 5.7 und 5.8 gezeigt, liegt für die meisten Konstrukte der maximal Konditionsindex unter fünfzehn. Vereinzelt lagen die Werte zwischen fünfzehn und zwanzig. In diesen Fällen ergab die Varianzzerlegung aber keine Hinweise auf ein hohes Ausmaß an Multikollinearität.

Somit besteht also sowohl bei Betrachtung der Toleranz als auch des Konditionsindex kein Bedarf für eine Skalenbereinigung. Beim Vergleich der Multikollinearitäts-Tests in der Internet- und Replikationsstudie fällt auf, dass tendenziell in der Replikationsstudie ein noch geringeres Ausmaß an Multikollinearität vorliegt. In Verbindung mit dem analogen Ergebnis der reflektiven Messmodelle kann festgestellt werden, dass in der Internet-Befragung im Vergleich zur Replikationsstudie die jeweiligen Indikatoren eines Konstruktes stärker miteinander korrelieren. Ob dies auf die unterschiedlichen Stichproben oder aber auf mögliche Methodeneffekte zurückzuführen ist, kann an dieser Stelle nicht beurteilt werden.

Abschließend sei noch darauf hingewiesen, dass zur Vervollständigung der Indikatorangaben zu den in den Strukturmodellen verwendeten Konstrukten am Ende der Tabellen 5.7 und 5.8 noch Mittelwerte und Streuungen der drei Single-Item-Konstrukte genannt werden.

5.2.3 Datenäquivalenz der reflektiven Messmodelle

Entsprechend dem in Abschnitt 4.2.4.3 hergeleiteten Verfahren für die Überprüfung der Datenäquivalenz wurden folgende Stichproben bzw. Teilgruppen verglichen: Internet-Stichprobe vs. Telefon-Stichprobe, Internet-Haupterhebung vs. Internet-Nacherhebung sowie Käufer vs. Nicht-Käufer in ausländischen Internetshops für die drei Stichproben Internet, Internet-Nacherhebung und Telefon. Strukturelle Äquivalenz kann für alle reflektiven Konstrukte auf Basis von Faktoranalysen bestätigt werden.

Die Ergebnisse der Tests auf metrische Äquivalenz sind in Tabelle 5.9 dargestellt. Es zeigt sich, dass generell vollständige bzw. partielle Datenäquivalenz zwischen den Käufern und Nicht-Käufern in den drei Stichproben gegeben ist. Auch ein Vergleich der Strukturmodelle von Haupt- und Nacherhebung der Internet-Befragung ist möglich. Unterschiede zeigen sich jedoch bei der Gegenüberstellung von Internet- und Telefon-Stichprobe. Hier ist zwar partielle Äquivalenz für die Konstrukte Einstellung und Ethnozentrismus auf Basis der Ge-

wichtedifferenzen gegeben, auf Basis der Ladungen liegt allerdings keine Äquivalenz vor. Dieses unterschiedliche Resultat ist vor allem darin begründet, dass
in der Replikationsstudie durchweg niedrigere Faktorladungen geschätzt wurden.
Dadurch bleibt aber die relative Gewichtung der Indikatoren für die Berechung
der Konstruktwerte zwischen Internet- und Replikationsstudie im wesentlichen
konstant. Da auch die Unterschiede der etwas stärker differierenden Gewichte
nicht groß ist, erscheint es sinnvoll, Einstellung und exploratives Surfen für In-
ternet- und Replikationsstudie als partiell äquivalent zu betrachten.

Verglichene Gruppen	Einstellung		Ethno-zentrismus		Exploratives Surfen	
	Lad.	Gew.	Lad.	Gew.	Lad.	Gew.
Internet vs. Telefon	nein	PÄ2	nein	PÄ2	---	---
Internet Haupt vs. Nach	Ä	Ä	Ä	Ä	Ä	Ä
Internet Käufer vs. N-Käufer	PÄ2	Ä	Ä	Ä	PÄ3	Ä
Internet Nach K vs. N-K	PÄ2	Ä	PÄ2	Ä	PÄ3	Ä
Telefon Käufer vs. N-Käufer	Ä	Ä	Ä	Ä	---	---
Lad. = Vergleich der Faktorladungen; Gew. = Vergleich der Gewichte Ä = Äquivalenz aller Indikatoren PÄn = Partielle Äquivalenz (n = Zahl der äquivalenten Indikatoren)						

Tab. 5.9:   Datenäquivalenz der reflektiven Konstrukte

5.3 Strukturmodelle zur Erklärung der Verhaltensabsicht

5.3.1 Basismodell

5.3.1.1 Internet-Studie

Die Ergebnisse der Schätzung des Basismodells sind in Tabelle 5.10 dargestellt
und in Abbildung 5.4 im Vergleich mit den Ergebnissen der Replikationsstudie
veranschaulicht. Im oberen Teil der Tabelle wird zunächst das Messmodell dargestellt, d.h. die Gewichte für die Berechnung der latenten Variablen. Es zeigt
sich, dass jeweils etwa die Hälfte der Indikatoren einen statistisch signifikanten
Beitrag zu den Konstrukten Vorteil und Risiko aufweisen. Wichtigste Vorteile
für die Bildung des Vorteil-Konstruktes sind demnach die größere Produktaus-

wahl, Teilnahme an der weltweiten Internet-Gemeinschaft, frühzeitige Information über neue Produkte und Trends sowie mögliche Preisvorteile. Das Risiko-Konstrukt wird vor allem durch die Gefahr inkompatibler Produkte, Liefer- und Bedienungsproblemen geprägt. Bezüglich der Verhaltenskontrolle spielt die Fähigkeit zur Bestimmung des Herkunftslandes eines Internetshops keine Rolle. Die Nutzungsabsicht ist im wesentlichen durch die Kaufabsicht geprägt, für die subjektive Norm ist vor allem der Aspekt wichtig, dass die Nutzung ausländischer Internetshops als Trend wahrgenommen wird.

Latente Variable / Indikator	Ge-wicht	t-Wert	Latente Variable / Indikator	Ge-wicht	t-Wert
Vorteil			Risiko		
V_Verfügbarkeit	0,146	1,458	R_Bezahlung	0,023	0,476
V_Produktauswahl	0,344	4,043	R_Anbieter	0,101	0,893
V_Herkunftsland	0,111	1,417	R_Bedienung	0,271	1,692
V_Preis	0,176	2,453	R_Produkt	0,454	1,677
V_Information	0,081	1,233	R_Preis	0,225	1,554
V_Trend	0,284	3,999	R_Lieferung	0,310	1,675
V_Sympathie	-0,081	-1,342	R_Rückgabe	-0,021	-0,287
V_Gemeinschaft	0,293	3,681	R_Recht	-0,089	-0,924
Einstellung (reflektiv)			Subjektive Norm		
E_Gut	0,395	22,289	SN_Person	0,313	2,917
E_Attraktiv	0,379	29,711	SN_Trend	0,867	12,377
E_Interessant	0,349	20,257	SN_Unpatriotisch	0,276	2,488
Verhaltenskontrolle			Verhaltensabsicht		
K_Klarheit	0,619	6,153	A_Kauf	0,759	2,368
K_Kontrolle	0,520	4,980	A_Produktinformation	0,192	1,694
K_Land	0,070	0,725	A_Preisinformation	0,161	1,341

Endogene Variable	R^2 / PRE	Exogene Variable	Beitrag zu R^2	f^2	p^2	Pfadko-effizient	t-Wert
Einstellung	0,544	Vorteil	55,968	0,373*	0,201*	0,505	15,607
	0,371	Risiko	44,032	0,375	0,271	-0,436	-1,739
Absicht	0,504	Einstellung	24,563	0,321*	0,091*	0,220	2,400
	0,289	Norm	11,299	0,105	0,088	0,122	1,946
		Kontrolle	31,648	0,165	0,103	0,284	2,299
		Vorteil	32,491	0,063	0,065	0,268	2,388

Korrelationen	Vorteil	Risiko	Einstellung	Absicht	Kontrolle	Norm
Vorteil	1,000					
Risiko	-0,226	1,000				
Einstellung	0,603	-0,550	1,000			
Absicht	0,610	-0,391	0,562	1,000		
Kontrolle	0,489	-0,504	0,461	0,561	1,000	
Norm	0,572	-0,126	0,399	0,467	0,363	1,000

* R^2- bzw. PRE-Wert des Startmodells Vorteil-Einstellung bzw. Einstellung-Absicht

Tab. 5.10:   Messmodell, Strukturdaten und Korrelationen des Basismodells
             (Internet-Studie)

Sämtliche Pfadkoeffizienten zwischen den latenten Variablen weisen ein hypo-thesenkonformes Vorzeichen auf und sind signifikant. Die Varianz der beiden endogenen Variablen Einstellung und Verhaltensabsicht kann jeweils zu etwas mehr als der Hälfte erklärt werden. Auch die prädiktive Relevanz des Struktur-modells ist mit Werten, die deutlich über Null liegen, gegeben.

Im mittleren Teil von Tabelle 5.10 sind noch weitergehende Informatio-nen zum Beitrag der jeweils unabhängigen auf die endogenen Variablen aufge-nommen. Dies ist zum einen der prozentuale Beitrag der Variablen zur Erklärung der Varianz der abhängigen Variablen, der sich aus der Multiplikation des jewei-ligen Pfadkoeffizienten und der im unteren Teil der Tabelle dargestellten Korre-lation zwischen den betreffenden Variablen berechnet. Weiterhin ist die zusätzli-che Verbesserung des Bestimmtheitsmaßes R^2 bzw. der prädiktiven Relevanz PRE dargestellt, wenn die jeweilige Variable zusätzlich zu den in der Tabelle vo-rangehenden Variablen in das Modell aufgenommen wird[5]. In der jeweils ersten

---

[5]   Dieser schrittweisen Aufnahme wurde der Vorzug gegeben, da sie die Erweiterung grund-legender Theorien durch die Aufnahme zusätzlicher Variablen bzw. zusätzlicher Pfade zwi-

Reihe sind an dieser Stelle der R^2 bzw. PRE-Wert des Startmodells angegeben, d.h. die Beziehung Vorteil-Einstellung bzw. Einstellung-Absicht.

Vorteil und Risiko tragen beide deutlich zur Erklärung der Einstellung bei. Der Effekt des Vorteil-Konstruktes ist allerdings etwas größer. Bezüglich der Verhaltensabsicht unterscheiden sich die vier im Modell berücksichtigten Variablen stärker. Insbesondere die subjektive Norm weist einen stark unterdurchschnittlichen Beitrag zur Varianzerklärung auf. Ihr Effekt über den Beitrag der Einstellung hinaus ist als gering bis moderat zu bewerten. Die Verhaltenskontrolle zeigt einen etwas überdurchschnittlichen Beitrag zur Varianzerklärung. Wird sie als dritte Variable zur Erklärung der Verhaltensabsicht aufgenommen, so weist sie einen moderaten Effekt auf.

Im Basismodell ist basierend auf dem Technologie-Akzeptanz-Modell der vollständig mediierende Effekt der Einstellung auf die Beziehung zwischen den kognitiv geprägten Ansichten und der Verhaltensabsicht aufgegeben worden. Der somit berücksichtigte direkte Effekt des Vorteil-Konstruktes auf die Verhaltensabsicht zeigt den größten Beitrag zur Varianzerklärung. Zusätzlich zur Theorie des geplanten Verhaltens zeigt dieser Pfad allerdings nur einen geringen Effekt. Der im Basismodell partiell mediierende Effekt der Einstellung auf die Vorteil-Verhaltensabsicht-Beziehung bestätigt sich gemäß dem in Abschnitt 4.2.4.2 beschriebenen Mediations-Test. Die Testgröße z ist statistisch signifikant, wobei 29,3 % der Gesamtwirkung des Vorteil-Konstruktes auf die Verhaltensabsicht durch die Einstellung vermittelt wird. Weiterhin wurde in einem weiteren Test die vollständig mediierende Wirkung der Einstellung auf die Risiko-Verhaltensabsicht-Beziehung untersucht. Auch hier zeigte sich die Testgröße z statistisch signifikant, wobei 63,6 % des Risikoeffektes durch das Einstellungs-Konstrukt vermittelt ist. Zusätzlich ist der direkte Pfad zwischen Risiko und Verhaltensabsicht nicht signifikant, so dass die Bedingung für vollständige Mediation erfüllt ist.

---

schen den Variablen wiedergibt. Alternativ hätten auch ausgehend von dem vollständigen Basismodell jeweils durch Entfernen des zu untersuchenden Pfades die f²- und p²-Werte bestimmt werden können. Durch die Darstellung des prozentualen Beitrags zur Varianzerklärung im Gesamtmodell ist eine tendenziell mit der zweiten Vorgehensweise vergleichbare Information allerdings schon berücksichtigt.

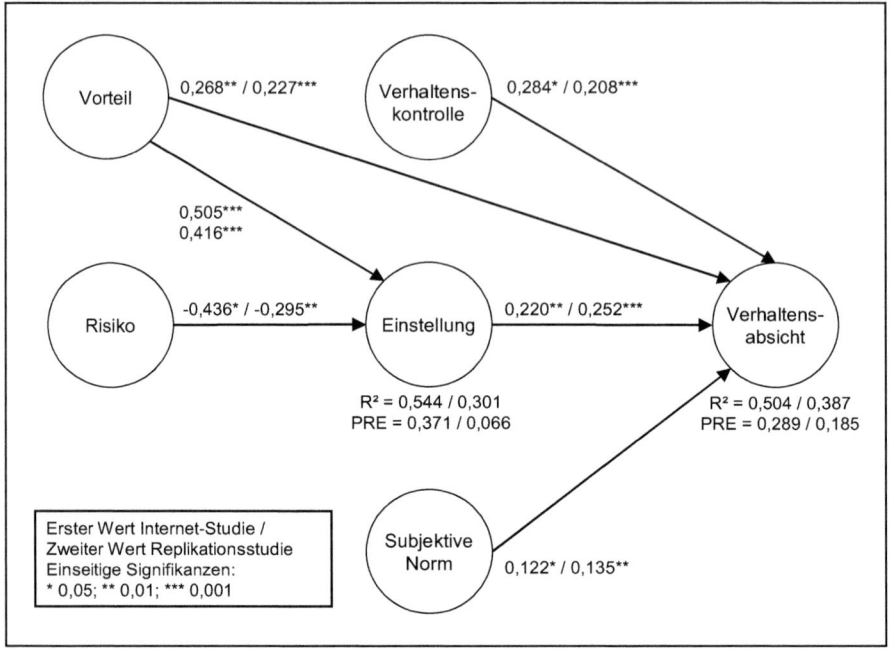

Abb. 5.4:   Schätzung des Basismodells in Internet- und Replikationsstudie

5.3.1.2 Replikationsstudie

Die detaillierten Ergebnisse der Schätzung des Basismodells in der Replikationsstudie sind in Tabelle 5.11 enthalten. In Bezug auf Vorzeichen und Signifikanz der Pfadkoeffizienten wird das Ergebnis der Internet-Studie bestätigt. Ebenso wird die mediierende Wirkung der Einstellung bezüglich Vorteil (partiell) und Risiko (vollständig) belegt. Allerdings zeigt Abbildung 5.4, dass insbesondere für das Einstellungs-Konstrukt Varianzerklärung und prädiktive Relevanz deutlich niedriger liegen. Weiterhin fällt auf, dass die subjektive Norm einen höheren Beitrag zur Erklärung der Varianz der Verhaltensabsicht und der direkte Effekt des Vorteil-Konstruktes einen niedrigeren Beitrag liefert. Dies ist dadurch erklärbar, da in der Replikationsstudie der Anteil der Nicht-Käufer und damit in der Nutzung ausländischer Internetshops unerfahrener Probanden deutlich höher ist. In solchen Fällen ist der Einfluss der subjektiven Norm tendenziell höher, da bei unerfahrenen Personen aufgrund ihrer Schwierigkeiten, Vor- und Nachteile sowie die Durchführbarkeit eines Verhaltens sicher einzuschätzen, die subjektive

Norm einen stärkeren Einfluss auf die Verhaltensabsicht hat als bei erfahrenen Personen (*East*, 1997, S. 155ff.).

Die Ergebnisse von Internet- und Replikationsstudie können nur bedingt miteinander verglichen werden. Zum einen wurde für zwei Konstrukte das Messmodell modifiziert, wobei die weggefallen Indikatoren (K_Land sowie A_Produktinformation und A_Preisinformation ersetzt durch A_Information) im Basismodell der Internet-Studie allerdings nur geringen Einfluss zeigten. Zum anderen kann für die mit identischen Indikatoren gemessenen formativen Konstrukte Vorteil, Risiko und Subjektive Norm keine strenge metrische Datenäquivalenz angenommen werden. Zwar ist gemäß dem in Abschnitt 5.2.3 beschriebenen Verfahren jeweils für ein Teil der Indikatoren der jeweiligen Konstrukte die Datenäquivalenz gegeben. Aber die Abweichungen bei den anderen Indikatoren sind teilweise erheblich.

Insofern ist die Replikationsstudie im Sinne einer Validierung bzw. Verallgemeinerung der Ergebnisse der Internet-Studie in folgendem Sinne zu verstehen: die theoretisch abgeleitete Beziehungsstruktur zwischen den latenten Variablen fand in zwei Studien Unterstützung, in denen die Konstrukte mit identischen bzw. vergleichbaren Indikatoren, jedoch teilweise unterschiedlichem Einfluss dieser Indikatoren auf die Konstruktbildung, gemessen wurden.

Latente Variable / Indikator	Gewicht	t-Wert	Latente Variable / Indikator	Ge-wicht	t-Wert
Vorteil			Risiko		
V_Verfügbarkeit	0,183	1,796	R_Bezahlung	0,224	1,586
V_Produktauswahl	0,395	3,994	R_Anbieter	0,160	0,976
V_Herkunftsland	0,023	0,416	R_Bedienung	0,464	2,620
V_Preis	0,216	2,588	R_Produkt	0,272	1,855
V_Information	0,262	2,675	R_Preis	0,108	0,928
V_Trend	0,276	3,001	R_Lieferung	0,318	2,148
V_Sympathie	0,015	0,124	R_Rückgabe	0,078	0,505
V_Gemeinschaft	0,168	1,643	R_Recht	-0,261	-1,713
Einstellung (reflektiv)			Subjektive Norm		
E_Gut	0,431	18,26	SN_Person	0,629	7,011
E_Attraktiv	0,418	19,55	SN_Trend	0,521	5,261
E_Interessant	0,349	12,49	SN_Unpatriotisch	0,323	3,567
Verhaltenskontrolle			Verhaltensabsicht		
K_Klarheit	0,580	5,599	A_Kauf	0,510	4,252
K_Kontrolle	0,615	6,066	A_Information	0,638	5,853

Endogene Variable	R^2 / PRE	Exogene Variable	Beitrag zu R^2	f^2	p^2	Pfadko-effizient	t-Wert
Einstellung	0,301	Vorteil	64,325	0,238*	-0,03*	0,416	9,988
	0,066	Risiko	35,675	0,090	0,099	-0,295	-3,064
Absicht	0,387	Einstellung	27,611	0,255*	0,010*	0,227	3,442
	0,185	Norm	32,849	0,088	0,093	0,252	7,119
		Kontrolle	24,168	0,064	0,062	0,208	4,203
		Vorteil	15,373	0,049	0,047	0,135	2,968

Korrelationen	Vorteil	Risiko	Einstellung	Absicht	Kontrolle	Norm
Vorteil	1,000					
Risiko	-0,165	1,000				
Einstellung	0,465	-0,364	1,000			
Absicht	0,471	-0,316	0,505	1,000		
Kontrolle	0,320	-0,467	0,430	0,449	1,000	
Norm	0,449	-0,213	0,433	0,439	0,447	1,000

* R^2- bzw. PRE-Wert des Startmodells Vorteil-Einstellung bzw. Einstellung-Absicht

Tab. 5.11:   Messmodell, Strukturdaten und Korrelationen des Basismodells (Replikationsstudie)

5.3.2 Erweitertes Basismodell

5.3.2.1 Internet- und Replikationsstudie

Die Ergebnisse des erweiterten Basismodells sind für Internet- und Replikationsstudie in Abbildung 5.5 dargestellt. Durch die Berücksichtigung von Vergnügen und der Häufigkeit der bisherigen Nutzung ausländischer Internetshops im erweiterten Basismodell sind Veränderungen sowohl bei der Gesamterklärung der endogenen Variablen Einstellung und Verhaltensabsicht als auch der Erklärungsbeiträge der jeweiligen exogenen Variablen zu verzeichnen. Während sich R^2- und PRE-Wert der Einstellung kaum und der Verhaltensabsicht moderat erhöhen, zeigen sich bei den Pfadkoeffizienten deutlichere Unterschiede.

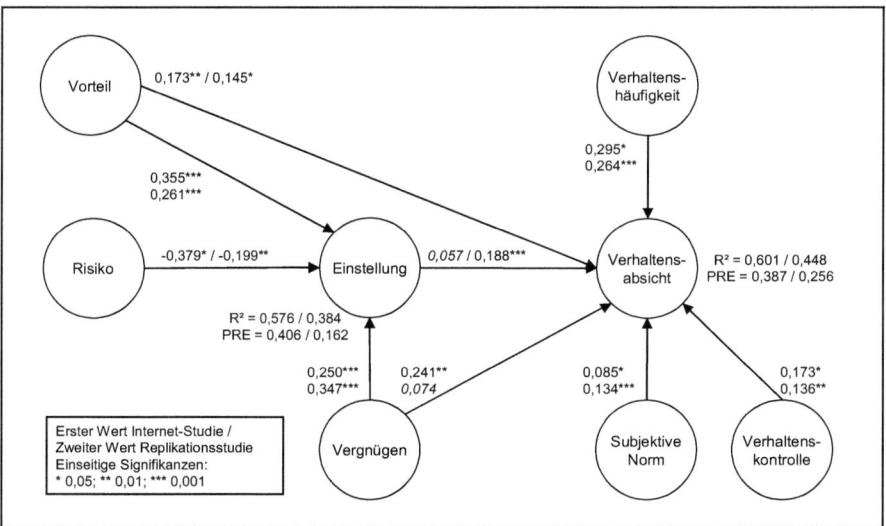

Abb. 5.5:   Schätzung des erweiterten Basismodells in Internet- und Replikationsstudie

Dabei zeigt das Vergnügen-Konstrukt in den beiden Studien ein unterschiedliches Verhalten. Während der Einfluss auf die Einstellung in Internet- und Replikationsstudie noch vergleichbar ist mit geringen bis mittleren Effekten bezüglich der zusätzlich erklärten Varianz und der Erhöhung der prediktiven Relevanz (s. Tabelle 5.12), ist die mediierende Wirkung der Einstellung auf die Vergnügen-Verhaltensabsicht-Beziehung völlig verschieden. In der Internet-Studie wirkt das

Vergnügen direkt auf die Verhaltensabsicht. In der Replikationsstudie wird die Wirkung des Vergnügens dagegen vollständig durch die Einstellung mediiert. Möglicherweise gewinnt das Vergnügen eine höhere Relevanz für die Verhaltensabsicht bei intensiveren Internetnutzern, wie sie in der Internetstudie häufiger vertreten sind.

Endogene Variable	R^2 / PRE	Exogene Variable	Beitrag zu R^2	f^2	p^2	Pfadko-effizient	t-Wert
Internetstudie							
Einstellung	0,576	Vorteil	37,167	0,373*	0,201*	0,355	8,957
	0,406	Risiko	36,112	0,375	0,271	-0,379	-1,728
		Vergnügen	26,721	0,076	0,059	0,250	5,885
Absicht	0,601	Einstellung	5,314	0,321*	0,091*	0,057	1,340
	0,387	Norm	6,586	0,105	0,088	0,085	1,777
		Kontrolle	16,082	0,165	0,103	0,173	2,256
		Vorteil	17,684	0,063	0,065	0,173	2,390
		Vergnügen	26,064	0,076	0,039	0,241	2,343
		Häufigkeit	28,271	0,154	0,116	0,295	2,231
Replikationsstudie							
Einstellung	0,384	Vorteil	31,636	0,238*	-0,03*	0,261	5,660
	0,162	Risiko	18,873	0,090	0,099	-0,199	-3,113
		Vergnügen	49,491	0,090	0,162	0,347	8,400
Absicht	0,448	Einstellung	21,133	0,255*	0,010*	0,188	5,593
	0,256	Norm	13,160	0,088	0,093	0,134	3,620
		Kontrolle	13,832	0,064	0,062	0,136	3,019
		Vorteil	14,932	0,049	0,047	0,145	2,058
		Vergnügen	8,148	0,012	0,011	0,074	1,451
		Häufigkeit	28,795	0,097	0,084	0,264	8,044

* R^2- bzw. PRE-Wert des Startmodells Vorteil-Einstellung bzw. Einstellung-Absicht

Tab. 5.12:   Strukturdaten des erweiterten Basismodells für Internet- und Replikationsstudie

Die Häufigkeit der bisherigen Nutzung ausländischer Internetshops trägt signifikant zur Erklärung der Verhaltensabsicht bei. Der zusätzliche Effekt über die Variablen des Basismodells und das Vergnügen hinaus ist jedoch als mittel (Internetstudie) bzw. gering bis mittel (Replikationsstudie) zu bezeichnen. In Verbin-

dung mit der Vergnügen-Variable führt die Berücksichtigung der Verhaltenshäufigkeit in der Internetstudie dazu, dass die Einstellung keinen signifikanten Effekt
auf die Verhaltensabsicht aufweist[6].

5.3.2.2 Käufer versus Nicht-Käufer in ausländischen Internetshops

Da sich Internet- und Replikationsstudie deutlich bezüglich des Anteils der Personen, die schon einmal in einem ausländischen Internetshop eingekauft haben,
unterscheiden, werden in diesem Abschnitt die Gruppen der Käufer und der
Nicht-Käufer separat untersucht. Da die Häufigkeit der bisherigen Nutzung ausländischer Internetshops de facto eine Gruppierungsvariable darstellt, d.h. im
Falle der Nicht-Käufer-Gruppe ist der Variablenwert konstant und somit das
Strukturmodell nicht berechenbar, wird diese Variable in den in Abbildung 5.6
und Tabelle 5.13 dargestellten Modellen nicht berücksichtigt.

Im wesentlichen zeigen die Ergebnisse, dass die zuvor festgestellten Unterschiede zwischen Internet- und Replikationsstudie auch auf der Ebene der
Teilgruppen auftreten. Zusätzlich sticht ein unterschiedlicher Einfluss der subjektiven Norm auf die Verhaltensabsicht ins Auge. Während der Pfadkoeffizient in
der Käufer-Gruppe nur in der Replikationsstudie signifikant ist, kehrt sich die
Signifikanz in der Nicht-Käufer-Gruppe um, d.h. hier zeigt die subjektive Norm
nur in der Internet-Studie einen signifikanten Einfluss auf die Verhaltensabsicht.
Zudem ist in der Nicht-Käufer-Gruppe der Einfluss des Risikos auf die Einstellung nur in der Internet-Studie signifikant.

Darüber hinaus zeigen sich in beiden Studien auch ein konsistenter Unterschied zwischen Käufer- und Nicht-Käufergruppe. So hat die Einstellung in der
Käufergruppe nicht nur einen höheren Effekt auf die Verhaltensabsicht, sondern
sie mediiert auch die Beziehung zwischen wahrgenommenen Vorteilen und Verhaltensabsicht vollständig.

---

[6]   Um mögliche Verzerrungen der Pfadkoeffizienten durch Multikollinearität der jeweiligen
      exogenen Variablen auszuschließen, wurden auf Basis der Konstruktwerte Toleranzwerte
      und Konditionsindizes bestimmt. Dabei lagen sowohl in diesem Modell als auch in den
      Modellen der folgenden Abschnitte die Werte deutlich von den in Abschnitt 4.2.2.2 ge-
      nannten kritischen Werten entfernt.

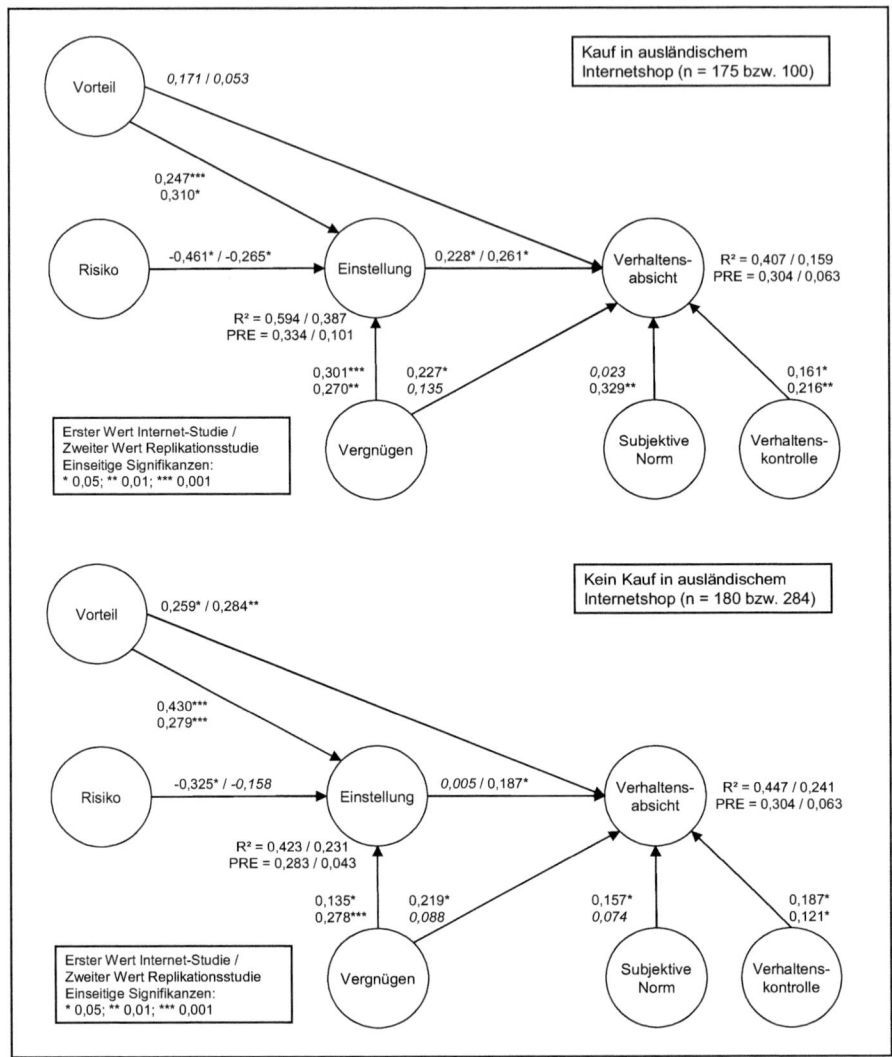

Abb. 5.6:   Schätzung des erweiterten Basismodells für die Gruppen der Käufer und Nicht-Käufer in ausländischen Internetshops

Endogene Variable	R² / PRE	Exogene Variable	Beitrag zu R²	f²	p²	Pfadko-effizient	t-Wert
Internetstudie, Kauf in ausländischem Internetshop (n=175)							
Einstellung	0,594	Vorteil	21,548	0,292*	0,042*	0,247	5,217
	0,387	Risiko	48,066	0,549	0,448	-0,461	-1,726
		Vergnügen	30,386	0,125	0,078	0,301	4,773
Absicht	0,407	Einstellung	30,422	0,301*	0,054*	0,228	2,222
	0,159	Norm	1,925	0,025	0,018	0,023	0,412
		Kontrolle	17,265	0,052	0,030	0,161	1,677
		Vorteil	20,296	0,047	0,042	0,171	1,315
		Vergnügen	30,093	0,043	0,030	0,227	1,781
Replikationsstudie, Kauf in ausländischem Internetshop (n=100)							
Einstellung	0,334	Vorteil	38,578	0,181*	-0,10*	0,310	2,217
	0,101	Risiko	23,045	0,160	0,155	-0,265	-1,704
		Vergnügen	38,377	0,061	0,063	0,270	3,232
Absicht	0,304	Einstellung	33,705	0,164*	-0,11*	0,261	2,211
	0,063	Norm	47,114	0,138	0,130	0,329	2,436
		Kontrolle	24,995	0,042	0,033	0,216	2,696
		Vorteil	4,458	0,001	0,001	0,053	0,107
		Vergnügen	10,281	0,013	0,011	0,135	1,107
Internetstudie, kein Kauf in ausländischem Internetshop (n=180)							
Einstellung	0,423	Vorteil	55,181	0,310*	0,084*	0,430	7,330
	0,231	Risiko	30,002	0,189	0,181	-0,325	-1,778
		Vergnügen	14,816	0,005	0,008	0,135	2,243
Absicht	0,447	Einstellung	0,414	0,148*	-0,19*	0,005	0,032
	0,241	Norm	17,896	0,233	0,278	0,157	1,924
		Kontrolle	20,791	0,116	0,084	0,187	1,692
		Vorteil	33,448	0,076	0,099	0,259	1,657
		Vergnügen	27,451	0,041	0,025	0,219	1,759
Replikationsstudie, kein Kauf in ausländischem Internetshop (n=284)							
Einstellung	0,283	Vorteil	41,678	0,214*	-0,05*	0,279	4,898
	0,043	Risiko	15,634	0,060	0,066	-0,158	-1,448
		Vergnügen	42,688	0,035	0,032	0,278	8,160

Endogene Variable	R² / PRE	Exogene Variable	Beitrag zu R²	f²	p²	Pfadko-effizient	t-Wert
Absicht	0,312	Einstellung	24,781	0,175*	-0,10*	0,187	2,232
	0,082	Norm	8,368	0,057	0,058	0,074	1,305
		Kontrolle	13,488	0,033	0,032	0,121	2,113
		Vorteil	42,531	0,091	0,092	0,284	2,599
		Vergnügen	10,832	0,007	0,007	0,088	1,580

* R²- bzw. PRE-Wert des Startmodells Vorteil-Einstellung bzw. Einstellung-Absicht

Tab. 5.13:   Strukturdaten des erweiterten Basismodells für Internet- und Replikationsstudie getrennt nach Käufer- und Nicht-Käufer-Gruppen

5.3.3 Gesamtmodell zur Verhaltensabsicht

Durch die Berücksichtigung von zusätzlichen Variablen im Gesamtmodell, die einige exogene Variablen des (erweiterten) Basismodells beeinflussen, sind keine wesentlichen Veränderungen der Beziehungen innerhalb des (erweiterten) Basismodells zu erwarten (*McDonald*, 1996, S. 266) und beobachtet worden. Entsprechend werden in Tabelle 5.14 nur die Effekte der zusätzlich berücksichtigten Variablen auf die jeweils durch sie direkt beeinflussten Variablen dargestellt[7]. Dabei ist zu beachten, dass das explorative Surfen in der Replikationsstudie nicht erhoben wurde.

Bis auf zwei Ausnahmen werden die im Gesamtmodell aufgenommenen Einflüsse des explorativen Surfens, des Ethnozentrismus, der Internationalität und der Interneterfahrung auf Variablen des erweiterten Basismodells in den Studien unterstützt. Allerdings weist das nur in der Internet-Studie erhobene explorative Surfen entgegen der Forschungshypothese einen positiven Effekt auf das wahrgenommene Risiko auf. Möglicherweise werden Personen, die einen explorativen Surfstil im Internet pflegen, nicht nur mit unbekannten sondern wohl auch des öfteren mit unseriösen Internetseiten konfrontiert, so dass ihnen die Risiken im Internet allgemein und mit ausländischen Internetshops im besonderen

---

[7]   Alternativ wurden auch direkte Einflüsse dieser Variablen auf die Verhaltensabsicht untersucht. Im allgemeinen wurde der im Gesamtmodell angenommene vollständig mediierende Effekt der jeweiligen beeinflussten Variablen bestätigt. In der Gruppe der Nicht-Käufer zeigte sich in beiden Studien, dass die Beziehung zwischen Einstellung und Verhaltensabsicht negativ durch Ethnozentrismus moderiert wird.

bewusster sein könnten. Weiterhin sind in der Replikationsstudie die Effekte geringer, wobei der Pfadkoeffizient von Ethnozentrismus auf die subjektive Norm
nicht signifikant ist. Dies ist hier auf die Käufergruppe zurückzuführen, während
in der Gruppe der bisherigen Nicht-Käufer in der Replikationsstudie der erwartete negativen Zusammenhang vorliegt.

Pfad	Internet-Studie		Replikationsstudie	
	Pfadko-effizient	t-Wert	Pfadko-effizient	t-Wert
Exploratives Surfen – Vorteil	0,280	5,346	--	--
Exploratives Surfen – Risiko	0,195	1,921	--	--
Ethnozentrismus – Subjektive Norm	-0,235	-1,648	-0,157	-1,314
Internationalität – Verhaltenskontrolle	0,363	8,923	0,180	2,892
Interneterfahrung – Verhaltenshäufigkeit	0,365	3,708	0,251	1,760

Tab. 5.14:   Erklärung exogener Variablen des erweiterten Basismodells

5.4 Strukturmodell zur Erklärung des zukünftigen Verhaltens

Im Rahmen der Nacherhebung der Internet-Studie wurde überprüft, inwiefern die
Befragten in den sechs Monaten nach der Haupterhebung ausländische Internetshops genutzt haben. Während in Abbildung 5.7 aus Gründen der Übersichtlichkeit nur das erweiterte Basismodell dargestellt ist, enthält Tabelle 5.15 auch die
Einflüsse der im Gesamtmodell zusätzlich berücksichtigten Variablen. Dass wie
in Abschnitt 5.1.2 erläutert die Teilnahme an der Nacherhebung keine systematische Verzerrung im Vergleich zur Haupterhebung erwarten lässt, wird bei einem
Vergleich der Strukturdaten bezüglich der Erklärung von Einstellung und Verhaltensabsicht bestätigt. Die Pfadkoeffizienten weichen von den in Abschnitt 5.3.2.1
berichteten Ergebnissen des Gesamtdatensatzes nur gering ab. Deshalb beschränkt sich die folgende Erläuterung auf die Erklärung des Verhaltens nach der
Haupterhebung.

Zunächst ist zu konstatieren, dass alleine auf Basis der Theorie des geplanten Verhaltens das Verhalten nicht hinreichend zu erklären ist. Während mit
der Verhaltensabsicht etwa ein Fünftel der Varianz des Verhaltens erklärt werden
kann ohne jedoch eine positive prediktive Relevanz zu erreichen, bringt die Ver-

haltenskontrolle nur einen kleinen zusätzlichen Erklärungsbeitrag. Letzteres ist dadurch zu erklären, dass bei den meisten Befragten keine bzw. nur geringe Erfahrung mit der Nutzung ausländischer Internetshops vorliegt und somit die erhobene wahrgenommene Verhaltenskontrolle tendenziell mit der tatsächlichen Verhaltenskontrolle nicht übereinstimmt. Für diesen Fall hat gemäß der Theorie des geplanten Verhaltens die (wahrgenommene) Verhaltenskontrolle keinen direkten Einfluss auf das Verhalten (*Ajzen*, 1989, S. 251).

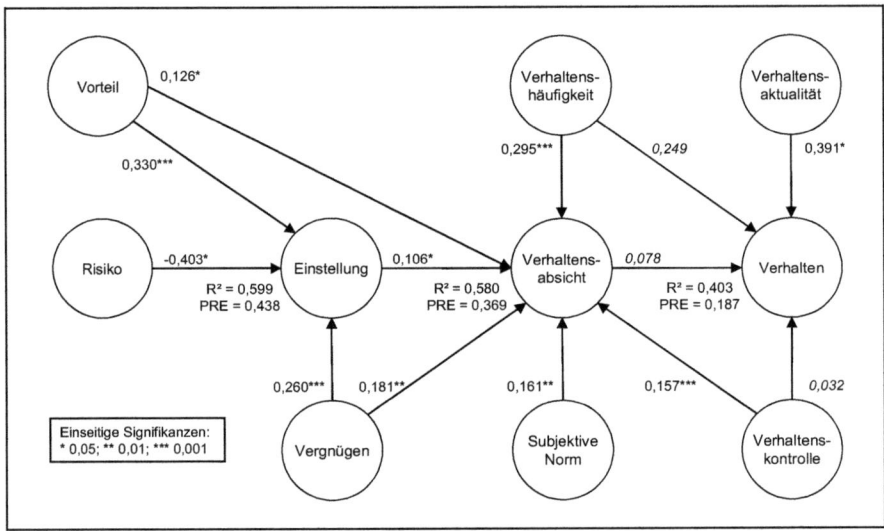

Abb. 5.7:   Schätzung des erweiterten Basismodells für die Teilnehmer der Nacherhebung

Erst mit der Berücksichtigung der bis zum Zeitpunkt der Haupterhebung erfolgten Nutzung ausländischer Internetshops wird eine positive prediktive Relevanz für das Verhalten erreicht (PRE = 0,187) und der Anteil der erklärten Varianz verdoppelt sich auf 40 Prozent. Verhaltenshäufigkeit und Verhaltensaktualität weisen dabei mittlere Effekte bezüglich ihres zusätzlichen Erklärungsbeitrages auf. Dabei dominiert die Verhaltensaktualität vor der Verhaltenshäufigkeit, deren Pfadkoeffizient nur auf dem 0,1-Niveau signifikant ist. Auch der Einfluss der Verhaltensabsicht ist nur auf dem 0,1-Niveau signifikant, während die Verhaltenskontrolle im erweiterten Basismodell für die Erklärung des Verhaltens nicht relevant ist.

Endogene Variable	R² / PRE	Exogene Variable	Beitrag zu R²	f²	p²	Pfadko-effizient	t-Wert
Vorteil	0,082/-0,178	Surfen				0,286	4,438
Risiko	0,036/-0,311	Surfen				0,190	1,620
Norm	0,048/-0,206	Ethnozentrismus				0,218	0,999
Kontrolle	0,121/-0,164	Internationalität				0,348	4,282
Häufigkeit	0,146/-0,178	Interneterfahrung				0,382	4,354
Einstellung	0,599	Vorteil	33,258	0,375*	0,175*	0,330	6,500
	0,438	Risiko	39,314	0,440	0,383	-0,403	-1,725
		Vergnügen	27,429	0,082	0,062	0,260	5,720
Absicht	0,580	Einstellung	10,415	0,326*	0,098*	0,106	2,294
	0,369	Norm	13,706	0,155	0,130	0,161	2,929
		Kontrolle	14,423	0,124	0,074	0,157	3,694
		Vorteil	12,783	0,040	0,040	0,126	2,276
		Vergnügen	19,828	0,032	0,025	0,181	3,118
		Häufigkeit	28,844	0,153	0,107	0,295	7,161
Verhalten	0,403	Absicht	8,358	0,183*	-0,10*	0,078	1,452
	0,187	Kontrolle	2,592	0,022	0,031	0,033	1,018
		Häufigkeit	32,493	0,166	0,177	0,249	1,632
		Aktualität	56,557	0,149	0,115	0,391	1,755

* R²- bzw. PRE-Wert des Startmodells Vorteil-Einstellung, Einstellung-Absicht bzw. Absicht-Verhalten

Tab. 5.15:   Strukturdaten des erweiterten Basismodells zur Erklärung des zukünftigen Verhaltens (Nacherhebung)

Zusammenfassend ist es gelungen, mit den Strukturgleichungsmodellen die endogenen Variablen Einstellung, Verhaltensabsicht und Verhalten hinreichend zu erklären. Dabei liegt zwar für das Basismodell (Theorie des geplanten Verhaltens) der Anteil der erklärten Varianz von Verhaltensabsicht und Verhalten im Spektrum der in Meta-Studien berichteten R²-Werte (*Sheppard/Hartwick/ Warshaw*, 1988; *Six/Eckes*, 1996), aufgrund der negativen prädiktiven Relevanz erscheint die Theorie des geplanten Verhaltens allerdings nicht ausreichend für die Prädiktion der Nutzung ausländischer Internetshops[8].

---

[8]   Im Rahmen einer auf den Konstruktwerten der PLS-Analyse basierenden Diskriminanzanalyse mit Kauf bzw. Nicht-Kauf als abhängige Variable konnten anhand der Verhaltensab-

Die zusätzliche Berücksichtigung des Vergnügens und der bisherigen Nutzung ausländischer Internetshops im erweiterten Basismodell führen bezüglich der Einstellung und der Verhaltensabsicht zu moderaten Verbesserungen bezüglich erklärter Varianz und prediktiver Relevanz. Widersprüchlich ist dabei die Rolle des Vergnügens. Diese Variable weist in der Internet-Studie einen deutlichen Effekt auf die Verhaltensabsicht auf, der nicht durch die Einstellung mediiert wird. Dagegen zeigt die Replikationsstudie einen vollständig durch die Einstellung mediierten Effekt des Vergnügens auf die Verhaltensabsicht. Durch Verhaltenshäufigkeit und insbesondere die Verhaltensaktualität wird schließlich die erklärte Varianz des Verhaltens deutlich erhöht und eine positive prediktive Relevanz erreicht.

---

sicht alleine 69 % der Fälle korrekt klassifiziert werden. Unter Berücksichtigung der übrigen Variablen des Gesamtmodells konnte die Trefferquote auf 86,4 % der Fälle gesteigert werden.

6 Diskussion der Ergebnisse

Im folgenden werden die Ergebnisse der empirischen Erhebung diskutiert und wesentliche Implikationen abgeleitet. Hierzu wird in Abschnitt 6.1 zunächst auf Basis der Erhebungsergebnisse grob abgeschätzt, welche Entwicklung bezüglich der Nutzung ausländischer Internetshops zu erwarten ist. In Abschnitt 6.2 stehen dann die Implikationen für die Betreiber von Internetshops im Mittelpunkt, die entweder ausländische Kunden gewinnen oder die Abwanderung einheimischer Kunden zu ausländischen Anbietern verhindern wollen. Wesentliche Rahmenbedingungen für die Nutzung ausländischer Internetshops bilden gesetzliche Regelungen insbesondere auch unter dem Aspekt des Verbraucherschutzes. In Abschnitt 6.3 wird deshalb diskutiert, wie ein die Nutzung ausländischer Internetshops förderndes Umfeld gestaltet werden kann. Schließlich wird in Abschnitt 6.4 analysiert, welcher weitere Forschungsbedarf sich aus der durchgeführten Studie ergibt.

6.1 Entwicklung der Nutzung ausländischer Internetshops

Der Einkauf in ausländischen Internetshops kann nicht mehr als Ausnahme bezeichnet werden, sondern ist insbesondere unter Internetkäufern, die das Internet intensiv nutzen, weit verbreitet. Selbst bei einer sehr konservativen Schätzung[1], die die jeweils niedrigeren Werte aus Internet- und Replikationsstudie heranzieht, geben deutsche Internetkäufer im Jahr mehr als eine halbe Milliarde EURO in ausländischen Internetshops aus. Da zudem die Nutzung ausländischer Internetshops zu Informationszwecken vor einem Kauf sehr stark verbreitet ist, ist auch von einem deutlichen indirekten Effekt auf das Kaufverhalten auszugehen.

---

[1] Annahmen: 35 Millionen Internetnutzer, 50 % Anteil Internetkäufer (s. Kapitel 1); 25 % Anteil Käufer in ausländischern Internetshops, 2 Kaufakte pro Jahr (Replikationsstudie); 60 € Ausgabe pro Kauf (Internetstudie). Bei 50 % Anteil Käufer in ausländischen Internetshops, 4 Kaufakten pro Jahr und 120 € Ausgabe pro Kauf ergibt sich als eine sehr großzügige Schätzung ein Jahresumsatz von 4,2 Mrd. €, den Internetnutzer aus Deutschland in ausländischen Internetshops pro Jahr ausgeben. Letzteres stellt im Vergleich mit dem in Abschnitt 1.2.1 angegebenen Jahresumsatz 2003 deutscher Internetshops von 11 Mrd. € eine gewichtige Zahl dar. D.h. die deutschen Internetshops könnten einen um mehr als ein Drittel höheren Umsatz erzielen, wenn die Internetnutzer in Deutschland deutsche anstelle ausländischer Internetshops benutzen würden.

Dabei gilt es zu beachten, dass die Befragung in einem für die Nutzung ausländischer Internetshops eher hemmenden Umfeld stattfand. Der Zeitraum vor der Haupterhebung war geprägt durch die in Deutschland aufgrund des Bundestagswahlkampfes besonders intensiv geführte Diskussion um den Irakkrieg sowie den Ausbruch des Irakkrieges zwischen der Haupt- und der Nacherhebung. Neben einer allgemeinen Kaufzurückhaltung in einer solchen Krisensituation legen die Erkenntnisse der qualitativen Studie nahe, dass einige Konsumenten auch bewusst Einkäufe in amerikanischen oder englischen Internetshops aufgrund des Kriegseintritts dieser Länder vermieden haben. Dies könnte auch die hohe Erklärungskraft der Verhaltensaktualität erklären. Denn aufgrund der intensiven Diskussion über die Kriegsgefahr ist zu vermuten, dass Konsumenten, die tendenziell mit Kaufzurückhaltung auf ein solches Krisenereignis reagieren, bereits einige Zeit vor der Haupterhebung auf den Einkauf in ausländischen Internetshops verzichteten. Wer dennoch in diesem Umfeld kurz vor der Haupterhebung in ausländischen Internetshops einkaufte, wird sich tendenziell im Zeitraum zwischen Haupt- und Nacherhebung durch den Kriegsausbruch nicht von der weiteren Nutzung ausländischer Internetshops abhalten gelassen haben.

Insgesamt lassen die Studienergebnisse eine weitere Steigerung der Ausgaben in ausländischen Internetshops erwarten. Zwar ist ein Teil der Nutzer ausländischer Internetshops unzufrieden und wird ausländische Internetshops zukünftig seltener oder nicht mehr nutzen. Auf der anderen Seite wird dies überkompensiert aufgrund des Interesses bisheriger Nichtnutzer am Einkaufen in ausländischen Internetshops sowie der weiterhin steigenden Zahl der Internetnutzer sowie des steigenden Anteils der Internetkäufer an den Internetnutzern in Deutschland (s. Abschnitt 1.2.1).

Das Ausmaß des Wachstums bezüglich der Nutzung ausländischer Internetshops wird davon geprägt sein, wie sich zentrale Treiber und Barrieren entwickeln werden. Als wesentlicher Treiber motivieren Unzulänglichkeiten im inländischen Angebot bezüglich Verfügbarkeit und Preisen zur Nutzung ausländischer Internetshops. Insofern können inländische Anbieter durch eine Verbesserung ihres Angebotes der Nutzung ausländischer Internetshops entgegenwirken. Auf der anderen Seite können ausländische Internetshops gezielt Kunden aus einem anderen Land gewinnen, wenn sie über nicht leicht nachahmbare Vorteile verfügen. Dabei ist ein Erfolg ausländischer Internetshops umso wahrscheinlicher, je mehr es gelingt, mögliche Barrieren wie inkompatible Produkte, Logistikprobleme oder schwer bedienbare Webseiten (z.B. fremdsprachig, kulturell auf den Nutzer nicht angepasst) zu reduzieren.

Angesichts der in der qualitativen Studie geäußerten starken Vorbehalte gegen einen Einkauf in ausländischen Internetshops scheint das wahrgenommene Risiko in den Strukturgleichungsmodellen nur eine untergeordnete Rolle zu spielen. Hierbei gilt allerdings zu beachten, dass nur erhoben wurde, welche Risiken generell mit der Nutzung ausländischer Internetshops verbunden werden. In einer konkreten Einkaufssituation kann darüber hinaus das Risiko des Einkaufs in einem bestimmten ausländischen Internetshops wahrgenommen werden. Gerade vor dem Hintergrund eines generellen Risikoempfindens ist zu erwarten, dass ein Konsument von einem Kauf absieht, wenn ein ausländischer Internetshop Anlass zu Zweifeln gibt. Insofern ist es eine wichtige der im folgenden Abschnitt diskutierten Implikationen für ausländische Internetshops, risikoreduzierende Maßnahmen zu ergreifen.

6.2 Implikationen für Internetshops

6.2.1 Internetshops mit internationalen Aktivitäten

Für Internetshops, die Konsumenten aus anderen Ländern als Kunden gewinnen wollen, ergeben sich eine Reihe von Implikationen aus den Studienergebnissen. Basierend aus den Ableitungen bezüglich der einzelnen Variablen der Strukturmodelle (s. Abschnitt 6.2.1.1) werden in Abschnitt 6.2.1.2 die wesentlichen Handlungsalternativen für eine Bearbeitung internationaler Märkte entwickelt.

6.2.1.1 Ableitungen auf der Ebene der Variablen der Strukturmodelle

Wenn die bisherige Nutzung ausländischer Internetshops als Modellvariable berücksichtigt wird, wird nicht nur die Erklärung bzw. Prognose der zukünftigen Nutzung ausländischer Internetshops deutlich verbessert, sondern die bisherige Nutzung mit ihren beiden Aspekten Häufigkeit und Aktualität dominiert die Erklärung der zukünftigen Nutzung. Für einen Betreiber eines ausländischen Internetshops bietet dies einen Ansatzpunkt für eine Segmentierungsstrategie. Wenn es gelingt, die bisherigen Nutzer ausländischer Internetshops bezüglich ihrer sozio-demographischen und psychographischen Eigenschaften, u.a. auch in Bezug auf die im Gesamtmodell einbezogenen Variablen Internationalität und Ethnozentrismus, sowie ihres Internetnutzungsverhaltens, u.a. die Intensität ihrer Internetnutzung und die bevorzugten Webseiten wie z.B. Portale oder Suchmaschi-

nen, zu beschreiben und zu identifizieren, dann stellen die bisherigen Nutzer ausländischer Internetshops eine besonders relevante und auch bearbeitbare Zielgruppe dar.

Auf der anderen Seite zeigt das Basismodell bzw. seine Erweiterung um
das Vergnügen-Konstrukt, dass auch ohne die explizite Berücksichtigung der
bisherigen Nutzung ausländischer Internetshops sowohl die Nutzungsabsicht als
auch die zukünftige Nutzung zu einem beträchtlichen Maße erklärt werden können. Deshalb sind auch diese Variablen für einen Anbieter eines ausländischen
Internetshops von Interesse.

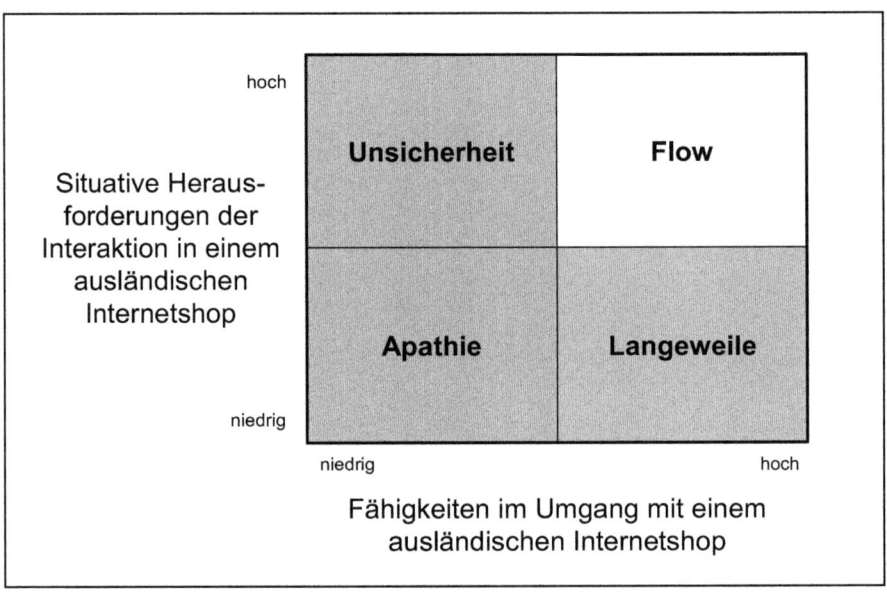

Abb. 6.1:   Vier-Felder-Flowmodell
              (Quelle: vgl. *Grabner-Kräuter*, 2000, S. 321)

Die Variablen Vergnügen[2] und Verhaltenskontrolle sind als wesentliche Determinanten der Nutzungsabsicht, die ihrerseits ohne Berücksichtigung der bisherigen Nutzung ausländischer Internetshops ein Fünftel der Varianz der zukünftigen
Nutzung erklärt, eng verknüpft mit dem Flow-Konzept. Wie in Abbildung 6.1

---

[2]   Unter Beachtung des mediierenden Einflusses der Einstellung.

gezeigt wird, entsteht Flow und als Folge davon das Vergnügen bei der Nutzung eines ausländischen Internetshops, wenn die Interaktion eher als Herausforderung wahrgenommen wird, die aber aufgrund der eigenen Kompetenz gemeistert werden kann. Auch wenn man von Inkompatibilitäten wie z.B. fehlenden Fremdsprachenkenntnissen, die die Nutzung eines ausländischen Internetshops unmöglich machen, absieht, sind tendenziell die Herausforderungen der Interaktion in einem ausländischen Internetshop höher als bei der Nutzung eines inländischen Internetshops.

Dies könnte positiv dazu führen, und teilweise finden sich Anzeichen dafür bei einigen Indikatoren des Vorteil-Konstruktes, dass Konsumenten ganz gezielt die mit der Nutzung eines ausländischen Internetshops verbundenen Herausforderungen suchen. Auf der anderen Seite besteht bei internationalen Kunden eher die Gefahr, dass sie überfordert sind und sich dann zum Einkaufen zu unsicher fühlen. Entsprechend sollte ein ausländischer Internetshop ermitteln, was angesichts der Fähigkeiten[3] seiner internationalen Zielgruppe als leistbare Herausforderung positiv aufgenommen wird oder als Überforderung wahrgenommen wird. Beispielsweise könnte bei einem ausreichenden Sprachlevel in seiner deutschen Zielgruppe ein amerikanischer Internetshop bewusst auf eine deutsche Sprachversion verzichten, um das „Erlebnis" der Nutzung eines ausländischen Internetshops zu verstärken. Auf der anderen Seite könnte eine speziell auf internationale Erstkunden zugeschnittene Hilfe wie z.B. eine Guided Tour[4] bezüglich der Abwicklung internationaler Geschäfte erforderlich sein, um sowohl das Fähigkeitsniveau der potenziellen Kunden zu heben als auch zu hohe psychische Herausforderungen im Sinne eines wahrgenommenen Risikos zu senken.

Weiterhin zeigt sich, dass die subjektive Norm im Kontext der Nutzung ausländischer Internetshops einen merklichen Effekt auf die Verhaltensabsicht hat[5]. Bei genauerer Betrachtung der benutzten Indikatoren ergeben sich hieraus für einen internationalen Internetshop zwei wesentliche Ableitungen. Zum einen

---

[3] Dazu ist auch ein Augenmerk auf die bisherigen Interneterfahrungen der Konsumenten zu legen, insbesondere welche Internetshops sie bisher nutzen. Dies liefert Hinweise, inwieweit der Internetshop eines Anbieters anders ist als das, was die Kunden bisher gewohnt sind.

[4] Zum Effekt einer Guided Tour auf die Nutzung eines Internetshops für Erstbesucher eines Internetshops vgl. *Silberer/Yom*, 2001, S. 443ff.

[5] Im Gegensatz dazu erweist sich die subjektive Norm für die Erklärung der generellen Absicht zur Nutzung von Internetshops als vernachlässigbare Größe bzw. wird von den Autoren erst gar nicht in den Modellen berücksichtigt (s. Abschnitt 2.2.2.2).

eröffnen sich Chancen aus einer bewussten Förderung des Empfehlungsverhaltens aktueller Kunden. Zum anderen kann die Auffassung, dass die Nutzung ausländischer Internetshops im Trend liegt und man als Internetnutzer davon Gebrauch machen sollte (*Storm*, 2001, S. 357), als Thema in den Kommunikationsaktivitäten eines internationalen Internetshops aufgegriffen werden.

Ohne Berücksichtigung der bisherigen Nutzung ausländischer Internetshops als Variable hat die Einstellung den mit Abstand größten Effekt auf die Absicht zur Nutzung ausländischer Internetshops. Während die Einstellungsvariable als affektive Gesamtbewertung keine konkreten Ableitungen ermöglicht, bieten die einzelnen Ansichten bezüglich des wahrgenommenen Vorteils und des Risikos eine Erklärung für das Zustandekommen der Einstellung. So ergibt sich der wahrgenommene Vorteil nicht nur aus „harten" Faktoren wie z.B. Verfügbarkeit von Produkten oder niedrigeren Preisen, sondern auch nicht-funktionale Aspekte wie das Gefühl, mit der Nutzung ausländischer Internetshops an der weltweiten Internetgemeinschaft zu partizipieren, spielen eine Rolle. Auch das wahrgenommene Risiko wird von einzelnen Risikoansichten unterschiedlich stark geprägt.

Wie in Abschnitt 6.1 am Beispiel des wahrgenommenen Risikos allerdings angesprochen liefert das Ergebnis der Studie einen Querschnitt bezüglich der generellen Nutzung ausländischer Internetshops. Insofern drückt sich darin ein generelles Meinungsbild aus, vor dessen Hintergrund ein Konsument seine Begegnung mit einem konkreten ausländischen Internetshops erfährt bzw. beurteilt. Deshalb können auf der Ebene eines ausländischen Internetshops keine konkreten Handlungsempfehlungen aus den Ergebnissen abgeleitet werden. Hierzu müsste ein Internetshop auf Basis des entwickelten Modells eine separate Erhebung durchführen, in der z.B. auch branchenspezifische Aspekte berücksichtigt werden können[6]. Dann könnte z.B. anhand der Indikatoren des wahrgenommenen Vorteils bzw. Risikos ermittelt werden, wo Handlungsmöglichkeiten bzw. Handlungsbedarf bestehen, um die Einstellungswerte bezüglich der Nutzung dieses Internetshops zu verbessern.

---

[6] Beispielsweise ist das Thema Lieferung bzw. Rücklieferung für einen Softwareanbieter im Vergleich mit einem Anbieter von Gebrauchsgütern kein oder ein andersartiges Problem. So könnte die geringe Verbreitung von breitbandigen Anschlüssen in einem Land dessen Konsumenten davon abhalten, nur per Download verfügbare Software von einem ausländischen Softwareanbieter zu kaufen.

6.2.1.2   Handlungsoptionen für die Bearbeitung internationaler Märkte

Grundsätzlich muss sich ein Internetshop für zwei Möglichkeiten der Bearbeitung internationaler Märkte entscheiden[7]. Eine reaktive Strategie setzt auf reine Mitnahmeeffekte, d.h. der Internetshop richtet seine Vermarktungs-Aktivitäten ganz auf seinen lokalen Markt aus, erfüllt jedoch ad hoc Bestellungen internationaler Kunden. In einer proaktiven Strategie entscheidet sich der Internetshop für eine gezielte Bearbeitung eines oder mehrerer internationaler Märkte, d.h. definiert seine Zielgruppe(n) und Vermarktungsaktivitäten zur Ausschöpfung seines Geschäftspotenzials. Die im folgenden diskutierten Handlungsoptionen sind auf den Fall einer proaktiven Strategie ausgerichtet[8].

Eine proaktive Strategie sollte auf einer klaren Vorstellung und Kenntnis der zu bearbeitenden Zielgruppe basieren. Ist ein möglichst breiter Marktzugang angestrebt oder will sich ein ausländischer Internetshop auf diejenigen Konsumenten konzentrieren, die z.b. aufgrund ihrer internationalen Ausrichtung und entsprechender Sprachkenntnisse sowie umfangreicher Erfahrung im Internet bereit und fähig sind, kulturell nicht oder nur wenig angepasste ausländische Internetshops zu bedienen (*Luna/Peracchio/de Juan*, 2002, S. 408)? Welche Vorteile suchen bzw. erwarten die potenziellen Kunden? Welche Risiken sehen sie in der Nutzung ausländischer Internetshops, die ggf. als Barrieren einen Einkauf in einem ausländischen Internetshop verhindern?

Die Anforderungen der Zielgruppe sind mit den eigenen Fähigkeiten des Internetshops abzuklären. Kann ein einzigartiges Produkt geboten werden, das in den Zielmärkten sonst nicht verfügbar ist[9]? Beispielsweise könnte die Ausrichtung auf internationale Zielgruppen die Konzentration auf Produktspezialitäten lohneswert machen (*Bishop*, 1999, S. 25ff.). Vor dem Hintergrund der internatio-

---

[7]   Grundlegend zu Wettbewerbsstrategien von Internetshops vgl. *Adolphs*, 2004.

[8]   Die reaktive Strategie weist keine im Vergleich zu den für die proaktive Strategie diskutierten originären Handlungsoptionen auf. Generell ist hier ein Mindestmaß an Informationsaktivitäten und Entscheidungen erforderlich in Bezug auf die Themen Abwicklung einer Bestellung (Lieferung, Bezahlung) und rechtliche Situation aufgrund der Lieferung in ein anderes Land. Es bietet sich an, nicht nur die Herkunft der Bestellungen sondern auch die Zugriffe auf die Webseite aus anderen Ländern zu beobachten, um ggf. Chancen für eine aktive Bearbeitung eines Auslandsmarktes zu erkennen und in eine proaktive Strategie überzugehen.

[9]   *White* (1997, S. 384) schreibt hierzu: „If the products are no different from those available in consumers' local retail stores, there is no incentive for Internet shoppers to experiment with an international purchase."

nalen Expansion sind auch die Möglichkeiten der Digitalisierung von Produkten zu überprüfen (*Bliemel/Fassott*, 2000b, S. 193 ff.). Bei Sachleistungen muss die Gestaltung internationaler Wertketten und ggf. die Zusammenarbeit mit Partnern geklärt werden (*Fletcher/Bell/McNaughton*, 2004, S. 52ff.). Insbesondere im Falle einer auf Preisvorteilen für die Zielgruppe ausgerichteten Positionierung ist zu klären, ob die Preisvorteile auch unter Berücksichtigung der internationalen Lieferung bestehen bleiben.

Weiterhin sind die spezifischen Risiken abzuschätzen, die einem Internetshop aufgrund von internationalen Aktivitäten entstehen können. Dies umfasst zum einen Risiken aufgrund unterschiedlicher gesetzlicher Regelungen sowohl basierend auf generellen Regelungen (z.B. Produkthaftung) als auch bezogen auf die Nutzung des Internets als Vertriebskanal (vgl. z.B. *Wijnholds/Little*, 2001; *Zugelder/Flaherty/Johnson*, 2000). Zudem besteht die Gefahr betrügerischer Kunden, der im internationalen Kontext ggf. schwieriger zu begegnen ist. Schließlich stehen international agierende Internetshops, die differenziert die verschiedenen Zielmärkte bearbeiten wollen, vor dem Problem, dass sich die Kunden an die vorgesehene geographische Differenzierung nicht halten und entweder durch die Verschiedenartigkeit der Angebote verwirrt werden oder auch Angebote aus einem für sie nicht vorgesehenen Land haben wollen (*Samiee*, 1998b, S. 17). Insgesamt resultiert aus einer solchen Risikobetrachtung das Problem, dass risikominimierende Aktivitäten des Internetshops für den Konsumenten die Nutzung eines ausländischen Internetshops völlig unattraktiv machen können. Beispielsweise würde das Bestehen auf den rechtlichen Regelungen des Heimatlandes des Internetshops das Risiko für den Konsumenten stark erhöhen[10]. National abgeschottete Angebote, d.h. Kunden eines Landes werden nur von dem für ein Land vorgesehenen Internetshop bedient, können die von den Konsumenten gesuchten Vorteile durch die Nutzung ausländischer Internetshops zunichte machen.

Basierend auf einer derartigen Analyse der Besonderheiten von grenzüberschreitenden Transaktionen sollten Betreiber von internationalen Internetshop sich die Fragen stellen, inwieweit solche Besonderheiten für ihre potenziellen Kunden Barrieren darstellen können und welche Handlungsmöglichkeiten

---

[10] Die unter dem Primat der Risikominimierung für den Internetshop stehenden Empfehlungen von *Zugelder/Flaherty/Johnson* (2000, S. 266) würden zu einem Angebot führen, das für Konsumenten wenig attraktiv wäre. Zu Möglichkeiten eines Internetshops, sich vor betrügerischen Aktivitäten (internationaler) Kunden zu schützen vgl. *o.V.*, 2002.

ihnen zur Verfügung stehen, Barrieren zu eliminieren. Hierzu stehen eine Reihe von Maßnahmen zur Verfügung, die insbesondere auch unter dem Aspekt des Aufbaus von Vertrauen inklusive der Demonstration der bewussten Entscheidung, Kunden aus einem bestimmten Land zu bedienen, zu sehen sind (*Fletcher/Bell/MacNaughton*, 2004, S. 131ff.; *Harrison-Walker*, 2002, S. 15ff.; *Scribbins*, 2001, S.8ff.; *White*, 1997, S.382f.):

- Klare und einfach auffindbare Offenlegung der (geographischen) Identität des Internetshops und der Länder, in denen Kunden bedient werden.

- Berechnung bzw. Abschätzung des Gesamtpreises (inkl. Währungsumrechnung, Lieferkosten, Zoll- und Steuerabgaben).

- Offenlegung der rechtlichen Regelungen, insbesondere zu geltendem Recht, Datenschutz etc., sowie der Verfahrensweisen und dem Kunden dabei ggf. entstehenden Kosten bei Widerruf, Rückgabe, Umtausch oder Reparatur.

- Falls aufgrund von gesetzlichen Regelungen erforderlich, Bereitstellung von Informationen und ggf. Formularen für die Verzollung, Versteuerung oder Inbetriebnahme(erlaubnis) von Produkten.

- Falls aufgrund der angebotenen Produkte erforderlich, Bereitstellung von Informationen zur Verwendbarkeit der Produkte in dem Land des Kunden sowie Hinweise auf bzw. Angebot von Zusatzleistungen, die einen problemlosen Einsatz des Produktes erlauben (z.B. Steckeradapter oder Spannungswandler bei Elektrogeräten).

Wie in Abbildung 6.2 dargestellt, muss für die konkrete Ausrichtung eines Internetshops auch die Frage beantwortet werden, inwieweit vor dem Hintergrund des Kundenverhaltens eine kulturelle Anpassung erforderlich bzw. sinnvoll ist. In den zuvor genannten Aspekten drückt sich bereits eine gewisse Anpassung an die jeweiligen Zielmärkte aus. Es sind jedoch noch wesentlich mehr Aspekte für die kulturelle Anpassung eines Internetshops relevant wie z.B. Sprache, Symbole, Informationsinhalte und -aufbereitung oder Navigationsstruktur und -elemente (*Okazagi*, 2004; *Singh/Kumar*, 2003; *Singh et al.*, 2006b). Typischerweise wird ein internationaler Internetshop, der aus Sicht des Kunden vom Ausland aus operiert, kulturelle Anpassungen an die jeweiligen Länder auf Basis von Landesversionen bzw. Teileinheiten einer zentralen Webseite umsetzen. Auf diese Landesversion kann der Kunde entweder durch Selbstauswahl oder automatisch aufgrund der Herkunftsidentifikation des Webseitenzugriffs kommen. Bei einem

Verzicht auf (intensive) kulturelle Anpassungen wird eher das Konzept einer standardisierten zentralen Webseite verfolgt.

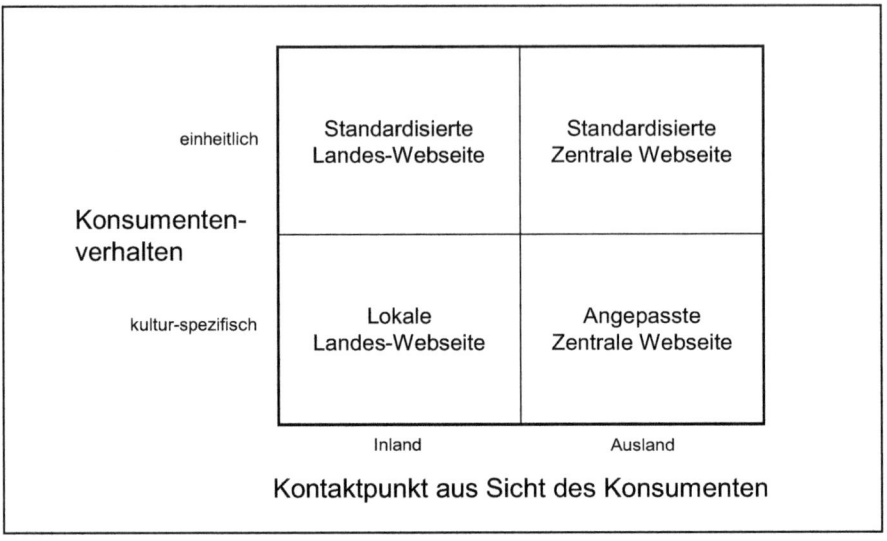

Abb. 6.2:   Standardisierungs- vs. Adaptionsstrategien für ausländische Internetshops

In Abbildung 6.2 wird allerdings auch auf die Möglichkeit hingewiesen, dass ein Internetshop seine internationalen Kunden dadurch bedient, dass er in den jeweiligen Ländern eigene Internetshops betreibt. Je nach Grad der kulturellen Anpassung können dabei die Landes-Webseiten als lokale Webseiten oder standardisierte Webseiten bezeichnet werden[11]. Diese Standortmultiplikation des Internetshops ist dann sinnvoll, wenn die Barrieren der Nutzung eines ausländischen Internetshops nicht soweit reduziert werden können, dass das Potenzial eines Ziellandes ausgeschöpft werden kann. D.h. nur ein kleiner Teil der Internetkäufer eines Landes ist bereit, die betreffenden Produkte im Ausland einzukaufen.

---

[11]   Der Fall einer standardisierten Landes-Webseite ist vor allem dann denkbar, wenn aufgrund von gesetzlichen oder logistischen Restriktionen ein Internetshop Niederlassungen in den jeweiligen Zielländern benötigt, die Internetschnittstelle zum Kunden aufgrund deren einheitlichen Verhaltens aber nicht (wesentlich) angepasst werden muss.

In solchen über ausländische Internetshops nicht ansprechbaren Käuferschichten können sich auch Herkunftslandeffekte äußern. Darüber hinaus sind Herkunftslandeffekte auch bei der Standortwahl zu berücksichtigen, wenn die Akzeptanz eines ausländischen Internetshops je nach seinem Standort stark variiert. Dann kann entweder der Standort der einen zentralen Webseite des Internetshops in ein anderes Land verlegt werden oder es werden Internetshops in einer Reihe von Ländern aufgebaut, von denen aus jeweils unterschiedliche Zielländer bedient werden.

6.2.2 National ausgerichtete Internetshops

Wie in Abschnitt 6.1 gezeigt, fließt je nach Abschätzung ein beträchtlicher Teil der Online-Ausgaben, die Internetnutzer eines Landes tätigen, in Internetshops anderer Länder. Insofern haben national ausgerichtete Internetshops in den ausländischen Internetshops direkte Wettbewerber. Auf der anderen Seite könnte es je nach Akzeptanz des Online-Shopping in einem Land für einen Internetshop einfacher sein, Nutzer ausländischer Internetshops (zurück)zu gewinnen, als bisherige Nichtnutzer des Online-Shopping vom Einkauf im Internet zu überzeugen.

National ausgerichtete Internetshops sollten vor diesem Hintergrund ausländische Internetshops in ihre Wettbewerberbeobachtung einbeziehen. Im Sinne eines Benchmarking sollten dabei sowohl nach innovativen Ansätzen ausländischer Internetshops gesucht werden als auch lokale Unzulänglichkeiten im Angebot, die die Konsumenten erst zu Nutzern ausländischer Internetshops werden lassen, im Auge behalten werden. Dadurch können möglicherweise auch Chancen für eine Kooperation mit einem ausländischen Internetshop identifiziert werden. Weiterhin kann die aktive Beobachtung ausländischer Internetshops auch zu einer Neubewertung von Notwendigkeit und Chancen eigener internationaler Vermarktungsaktivitäten führen.

Schließlich müssen national ausgerichtete Internetshops überlegen, inwiefern sie durch ihre geographische Beschränkung ausreichend bzw. besonders attraktiv für ihre inländischen Kunden sind. *Steinfield/Klein* (1999, S. 48f.) sehen hier insbesondere Chancen für Internetshops, die sich innerhalb eines Landes bzw. in Europa auch zwischen Ländern auf konkret abgegrenzte Regionen konzentrieren.

6.3 Implikationen für die Gestaltung von Rahmenbedingungen

6.3.1 Verbraucherschutz

Ein effektiver Verbraucherschutz im Rahmen der Nutzung ausländischer Internetshops wird durch die vielen zu berücksichtigenden nationalen und bereichs-
spezifischen Regelungen erschwert. Hier kann eine internationale Vereinheitli-
chung von Regelungen beispielsweise zum geltenden Recht, Gerichtsstand oder
Datenschutz die für die Nutzung ausländischer Internetshops geltenden Rahmenbedingungen ähnlich vertraut erscheinen lassen, wie es für die Nutzung nationaler Internetshops der Fall ist. Auf europäischer Ebene wurden z.B. mit der Fernabsatz-Richtlinie verbraucherschützende Regelungen auf die spezifischen
Bedingungen des E-Commerce angewandt und damit einheitliche europaweite
Mindeststandards gesetzt (*Fuhrmann*, 2001, S. 231).

Gesetzliche Regelungen zum Verbraucherschutz greifen aber zu kurz,
wenn es unökonomisch erscheint, diese Rechte auch in Anspruch zu nehmen.
Insbesondere erscheinen Verfahren vor staatlichen Gerichten im Verhältnis zum
Streitwert, der bei vielen Einkäufen in ausländischen Internetshops in Rede steht,
zu langwierig und zu teuer. Als Alternative bieten sich hier online angebotene
außergerichtliche Streitbeilegungsplattformen (Online Dispute Resolution, ODR)
an, bei denen die ganze oder zumindest ein wesentlicher Teil der Kommunikation
zwischen den Parteien sowie zwischen den Parteien und der Streitbeilegungsein-
richtung über elektronische Kommunikation erfolgt (*Unland-Schlebes*, 2004,
S. 7). Dies könnte auch Internetshops, die sich aufgrund unterschiedlichster
rechtlicher Regelungen scheuen, internationale Kunden zu bedienen, zu einem
Auf- bzw. Ausbau ihrer internationalen Aktivitäten ermutigen. Allerdings sind
ODR-Angebote zumindest in Europa wenig verbreitet. Erst wenn mit Hilfe
größtmöglicher Transparenz und Öffentlichkeitsarbeit Vertrauen in dieses Verfahren und die ODR-Einrichtungen geschaffen werden kann, sind positive Effekte auf eine intensivere Nutzung ausländischer Internetshops zu erwarten (*Unland-
Schlebes*, 2004, S. 248).

Vertrauensfördernd und damit stimulierend für die Nutzung ausländischer
Internetshops können auch Gütesiegel für Internetshops wirken. Die mit solchen
Siegelprogrammen verbundenen Selbstverpflichtungen der Internetshops entsprechen von den Programmbetreibern vorgegebenen Verhaltenskodizes (*Fuhrmann*, 2001, S. 172). Die Vielfalt unterschiedlicher Gütesiegel insbesondere im
internationalen Kontext steht allerdings ihrer vertrauensfördernden Wirkung ent-

gegen. Im Zweifel ist dem Konsumenten ein Gütesiegel unbekannt bzw. er weiß nicht, auf welche Eigenschaften des Internetshops es sich bezieht. Insofern könnte das Vertrauen der Konsumenten in die Nutzung ausländischer Internetshops dadurch gesteigert werden, dass sich ein einheitliches internationales Gütesiegel für Internetshops durchsetzt, das strenge Kriterien anlegt und den Konsumenten auch breit bekannt gemacht wird (*Scribbins*, 2001, S. 11). D.h. der Konsument muss sich auf das Gütesiegel verlassen können, so dass er auch bei unbekannten ausländischen Internetshops, die über dieses Gütesiegel verfügen, ohne Bedenken einkaufen kann. Hier sind Verbraucherschutzorganisationen, Industrieverbände und Regierungen aufgerufen, in einer internationalen Kooperation ein derartiges Gütesiegel zu entwickeln bzw. Rahmenbedingungen und Qualitätsstandards für Gütesiegel zu definieren.

Wie bereits erwähnt, werden Regelungen zum Verbraucherschutz von vielen Internetshops bisher nicht berücksichtigt (*Scribbins*, 1999 u. 2001). Hier könnte eine Kopplung des Verleihs bzw. Entzugs eines Gütesiegels an die Einhaltung von Verbraucherschutzvorschriften Internetshops in Richtung Verbraucherschutz beeinflussen (*Fuhrmann*, 2001, S. 172). Eine weitere Möglichkeit, Internetshops zur Einhaltung von Verbraucherschutzbestimmungen zu bewegen, bilden Beschwerde-Webseiten über Unternehmen bzw. schwarze Listen, auf denen z.B. Konsumenten negative Erfahrungen mit einem Internetshop dokumentieren können oder Internetshops gelistet werden, die gegen gesetzliche Vorschriften verstoßen[12].

Ein weiterer zentraler Aspekt für die Umsetzung des Verbraucherschutzes ist die Information der Konsumenten über ihre Rechte und Möglichkeiten zur Rechtsdurchsetzung. Darüber hinaus sollten Konsumenten darauf hingewiesen werden, worauf sie bei der Nutzung ausländischer Internetshops besonders achten sollten. Beispielsweise gibt die Verbraucherschutzorganisation Consumers International eine Reihe von Handlungsempfehlungen, die bei der Nutzung ausländischer Internetshops beachtet werden sollten (*Scribbins*, 2001, S.14f.):

- Identität des ausländischen Internetshops abklären (inkl. postalische Adresse, Kontaktdaten).

- Klarheit über anwendbares Recht und zuständigen Gerichtsstand sowie ggf. verfügbare alternative Verfahren zur Streitbeilegung schaffen.

---

[12]   Zur Nutzung von Beschwerde-Webseiten über Unternehmen vgl. *Bailey*, 2004.

- Bedingungen und Kosten für Widerruf oder Rückversand nicht gewünschter Produkte ermitteln.

- Auf Angabe oder zumindest Abschätzung der maximal anfallenden Zusatzkosten (Lieferung, Steuern, Zoll) bestehen.

- Auf Sicherheitsfeatures des Internetshops insbesondere im Rahmen der Übermittlung persönlicher Daten achten.

- Auf Bezahlung nach erfolgter Lieferung hinwirken, alternativ per Kreditkarte zahlen, um im Problemfall ggf. die Schutzmechanismen des Kreditkartenherausgebers nutzen zu können.

- Bei Gebrauchsgütern darauf achten, wie erforderliche Reparaturen (sowohl während als auch nach der Garantiezeit) abgewickelt werden.

Falls einzelne Aspekte dieser Liste nicht geklärt werden können, sollte von einer Nutzung des fraglichen Internetshops abgesehen werden. Ansonsten laufen diese Handlungsempfehlungen darauf hinaus, dass sich der Konsument bei der Nutzung eines ausländischen Internetshops zumindest über mögliche Risiken bzw. die ggf. entstehenden zusätzlichen Kosten bewusst ist. Aufgrund dieser Informationen kann er dann beurteilen, ob ein auf den ersten Blick günstiges Angebot auch unter Berücksichtigung aller Aspekte alternativen (einheimischen) Angeboten noch überlegen ist, bzw. ausreichend Vertrauen zu einem ausländischen Internetshop aufbauen.

Insgesamt bietet der Aspekt Verbraucherschutz also noch ein recht großes Potenzial, um aus Sicht der Konsumenten die Rahmenbedingungen für die Nutzung ausländischer Internetshops zu verbessern.

6.3.2 Sonstige Rahmenbedingungen

Aus einer Reihe von Gründen können Regierungen an einer Steuerung der Einkaufsaktivitäten interessiert sein und ggf. Vorbehalte gegen die Nutzung ausländischer Internetshops haben (*Flechter/Bell/MacNaughton*, 2004, S. 180): Schutz der nationalen Unternehmen, Aufrechterhaltung moralisch-religiöser Standards, Schutz vor gesundheits- oder umweltgefährdenden Produkten, Aufrechterhaltung der nationalen Sicherheit. Insofern findet auch die Nutzung ausländischer Internetshops unter den Rahmenbedingungen tarifärer und nicht-tarifärer Handels-hemmnisse statt. Dies reicht von Verboten für Produkte oder Vertriebsformen[13] über spezifische Produktzulassungsvorschriften bis hin zu Steuer- und Zollrege-lungen. Zudem ist insbesondere bei einem starken Anstieg der Nutzung ausländi-scher Internetshops auch denkbar, dass Kampagnen zum Kauf einheimischer Produkte initiiert werden und somit der einzelne eher eine subjektive Norm ge-gen die Nutzung ausländischer Internetshops verspürt.

Auf der anderen Seite wäre natürlich ein Abbau von tarifären und nicht-tarifären Handelshemmnissen geeignet, die Nutzung ausländischer Internetshops zu ermöglichen bzw. zu vereinfachen. Beispielsweise könnte der ausländische In-ternetshop ermächtigt werden, Zoll- und Steuerabgaben direkt beim Kauf zu er-heben und direkt an die entsprechenden Stellen des Heimatlandes des Konsu-menten abzuliefern. Der Konsument hätte dadurch automatisch beim Kauf die Transparenz über die entstehenden Kosten und bräuchte sich ansonsten um nichts zu kümmern (*OECD*, 1999, S. 35).

Es wäre auch denkbar, ein positives gesellschaftliches Klima in Bezug auf die Nutzung ausländischer Internetshops aus Entwicklungsländern zu schaffen (*Wood*, 2004, S. 316). Schließlich ist auch von einer generellen Förderung der In-ternetnutzung im allgemeinen sowie des Einkaufens im Internet im besonderen in einem Land über die damit steigende Interneterfahrung der Bürger eine positive Wirkung auf die Nutzung ausländischer Internetshops zu erwarten[14]. In diesem Zusammenhang schlagen *Farquhar/Langmann/Balfour* (1998, S. 11f.) vor, E-Commerce-Themen wie Navigation of Webseiten, Transaktionssicherheit, Sys-temfeedback zum Gegenstand von Standardisierungsvereinbarungen zu machen bzw. die Konsumentensicht in Standardisierungsgremien einzubringen.

---

[13] Hier sei z.b. an die langwierige Diskussion und rechtliche Auseinandersetzung in Deutsch-land über die Zulässigkeit von Internet-Apotheken erinnert.

[14] Dem könnte entgegenwirken, dass im Rahmen einer solchen Förderung auch vermehrt wettbewerbsfähige nationale Internetshops entstehen können.

6.4 Implikationen für die Forschung

6.4.1 Forschungsbedarf zum Konsumentenverhalten im Internet

Die vorliegende Arbeit belegt, dass das Konsumentenverhalten im Internet, hier im konkreten Fall die Nutzung ausländischer Internetshops, auf Basis klassischer Einstellungsmodelle, insbesondere der Theorie des geplanten Verhaltens, in geeigneter Weise erklärt werden kann. Sieht man allerdings den Einbezug des Verhaltens in der Vergangenheit, d.h. die bisherige Nutzung ausländischer Internetshops, als Test auf inhaltliche Vollständigkeit des Modells an[15], so weist der damit erzielte deutliche Zuwachs der erklärten Varianz und der prädiktiven Relevanz darauf hin, dass weitere inhaltlich relevante Variablen für die Erklärung der Nutzung ausländischer Internetshops herangezogen werden sollten.

Einen Ansatzpunkt hierfür stellt die Vorgehensweise von *Venkatesh et al.* (2003) dar, die durch Integration vielfältiger Teil- und Alternativmodelle ihre Unified Theory of Acceptance and Use of Technology (UTAUT) entwickeln. Hierbei werden zum Teil unterschiedliche Konstrukte aus der Literatur aufgrund ihrer Überschneidungen zu neuen Konstrukten mit entsprechend aus den Ursprungskonstrukten adaptierten Messmodellen zusammengefasst und zum anderen verschiedene Variablen wie z.B. demographische Variablen oder Erfahrungen mit dem Internet als moderierende Größen berücksichtigt.

Ein anderes Suchfeld für weitere inhaltlich relevante Variablen bieten Ansätze einer internetspezifischen Theorie des Konsumentenverhaltens. Hier bietet zur Zeit vor allem die Flow-Forschung neue Anregungen, die in der vorliegenden Arbeit über das Vergnügen-Konstrukt aufgegriffen wurden. Allerdings werfen die hierbei erzielten Ergebnisse auch einige Fragen auf bezüglich der Verknüpfung der aus der Flow-Theorie stammenden Variablen und der klassischen Einstellungstheorie. Beispielsweise weisen die teilweise widersprüchlichen Ergebnisse zwischen Internet- und Replikationsstudie bezüglich der Beziehung zwischen Vergnügen und Einstellung auf weiteren Forschungsbedarf hin[16]. In

---

[15] Vgl. die Diskussion zur Theory of Trying in Abschnitt 2.2.2.1.

[16] Hier ist auch die Operationalisierung der beiden Konstrukte zu hinterfragen. So finden sich in Einstellungs-Operationalisierungen teilweise auch Indikatorformulierungen, die das Thema Spaß aufgreifen (vgl. z.B. *Donthu/Garcia*, 1999, S.55). Bei der Beurteilung der Messmodelle bildete in der vorliegenden Studie der Vergnügen-Indikator auf Basis der explorativen Faktorenanalyse einen gemeinsamen Faktor mit den Einstellungsindikatoren.

Verbindung mit der Flow-Theorie ist auch die Fragestellung naheliegend, inwieweit die Nutzung ausländischer Internetshops anders als in der vorliegenden Arbeit angenommen auch bzw. unter bestimmten Rahmenbedingungen als Impulskauf zu charakterisieren ist.

Weiterhin besteht Forschungsbedarf bezüglich des Konsumentenverhaltens im Internet im allgemeinen und der Nutzung ausländischer Internetshops im besonderen in Themenstellungen, die in dieser Arbeit nicht berücksichtigt wurden. Ein wesentlicher Aspekt ist die internationale Übertragbarkeit der Ergebnisse, d.h. Validierung des entwickelten Modells in anderen Ländern. Dabei wäre insbesondere von Interesse, inwieweit sich das Modell in Ländern mit unterschiedlicher Verbreitung und Nutzung des Internets im Sinne der E-Readiness[17] bewährt. In solchen Studien bietet es sich an, auch das Konzept einer globalen Konsumkultur[18] zur berücksichtigen. Hier gilt es zu überprüfen, ob die wesentlichen Nutzer der internationalen Möglichkeiten des Internets zu einer Gruppe mit vergleichbaren globalen Werten und Konsumverhalten gehören bzw. gerade die Internetnutzung die Bildung einer solchen Gruppe fördert.

Schließlich bietet es sich an, das entwickelte Modell auf der Ebene eines konkreten ausländischen Internetshops einzusetzen. Hier ist sowohl an die Beurteilung von real existierenden Internetshops als auch fiktiven bzw. prototypischen Internetshops zu denken. Dies bietet die Gelegenheit, neben Modifikationen des Zusammenhangs der bisher berücksichtigten Variablen wie beispielsweise die Modellierung eines direkten Effekts des wahrgenommenen Risikos auf die Verhaltensabsicht auch beobachtbare Variablen der Webseitennutzung wie z.B. das Surfverhalten in dem ausländischen Internetshop zu berücksichtigen. In Bezug auf die Untersuchung fiktiver bzw. prototypischer Internetshops könnten in experimentellen Studien die Themen Herkunftslandeffekt und erforderliches Ausmaß an kultureller Anpassung mitberücksichtigt werden. Insbesondere sollte untersucht werden, mit welchen Maßnahmen eine günstigere

---

In einer konfirmatorischen Faktorenanalyse (AMOS) bestätigte sich dies jedoch nicht, so dass in der vorliegenden Studie Diskriminanzvalidität zwischen Einstellung und Vergnügen gegeben ist.

[17] Zum Konzept der E-Readiness eines Landes sowie der Beurteilung der E-Readiness verschiedener Länder vgl. *Bui/Sankaran/Sebastian*, 2003; *Economist Intelligence Unit*, 2004; *Kirkman/Osorio/Sachs*, 2002; *McConnell International*, 2001; *Oxley/Yeung*, 2001.

[18] Vgl. hierzu *Cannon/Yaprak*, 2002 ; *Johnston/Johal*, 1999; *Keillor/D'Amico/Horton*, 2001.

Beurteilung eines ausländischen Internetshops z.B. in Bezug auf die wahrgenommenen Vorteile oder Risiken erzielt werden kann.

Abschließend sei noch einmal darauf hingewiesen, dass die Nutzungsvari-
ablen des entwickelten Modells sowohl den Informationsaspekt als auch den
Kaufaspekt vereinen. Nicht untersucht wurde, ob und wie die Nutzung ausländischer Internetshops zu Informationszwecken in Beziehung zum Kaufverhalten
steht. Da deutlich mehr Konsumenten ausländische Internetshops zur Informationssammlung als zum Einkaufen benutzen, könnte zum einen die Informationsnutzung eines ausländischen Internetshops als eine determinierende Variable für
den (späteren) Einkauf in diesem Internetshop angesehen werden (*Shim et al.*,
2001, S. 409). Zum anderen besteht Forschungsbedarf, inwieweit die Konsumenten auf Basis der in einem ausländischen Internetshop erhaltenen Informationen
ihr Kaufverhalten sowohl im stationären Handel als auch generell im Online-
Shopping verändern (*Wind/Mahajan*, 2002, S. 65ff.).

6.4.2 Methodischer Forschungsbedarf

Neben den inhaltlichen Aspekten geben auch die in dieser Studie angewandten
Methoden zur Datenerhebung und Datenauswertung Anlass und Anregungen für
weitere Forschungsarbeiten.

Die in Internet- und Replikationsstudie sichtbar gewordenen Unterschiede,
die sich besonders augenfällig in einem fast doppelt so hohen Anteil an Nutzern
ausländischer Internetshops in der Internetstudie zeigen, weisen auf die Problematik der Teilnehmerrekrutierung in Internet-Befragungen hin. Selbst wenn
„nur" Aussagen zu Internetnutzern und nicht zur Gesamtbevölkerung[19] aus solchen Erhebungen abgeleitet werden sollen, scheint die Repräsentativität von Online-Access-Panels nicht gewährleistet zu sein. Hier besteht Forschungsbedarf
zum einen hinsichtlich der Ursachen insbesondere möglicher Verzerrungen der
Panelstruktur in Richtung medienkompetentere Internet-Intensivnutzer (*Göritz*,
2003, S. 235; *Gräf*, 2003, S. 267). Zum anderen ist nach Möglichkeiten zu suchen, die gefundenen Ursachen zu eliminieren bzw. zu kontrollieren.

---

[19] In Richtung Repräsentativität für die Gesamtbevölkerung zielt das forsa-omninet-Panel.
Hier werden die Teilnehmer offline rekrutiert und die Befragung erfolgt über herkömmliche
Fernsehgeräte, die per Set-Top-Box mit Telefonanschluss an das Internet angebunden wer-
den. Somit können die Vorteile von Online-Befragungen wahrgenommen werden, ohne die
Gruppe der Nicht-Internetnutzer ausschließen zu müssen (*Schmitt*, 2004, S. 285ff.).

Wie gezeigt findet der PLS-Strukturgleichungsansatz zur Zeit eine große Aufmerksamkeit in der betriebswirtschaftlichen Forschung und in anderen Forschungsgebieten. Entsprechend werden auch verschiedene methodische Weiterentwicklungen von PLS diskutiert und erforscht (vgl. z.b. die Beiträge in *Aluja et al.*, 2005 und teilweise in *Bliemel et al.*, 2005). Im folgenden wird besonderes Augenmerk auf den Forschungsbedarf bezüglich der Schätzung der Indikatorengewichte bei formativen Messmodellen gerichtet. Hier zeigt eine Detailanalyse mittels der erhobenen Daten, dass sich je nach Stichprobe bzw. Teilstichprobe und der Aufnahme zusätzlicher Variablen in das Strukturmodell, sei es als erklärende Variable für eine betrachtete Variable oder als zusätzliche erklärende Variable für eine von der betrachteten Variablen beeinflusste endogene Variable, die geschätzten Gewichte deutlich verschieben können. Hiervon sind vor allem zwei Bereiche betroffen.

Zum einen stellt sich die Frage, ob solche Verschiebungen nicht zu völlig verschiedenen Variablen(inhalten) führen und somit die Schätzparameter der Pfadkoeffizienten in Strukturmodellen nicht vergleichbar sind. Zwar deuten erste Überprüfungen darauf hin, dass dies ein eher geringes Problem darstellt[20]. Systematische Untersuchungen stehen jedoch noch aus, die z.B. mittels Monte-Carlo-Untersuchungen überprüfen, ob solche Effekte generell zu vernachlässigen sind oder ob und unter welchen Rahmenbedingungen es kritische Bereiche gibt.

Zum anderen wird eine Ableitung von konkreten Handlungsempfehlungen bezogen auf die einzelnen Indikatoren eines Konstruktes durch instabile Indikatorgewichtungen erschwert bzw. erscheint nicht sinnvoll. Beispielsweise legt die Berechnung des Basismodells der Internetstudie (s. Abschnitt 5.3.1.1) nahe, dass zur Verringerung des wahrgenommenen Risikos Anbieter ausländischer Internetshops sich vornehmlich um Lösungsansätze bemühen sollten im Bereich Bedienbarkeit der Webseite, Produktqualität inklusive Nutzbarkeit des Produktes in

---

[20] So zeigen *Albers/Hildebrandt* (2006) auf Basis eines einzigen fiktiven Datensatzes auf, dass der Wechsel zwischen formativem und reflektivem Messmodell und damit Veränderung der Indikatorgewichtungen nur zu geringen Verzerrungen der Parameterschätzungen im Strukturmodell führt. Weiterhin wurden die verschiedenen Modelle der vorliegenden Studie auch mittels kovarianzbasierten Verfahren (AMOS) getestet, wobei bei formativem Messmodell mit Ein-Indikatorvariablen gearbeitet wurde, die aus den erhobenen Indikatoren entweder auf Basis der Indikatorgewichtungen aus den PLS-Analysen oder gleichgewichtet berechnet wurden. Dabei zeigten sich nur geringfügige Veränderungen bei den geschätzten Pfadkoeffizienten und Fit-Werten der berechneten Modelle. Eine einheitliche Tendenz, dass die Modelle mit den auf Basis der PLS-Gewichtungen berechneten Variablen bessere Fit-Werte erzielten, war nicht zu beobachten.

Deutschland sowie Vertrauensaufbau, dass der Internetshop die bestellte Ware auch tatsächlich liefert. Wenn sich nun durch Berücksichtigung des Vergnügens als weitere determinierende Variable für die Einstellung und des explorativen Surfens als determinierende Variable im Gesamtmodell sowie der Berechnung des Modells für die Nacherhebung andere Risikoindikatoren einen stärkeren Beitrag leisten würden, dann müsste ein Anbieter plötzlich andere Lösungsansätze priorisieren bzw. wählen[21]. Treten die Unterschiede bei der Analyse unterschiedlicher Teilgruppen auf, so legt dies die Ableitung teilgruppenspezifischer Handlungsempfehlungen nahe. Komplexer ist dagegen der Effekt durch Veränderungen im Strukturmodell. Dabei müsste sichergestellt sein, dass Handlungsempfehlungen nicht auf Basis von Teilmodellen entwickelt werden. Hier sollten weitere Forschungsaktivitäten darauf gerichtet werden, wie erkennbar ist, ob ein Modell hinreichend komplett spezifiziert ist, so dass die Indikatorgewichtungen eines Konstruktes trotzt potenzieller weiterer Veränderungen im Strukturmodell stabil bleiben.

---

[21] Tatsächlich variieren die Indikatorgewichtungen des Risikokonstruktes in diesem Beispiel nur wenig. Allerdings ist das Gewicht des Preisindikators im zweiten Fall statistisch signifikant, so dass auf Basis der statistischen Signifikanz als Auswahlkriterium zusätzlich Lösungsansätze im Bereich Gesamtpreistransparenz zu empfehlen wären.

7 Zusammenfassung

Das Potenzial des Internet für das internationale Marketing von Unternehmen stößt in Wissenschaft, Politik und Unternehmenspraxis auf vielfältiges Interesse. Insbesondere wird die Möglichkeit gesehen, über einen (zentralen) Internetauftritt Geschäfte mit internationalen Kunden generieren zu können. Hierzu weist aber die Konsumentenverhaltensforschung zum Kundenverhalten im Internet bisher ein Forschungsdefizit auf, d.h. die Nutzung ausländischer Internetshops durch Konsumenten ist noch ein offenes Forschungsfeld. Zentrales Ziel dieser Arbeit ist es deshalb, ein Modell zum Konsumentenverhalten bezüglich der Nutzung ausländischer Internetshops zu entwickeln und empirisch zu prüfen.

Aus der bisher vorliegenden Literatur zur Nutzung ausländischer Internetshops lässt sich ableiten, dass Konsumenten ausländische Internetshops vor allem dann nutzen, wenn das inländische Angebot Schwächen aufweist. Allerdings stehen der Nutzung ausländischer Internetshops vielfältige Barrieren entgegen, die teilweise durch kulturell auf den jeweiligen Zielmarkt angepasste Internetshops beseitigt werden können. Zur Entwicklung eines Modells zur Nutzung ausländischer Internetshops ist die vorliegende Literatur allerdings nicht ausreichend, so dass im Sinne eines theorienpluralistischen Ansatzes sowohl die Literatur zum internationalen Kaufverhalten der Konsumenten im stationären Handel als auch national ausgerichtete Studien zum Konsumentenverhalten im Internet auf übertragbare Erkenntnisse für die Nutzung ausländischer Internetshops ausgewertet wurden.

Auf Basis der Literaturauswertung sowie einer quantitativen und einer qualitativen empirischen Vorstudie wurde eine Modellserie aus Basismodell, erweitertem Basismodell und Gesamtmodell abgeleitet. Das Basismodell beruht auf der Theorie des geplanten Verhaltens. Als wesentliche Modifikation zu dieser Theorie wird anstelle eines Erwartungs-Wert-Messmodells salienter Ansichten die (affektive) Einstellung zur Nutzung ausländischer Internetshops durch zwei latente Variablen determiniert: wahrgenommener Vorteil und wahrgenommenes Risiko. Zudem wird entsprechend dem Technologie-Akzeptanz-Modell ein direkter Effekt des wahrgenommen Vorteils auf die Verhaltensabsicht modelliert. Im erweiterten Basismodell werden als zusätzliche Variablen abgeleitet aus der Flow-Forschung das Vergnügen und abgeleitet aus der Theory of Trying das bisherige Verhalten in Form der Verhaltenshäufigkeit und Verhaltensaktualität aufgenommen. Dabei beeinflusst das Vergnügen die Einstellung und Verhaltensabsicht, die Verhaltenshäufigkeit die Verhaltensabsicht und das zukünftige Verhalten sowie die Verhaltensaktualität das zukünftige Verhalten. Im Gesamtmodell werden schließlich weitere personenbezogenen Charakteristika als erklärende Variablen für einige der exogenen Variablen des erweiterten Basismodells einbezogen: Innovationsfreude operationalisiert als exploratives Surfen beeinflusst die Variablen wahrgenommener Vorteil und wahrgenommenes Risiko, Ethnozentrismus die Variable subjektive Norm, die generelle Erfahrung mit dem Internet die Verhaltenshäufigkeit sowie die internationale Ausrichtung und Erfahrung eines Konsumenten die wahrgenommene Verhaltenskontrolle.

Der empirische Test dieser drei (Strukturgleichungs-)Modelle erfordert Festlegungen bezüglich der Operationalisierung der latenten Variablen und dem Auswertungsverfahren. Entsprechend wurden die grundlegenden Aspekte reflektiver und formativer Messmodelle diskutiert sowie vor dem Hintergrund des bisher zum Teil unreflektierten Einsatzes reflektiver Messmodelle in Strukturgleichungsanalysen Handlungsempfehlungen für die Entwicklung und Verwendung formativer Messmodelle entwickelt. Da für einen Großteil der Variablen ein formatives Messmodell besser geeignet ist, die bisher in der Auswertung von Strukturgleichungsmodellen dominierende Kovarianzstrukturanalyse (z.B. LISREL) aber nur sehr eingeschränkt mit formativen Messmodellen arbeiten kann, wurde der Partial-Least-Squares-Strukturgleichungsansatz (PLS) als Auswertungsverfahren ausgewählt. Auf Basis einer vergleichenden Gegenüberstellung von PLS mit kovarianzbasierten Strukturgleichungsmodellen wurden Empfehlungen für den Anwendung von PLS abgeleitet.

Zum empirischen Test der Modelle wurden zwei Erhebungen durchgeführt: eine Internet-Befragung auf Basis von Internetkäufern aus dem GfK eSolutions Access Panel und eine als Replikationsstudie dienende Telefon-Befragung auf Basis einer Teilstichprobe der Internetkäufer im Adressbestand des Unternehmens AZ Direct. Die Internetstudie erfolgte in zwei Wellen, da in einer Nacherhebung sechs Monate nach der Haupterhebung ermittelt wurde, inwiefern die in der Haupterhebung geäußerte Verhaltensabsicht bezüglich der Nutzung ausländischer Internetshops von den Befragten realisiert wurde. Während insgesamt Internet- und Replikationsstudie zu ähnlichen Ergebnissen führen, unterscheiden sich die Studien stark im Anteil der Nutzer ausländischer Internetshops. Während in der Internetstudie etwa die Hälfte der Befragten bereits in einem ausländischern Internetshop eingekauft hat, berichtete nur etwa ein Viertel der Befragten in der Replikationsstudie, bereits in einem ausländischen Internetshop eingekauft zu haben. Dieser Unterschied ist zum Teil durch eine Verzerrung des

Online-Access-Panels in Richtung Intensivnutzer des Internet erklärbar. Aufgrund dieser Unterschiede bewegt sich eine grobe Abschätzung des Umsatzes, den Internetkäufer aus Deutschland jährlich in ausländischen Internetshops generieren, zwischen einer halben und vier Milliarden EURO.

Insgesamt ist es gelungen, mit den Strukturgleichungsmodellen die endogenen Variablen Einstellung, Verhaltensabsicht und Verhalten hinreichend zu erklären. Dabei liegt zwar für das Basismodell der Anteil der erklärten Varianz von Verhaltensabsicht und Verhalten im Spektrum der in Meta-Studien zur Einstellungs-Verhaltens-Hypothese berichteten R^2-Werte, aufgrund der negativen prädiktiven Relevanz erscheint die Theorie des geplanten Verhaltens allerdings nicht ausreichend für die Prädiktion der Nutzung ausländischer Internetshops. Die zusätzliche Berücksichtigung des Vergnügens und der bisherigen Nutzung ausländischer Internetshops im erweiterten Basismodell führen bezüglich der Einstellung und der Verhaltensabsicht zu moderaten Verbesserungen bezüglich erklärter Varianz und prediktiver Relevanz. Durch Verhaltenshäufigkeit und insbesondere die Verhaltensaktualität wird schließlich die erklärte Varianz des Verhaltens deutlich erhöht und eine positive prediktive Relevanz erreicht.

Das Ausmaß des Wachstums bezüglich der Nutzung ausländischer Internetshops wird davon geprägt sein, wie sich zentrale Treiber und Barrieren entwickeln werden. Diese ergeben sich u.a. aus gesetzlichen Regelungen insbesondere auch unter dem Aspekt des Verbraucherschutzes. Auf der anderen Seite haben Internetshops, die internationale Kunden gewinnen wollen, vielfältige Handlungsoptionen im Sinne der diskutierten proaktiven Strategie, um den Konsumenten die Nutzung ausländischer Internetshops zu erleichtern.

Insgesamt liefert die Studie einen Querschnitt bezüglich der generellen Nutzung ausländischer Internetshops. Zur Ableitung konkreter Handlungsempfehlungen auf der Ebene eines ausländischen Internetshops kann die entwickelte Modellserie in separaten Erhebungen eingesetzt werden. Weiterer Forschungsbedarf besteht u.a. bezüglich der internationalen Übertragbarkeit der Modelle sowie Integration weiterer Variablen bzw. alternativer Erklärungsansätze anstelle der insbesondere für die Erklärung des zukünftigen Verhaltens dominierenden Rolle der bisherigen Nutzung ausländischer Internetshops.

Literaturverzeichnis

ADM (2001): Standards zur Qualitätssicherung für Online-Befragungen. Frankfurt am Main: Arbeitskreis Deutscher Markt- und Sozialforschungsinstitute e.V.

Adolphs, Kai (2004): Wettbewerbsvorteile im Electronic Retailing: Theoretische Grundlagen und empirische Ergebnisse auf der Basis der Resource-Advantage-Theorie. Wiesbaden: Deutscher Universitätsverlag.

Ahmed, Zafar U.; Johnson, James P.; Yang, Xia; Fatt, Chen Kheng; Teng, Han Sack; Boon, Lim Chee (2004): Does Country of Origin Matter for Low-involvement Products? In: International Marketing Review, 21 (1), S. 102-120.

Ajzen, Icek (1985): From Intentions to Actions: A Theory of Planned Behavior. In: Kuhl, Julius; Beckman, Jürgen (Hrsg.): Action Control: From Cognition to Behavior. Berlin/Heidelberg: Springer, S. 11-39.

Ajzen, Icek (1989): Attitude Structure and Behavior. In: Pratkanis, Anthony R.; Breckler, Steven J.; Greenwald, Anthony G. (Hrsg.): Attitude Structure and Behavior. Hillsdale, NJ: Lawrence Erlbaum, S. 241-274.

Ajzen, Icek (1991): The Theory of Planned Behavior. In: Organizational Behavior and Human Decision Processes, 50, S. 179-211.

Ajzen, Icek; Fishbein, Martin (1980): Understanding Attitudes and Predicting Social Behaviour. Englewood Cliffs: Prentice-Hall.

Ajzen, Icek; Madden, Thomas J. (1986): Prediction of Goal-Directed Behavior: Attitudes, Intentions and Perceived Behavioral Control. In: Journal of Experimental Social Psychology, (22), S. 453-474.

Albers, Sönke (2004): Formative versus reflektive Messmodelle. Vortrag im Rahmen des Workshops "Strukturgleichungsmodelle mit latenten Variablen: der PLS-Ansatz", Technische Universität Kaiserslautern: Lehrstuhl für Marketing.

Albers, Sönke; Hildebrandt, Lutz (2006): Methodische Probleme bei der Erfolgsfaktorenforschung: Messfehler, formative versus reflektive Indikatoren und die Wahl des Strukturgleichungs-Modells. In: Zeitschrift für betriebswirtschaftliche Forschung, 58 (Februar), S. 2-33.

Alpert, Frank H.; Kamins, Michael A.; Graham, John L. (1992): An Examination of Reseller Buyer Attitudes Toward Order of Brand Entry. In: Journal of Marketing, 56 (July), S. 25-37.

Alpert, Frank; Kamins, Michael; Sakano, Tomoaki; Naoto, Onzo; Graham, John (2001): Retail Buyer Beliefs, Attitude and Behavior Toward Pioneer and Me-Too Follower Brands. In: International Marketing Review, 18 (2), S. 160-187.

Aluja, Tomàs; Casanovas, Josep; Esposito Vinzi, Vincenzo; Morineau, Alain; Tenenhaus, Michel (Hrsg.) (2005): PLS and Related Methods. Proceedings of the PLS'05 International Symposium, Barcelona.

Anandarajan, Murugan; Igbaria, Magid; Anakwe, Uzoamaka (2000): Technology Acceptance in the Banking Industry: A Perspective form a Less Developed Country. In: Information Technology & People, 13 (4), S. 298-312.

Anderson, James C.; Gerbing, David W. (1982): Some Methods for Respecifying Measurement Models to Obtain Unidimensional Construct Measurement. In: Journal of Marketing Research, 19 (November), S. 453-460.

Anderson, James C.; Gerbing, David W. (1991): Predicting the Performance of Measures in a Confirmatory Factor Analysis With a Pretest Assessment of Their Substantive Validities. In: Journal of Applied Psychology, 67 (5), S. 732-740.

Apel, Heino (1979): Simulation sozio-ökonomischer Zusammenhänge. Darmstadt: Toeche-Mittler.

Apel, Heino; Lohmöller, Jan-Bernd (1992): Ökonomie und Umweltqualität. In: Hildebrandt, Lutz; Rudinger, Georg; Schmidt, Peter (Hrsg.): Kausalanalysen in der Umweltforschung. Stuttgart: Schäffer-Poeschel, S. 73-100.

Arbuckle, James L.; Wothke, Werner (1999): Amos 4.0 User's Guide. Chicago: SmallWaters.

Arnett, Dennis B.; Laverie, Debra A.; Meiers, Amanda (2003): Developing Parsimonious Retailer Equity Indexes Using Partial Least Squares Analysis: A Method and Applications. In: Journal of Retailing, 79 (3), S. 161-170.

Ashworth, G.J.; Voogd, H. (1994): Marketing of Tourism Places: What Are We Doing? In: Uysal, Muzaffer (Hrsg.): Global Tourist Behavior. New York: International Business Press, S. 5-16.

Aubert, B.A.; Rivard, S.; Patry, M. (1996): Development of Measures to Assess Dimensions of IS Operation Transactions. In: International Journal of Management Science, 24 (6), S. 661-680.

Backhaus, Klaus; Erichson, Bernd; Plinke, Wulff; Weiber, Rolf (2003): Multivariate Analysemethoden: Eine anwendungsorientierte Einführung. 10. Aufl., Berlin: Springer.

Bagozzi, Richard P. (1984a): A Prospectus for Theory Construction in Marketing. In: Journal of Marketing, 48 (Winter), S. 11-29.

Bagozzi, Richard P. (1984b): Expectancy-value Attitude Models: An Analysis of Critical Measurement Issues. In: International Journal of Research in Marketing, 1, S. 295-310.

Bagozzi, Richard P.; Warshaw, Paul R. (1990): Trying to Consume. In: Journal of Consumer Research, 17 (September), S. 127-140.

Bagozzi, Richard P.; Yi, Youjae (1994): Advanced Topics in Structural Equation Models. In: Bagozzi, Richard P. (Hrsg.): Advanced Methods of Marketing Research. Oxford: Blackwell, S. 1-51.

Bagozzi, Richard P.; Yi, Youjae; Singh, Surrenda (1991): On the Use of Structural Equation Models in Experimental Designs: Two Extensions. In: International Journal of Research in Marketing, 8, S. 125-140.

Bailey, Ainsworth Anthony (2004): Thiscompanysucks.com: The Use of the Internet in Negative Consumer-to-consumer Articulations. In: Journal of Marketing Communications, 10 (September), S. 169-182.

Balabanis, George; Diamantopoulos, Adamantios (2004a): Domestic Country Bias, Country-of-Origin Effects, and Consumer Ethnocentrism: A Multidimensional Unfolding Approach. In: Journal of the Academy of Marketing Science, 32 (1), S. 80-95.

Balabanis, George; Diamantopoulos, Adamantios (2004b): Country of Origin Knowledge among Consumers: An Empirical Study. In: Munuera-Alemán, José L. (Hrsg.): Worldwide Marketing. Proceedings of the 33rd EMAC Conference. Murcia: Universidad de Murcia.

Balderjahn, Ingo (1986): Das umweltbewußte Konsumentenverhalten: Eine empirische Studie. Berlin: Duncker&Humblot.

Balderjahn, Ingo (1988): Die Kreuzvalidierung von Kausalmodellen. In: Marketing ZFP, 10 (1), S. 61-73.

Bandura, Albert (1986): Social Foundations of Thought and Action. Englewood Cliffs: Prentice-Hall.

Bansal, Harvir S.; McDougall, Gordon H. G.; Dikolli, Shane S.; Sedatole, Karen L. (2004): Relating e-Satisfaction to Behavioral Outcomes: An Empirical Study. In: Journal of Services Marketing, 18 (4), S. 290-302.

Barclay, Donald W. (1991): Interdepartmental Conflict in Organizational Buying: The Impact of the Organizational Context. In: Journal of Marketing Research, 28 (May), S. 145-159.

Barclay, Donald; Higgins, Christopher; Thompson, Ronald (1995): The Partial Least Squares (PLS) Approach to Causal Modeling: Personal Computer Adoption and Use as an Illustration. In: Technology Studies, 2 (2), S. 285-309.

Baron, Reuben M.; Kenny, David A. (1986): The Moderator-Mediator Variable Distinction in Social Psychological Research: Conceptual, Strategic, and Statistical Considerations. In: Journal of Personality and Social Psychology, 51 (6), S. 1173-1182.

Baron, Steve; Wass, Karen (1996): Towards an Understanding of Airport Shopping Behaviour. In: The International Review of Retail, Distribution and Consumer Research, 6 (3), S. 301-322.

Barwise, Patrick (1995): Good Empirical Generalizations. In: Marketing Science, 14 (3), S. G29-G35.

Bauer, Hans H.; Fischer, Marc; Sauer, Nicola E. (2000): Barrieren des elektronischen Einzelhandels: Eine empirische Studie zum Kaufverhalten im Internet. In: Zeitschrift für Betriebswirtschaft, 70 (10), S. 1133-1156.

Bauer, Hans H.; Grether, Mark; Borrmann, Ulrike (2001): Die Erklärung des Nutzerverhaltens in elektronischen Medien mit Hilfe der Flow-Theorie. In: Marketing ZFP, 23 (1), S. 17-30.

Bauer, Hans H.; Mäder, Ralf; Fischer, Christian (2003): Determinanten der Wirkung von Online-Markenkommunikation. In: Marketing ZFP, 25 (4), S. 227-241.

Bauer, Hans H.; Neumann, Marcus M.; Hoffmann, Yasmin (2004): Internationale Kundensegmentierung im elektronischen Handel: Eine interkulturelle Untersuchung. In: Bauer, Hans H.; Rösger, Jürgen; Neumann, Marcus M. (Hrsg.): Konsumentenverhalten im Internet. München: Vahlen, S. 59-79.

Bauer, Hans H.; Neumann, Marcus M.; Huber, Frank; Hölzing, Jörg A. (2004): Relevanz und Kausalitäten von Konsumentenvertrauen im Internet. In: Bauer, Hans H.; Rösger, Jürgen; Neumann, Marcus M. (Hrsg.): Konsumentenverhalten im Internet. München: Vahlen, S. 3-21.

Bauer, Hans H.; Neumann, Marcus M.; Mäder, Ralf (2005): Die Wirkung von Avataren im elektronischen Handel: Eine experimentelle Untersuchung unter besonderer Berücksichtigung des Vertrauenskonstruktes. In: Marketing ZFP, 27 (2), S. 98-114.

Bauer, Hans H.; Rösger, Jürgen; Neumann, Marcus M. (Hrsg.) (2004): Konsumentenverhalten im Internet. München: Vahlen.

Bauer, Hans H.; Sauer, Nicola E.; Becker, Stefanie (2003): Risikowahrnehmung und Kaufverhalten im Internet. In: Marketing ZFP, 25 (3), S. 183-199.

Baumgartner, Hans; Homburg, Christian (1996): Applications of Structural Equation Modeling in Marketing and Consumer Research: A Review. In: International Journal of Research in Marketing, 13 (2), S. 139-161.

Baumgartner, Hans; Steenkamp, Jan-Benedict E.M. (1996): Exploratory Consumer Buying Behavior: Conceptualization and Measurement. In: International Journal of Research in Marketing, 13, S. 121-137.

BCG (2000): The Race for Online Riches: E-Retailing in Europe. München: The Boston Consulting Group.

Bellman, Steven; Rossiter, John R. (2004): The Website Schema. In: Journal of Interactive Advertising, 4 (2), Internet: http://jiad.org/vol4/no2/Bellman (Download vom 15.07.2004).

Belsley, David A. ; Kuh, Edwin; Welsch, Roy E. (1980): Regression Diagnostics: Identifying Influential Data and Sources of Collinearity. New York: Wiley.

Bengtsson, Anders; Ostberg, Jacob; Askegaard, Soren (2001): Cross-border Shopping in the Open European Market: 1 Litre of Hard Liquor, 20 Litres of Wine, 24 Litre of Beer, 400 Cigarettes, Max. 30 Kilo. In: European Advances in Consumer Research, 5, S. 246-252.

Benno, Joachim (1993): Consumer Purchases through Telecommunications in Europe: Application of Private International Law to Cross-Border Contractual Disputes. CompLex Nr. 4/93, Oslo: Norwegian Research Center for Computers and Law.

Betz, Jürgen (2003): Die Akzeptanz des E-Commerce in der Automobilwirtschaft: Ausmaß, Konsequenzen und Determinanten aus Sicht von Neuwagenkäufern. Wiesbaden: Deutscher Universitäts-Verlag.

Betzin, Jörg (1997): Ein Mehrebenenmodell in der Personalfunktion. In: Engel, Uwe; Strohe, Hans Gerhard (Hrsg.): Hierarchische und dynamische Modellierung: Grundlagen und Anwendungen komplexer Strukturgleichungsmodelle. Hamburg: Kovac, S. 63-76.

Betzin, Jörg (2000): PLS-Pfadmodelle für latente Variablen mit kategoralen Indikatoren: Aspekte des Abfallverhaltens privater Haushalte. Lohmar: Josef Eul.

Birkinshaw, Julian; Morrison, Allen; Hulland, John (1995): Structural and Competitive Determinants of a Global Integration Strategy. In: Strategic Management Journal, 16, S. 637-655.

Bishop, Bill (1999): Global Marketing for the Digital Age. Chicago, IL: NTC Business Books.

Bitner, Mary Jo; Brown, Stephen W.; Meuter, Matthew L. (2000): Technology Infusion in Service Encounters. In: Journal of the Academy of Marketing Science, 28 (1), S. 138-149.

Blair, Jonny; Presser, Stanley (1993): Survey Procedures for Conducting Cognitive Interviews to Pretest Questionnaires: A Review of Theory and Practice. Proceedings of the Survey Research Methods Section, American Statistical Association, S. 370-375. Internet: http://www.amstat.org/sections/srms/Proceedings/papers/1993_059.pdf (Download vom 10.10.2004).

Blake, Brian F.; Neuendorf, Kimberly A.; Valdiserri, Colin M. (2003): Innovativeness and Variety of Internet Shopping. In: Internet Research: Electronic Networking Applications and Policy, 13 (3), S. 156-169.

Blalock, Hubert M. (1964): Causal Inferences in Nonexperimental Research. Chapel Hill: University of North Carolina Press.

Bliemel, Friedhelm; Eggert, Andreas; Adolphs, Kai (2000): Preispolitik im Electronic Commerce. In: Bliemel, Friedhelm; Fassott, Georg; Theobald, Axel (Hrsg.): Electronic Commerce: Herausforderungen, Anwendungen, Perspektiven. 3. Aufl., Wiesbaden: Gabler, S. 205-217.

Bliemel, Friedhelm; Eggert, Andreas; Fassott, Georg (Hrsg.) (2002a): ICRM 2002 Proceedings. Bd. 1, Kaiserslautern: Universität Kaiserslautern.

Bliemel, Friedhelm; Eggert, Andreas; Fassott, Georg (Hrsg.) (2002b): ICRM 2002 Proceedings. Bd. 2, Kaiserslautern: Universität Kaiserslautern.

Bliemel, Friedhelm; Eggert, Andreas; Fassott, Georg; Henseler, Jörg (Hrsg.) (2005): Handbuch PLS-Pfadmodellierung: Methode, Anwendung, Praxisbeispiele. Stuttgart: Schäffer-Poeschel.

Bliemel, Friedhelm; Fassott, Georg (2000a): Electronic Commerce und Kundenbindung. In: Bliemel, Friedhelm; Fassott, Georg; Theobald, Axel (Hrsg.): Electronic Commerce: Herausforderungen, Anwendungen, Perspektiven. 3. Aufl., Wiesbaden: Gabler, S. 11-26.

Bliemel, Friedhelm; Fassott, Georg (2000b): Produktpolitik mit E-Share. In: Bliemel, Friedhelm; Fassott, Georg; Theobald, Axel (Hrsg.): Electronic Commerce: Herausforderungen, Anwendungen, Perspektiven. 3. Aufl., Wiesbaden: Gabler, S. 191-204.

Bobbitt, L. Michelle; Dabholkar, Pratibha A. (2001): Integrating Attitudinal Theories to Understand and Predict Use of Technology-based Self-service: The Internet as an Illustration. In: International Journal of Service Industry Management, 12 (5), S. 423-250.

Bode, Eckhardt; Krieger-Boden, Christiane; Lammers, Konrad Cross-border Activities, Taxations and the European Single Market. Kiel: Institut für Weltwirtschaft.

Bollen, Kenneth A. (1984): Multiple Indicators: Internal Consistency or No Nessary Relationship? In: Quality and Quantity, 18, S. 377-385.

Bollen, Kenneth A. (1989): Structural Equations with Latent Variables. New York: John Wiley & Sons.

Bollen, Kenneth A.; Lennox, Richard (1991): Conventional Wisdom on Measurement: A Structural Equation Perspective. In: Psychological Bulletin, 110 (2), S. 305-314.

Bollen, Kenneth A.; Long, J. Scott (1993): Introduction. In: Bollen, Kenneth A.; Long, J. Scott (Hrsg.): Testing Structural Equation Models. Newbury Park: Sage, S. 1-9.

Bontis, Nick (1998): Intellectual Capital: An Exploratory Study that Develops Measures and Models. In: Management Decision, 36 (2), S. 63-76.

Bortz, Jürgen (1993): Statistik für Sozialwissenschaftler. 4. Aufl., Berlin: Springer.

Braunstein, Christine (2001): Einstellungsforschung und Kundenbindung: zur Erklärung des Treueverhaltens von Konsumenten. Wiesbaden: Gabler.

Breckler, Steven J. (1990): Application of Covariance Structure Modeling in Psychology: Cause for Concern? In: Psychological Bulletin, 107 (2), S. 260-273.

Brengman, Malaika; Geuens, Maggie (2002): Profiling Internet Users Based on their Propensity to Adopt Online Shopping. In: Asia Pacific Advances in Consumer Research, 5, S. 30-39.

Broekemier, Greg M.; Burkink, Tim J. (2004): Using the Internet to Facilitate Outshopping by Rural Residents: Survery and Implications. In: Journal of Internet Commerce, 3 (1), S. 63-78.

Bruhn, Manfred; Murmann, Britta (1998): Nationale Kundenbarometer: Messung von Qualität und Zufriedenheit - Methodenvergleich und Entwurf eines Schweizer Kundenbarometers. Wiesbaden: Gabler.

Bruner, Gordon C. II; James, Karen E.; Hensel, Paul J. (2001): Marketing Scales Handbook: A Compilation of Multi-Item Measures. 3. Aufl., American Marketing Association.

Bruning, Edward R.; Lockshin, Larry; Lantz, Gary (1993): A Conjoint Analysis of Factors Affecting Intentions of Canadian Consumers to Shop in U. S. Retail Centres. In: Carson, Auleen (Hrsg.): Marketing: Proceedings of the Annual Conference of the Administrative Sciences Association of Canada - Marketing Division. Bd. 3, Lake Louise: University of New Brunswick, S. 12-21.

Bui, Tung X.; Sankaran, Siva; Sebastian, Ina M. (2003): A Framework for Measuring National e-Readiness. In: International Journal of Electronic Business, 1 (1), S. 3-22.

Cannon, Hugh M.; Yaprak, Attila (2002): Will the Real-World Citizen Please Stand Up! The Many Faces of Cosmopolitan Consumer Behavior. In: Journal of International Marketing, 10 (4), S. 30-52.

Caparrós, Asunción (1999): Cross-Border Direct Marketing and E-Commerce in Europe: Some Regulatory Hints. In: Customer Relationship Management, 2 (1), S. 73-79.

Carnap, Rudolf (1966): An Introduction to the Philosophy of Science. New York: Basic Books.

Cashen, Luke H.; Geiger, Scott W. (2004): Statistical Power and the Testing of Null Hypotheses: A Review of Contemporary Management Research and Recommendations for Future Studies. In: Organizational Research Methods, 7 (2), S. 151-167.

Cassel, Claes; Hackl, Peter; Westlund, Anders H. (1999): Robustness of Partial Least-squares Method for Estimating Latent Variable Quality Structures. In: Journal of Applied Statistics, 26 (4), S. 435-446.

Cassel, Claes M.; Hackl, Peter; Westlund, Anders H. (2000): On Measurement of Intangible Assets: A Study of Robustness of Partial Least Squares. In: Total Quality Management, 11 (7), S. 897-907.

Chao, Paul (1998): Impact of Country-of-Origin Dimensions on Product Quality and Design Quality Perceptions. In: Journal of Business Research, (42), S. 1-6.

Chatterjee, Al (1991): Cross-Border Shopping: Searching for a Solution. In: Canadian Business Review, 18 (4), S. 26-31.

Chen, Qimei; Wells, William D. (1999): Attitude Toward the Site. In: Journal of Advertising Research, 39 (September-October), S. 27-37.

Chen, Qimei; Clifford, Sandra J.; Wells, William D. (2002): Attitude Toward the Site II: New Information. In: Journal of Advertising Research, 42 (2), S. 33-45.

Chen, Lei-da; Gillenson, Mark L.; Sherrell, Daniel L. (2002): Enticing Online Consumers: An Extended Technology Acceptance Perspective. In: Information & Management, 39, S. 705-719.

Chidley, Joe (1998): Viagra Fever. In: MacLean's, June 8, S. 14-21.

Childers, Terry L.; Carr, Christopher L.; Peck, Joann; Carson, Stephen (2001): Hedonic and Utilitarian Motivations for Online Retail Shopping Behavior. In: Journal of Retailing, 77, S. 511-535.

Chin, Wynne W. (1998a): The Partial Least Squares Approach for Structural Equation Modelling. In: Marcoulides, George A. (Hrsg.): Modern Methods for Business Research. Mahwah, New Jersey: Lawrence Erlbaum, S. 295-336.

Chin, Wynne W. (1998b): Issues and Opinion on Structural Equation Modeling. In: MIS Quarterly, 22 (March), S. VII-XVI.

Chin, Wynne W. (2001): PLS-Graph User's Guide: Version 3.0.
Internet: http://www.bauer.uh.edu/plsgraph/ (Download vom 01.10.2004).

Chin, Wynne W. (2003): A Permutation Procedure for Multi-Group Comparison of PLS Models. In: Vilares, Manuel; Tenenhaus, Michel; Coelho, Pedro S.; Esposito Vinzi, Vincenzo; Morineau, Alain (Hrsg.): PLS and Related Methods: Proceedings of the PLS'03 International Symposium. Levallois Perret: Decisia: Decisia, S. 33-42.

Chin, Wynne W.; Gopal, Abhijit (1995): Adoption Intention in GSS: Relative Importance of Beliefs. In: Data Base Advances, 26 (2/3), S. 42-64.

Chin, Wynne W.; Marcolin, Barbara L.; Newsted, Peter R. (2003): A Partial Least Squares Latent Variable Modeling Approach for Measuring Interaction Effects: Results from a Monte Carlo Simulation Study and an Electronic-Mail Emotion/Adoption Study. In: Information Systems Research, 14 (2), S. 189-217.

Chin, Wynne W.; Newsted, Peter R. (1999): Structural Equation Modeling Analysis with Small Samples Using Partial Least Squares. In: Hoyle, Rick H. (Hrsg.): Statistical Strategies for Small Sample Research. Thousand Oaks, California: Sage, S. 307-341.

Christiansen, Vidar; Smith, Stephen (2001): The Economics of Duty-Free Shopping. CESifo Working Paper No. 595, München: Center for Economic Studies & Ifo Institute for Economic Research.

Churchill, Gilbert A. (1979): A Paradigm for Developing Better Measures of Marketing Constructs. In: Journal of Marketing Research, 16 (February), S. 64-73.

Citrin, Alka Varma; Sprott, David E.; Silverman, Steven N.; Stem, Donald E. Jr. (2000): Adoption of Internet Shopping: The Role of Consumer Innovativeness. In: Industrial Management & Data Systems, 100 (7), S. 294-300.

Clarke, George R.G.; Wallsten, Scott J. (2004): Has the Internet Increased Trade? Evidence from Industrial and Developing Countries. World Bank Policy Research Working Paper 3215. Internet: http://econ.worldbank.org/view.php?type=5&id=33098 (Download vom 19.10.2004).

Cohen, Jacob (1988): Statistical Power Analysis for the Behavioral Sciences. 2. Aufl., Hillsdale: Lawrence Erlbaum.

Cohen, Jacob (1992): A Power Primer. In: Psychological Bulletin, 112 (1), S. 155-159.

Cohen, Jacob (1994): The Earth Is Round (p<.05). In: American Psychologist, 49 (12), S. 997-1003.

Cohen, Patricia; Cohen, Jacob; Teresi, Jeanne; Marchi, Margaret; Velez, C. Noemi (1990): Problems in the Measurement of Latent Variables in Structural Equations Causal Models. In: Applied Psychological Measurement, 14 (2), S. 183-196.

Compeau, Deborah R.; Higgins, Christopher A. (1995): Computer Self-Efficacy: Development of a Measure and Initial Test. In: MIS Quarterly, 19 (June), S. 189-211.

Compeau, Deborah; Higgins, Christopher A.; Huff, Sid (1999): Social Cognitive Theory and Individual Reactions to Computing Technology: A Longitudinal Study. In: MIS Quarterly, 23 (2), S. 145-158.

Consumers International (2001): Disputes in Cyberspace 2001: Update of Online Dispute Resolution for Consumers in Cross-border Disputes. London: Consumers International.

Cool, Karel; Dierickx, Ingemar; Jemison, David (1989): Business Strategy, Market Structure and Risk-Return Relationships: A Structural Approach. In: Strategic Management Journal, 10, S. 507-522.

Coppel, Jonathan (2000): E-Commerce: Impacts and Policy Challenges. Economics Department Working Paper ECO/WKP(2000)25, Paris: OECD.

Crawford, Ian; Smith, Zoe; Tanner, Sarah (1999): Alcohol Taxes, Tax Revenues and the Single European Market. In: Fiscal Studies, 20 (3), S. 287-304.

Cremer, Rolf; Knepel, Helmut (1980): Ein Indikatormodell für sozioökonomische Problembereiche des Arbeitsmarktes: Spezifikationsprobleme, methodische Grundlagen, erste Ergebnisse. In: Mitteilungen aus der Arbeitsmarkt- und Berufsforschung, 13 (1), S. 125-136.

Csikszentmihalyi, Mihalyi (1999): Flow: Das Geheimnis des Glücks. 7. Aufl., Stuttgart: Klett-Cotta.

Dach, Christian (2002): Internet Shopping versus stationärer Handel: Zum Einkaufsstättenwahlverhalten von Online-Shoppern. Stuttgart: Kohlhammer.

Darden, William R.; Perreault , William D. Jr. (1976): Identifying Interurban Shoppers: Multiproduct Purchase Patterns and Segmentation Profiles. In: Journal of Marketing Research, 13 (February), S. 51-60.

Das, Samar; Echambadi, Raj; McCardle, Michael; Luckett, Michael (2003): The Effect of Interpersonal Trust, Need for Cognition, and Social Loneliness on Shopping, Information Seeking and Surfing on the Web. In: Marketing Letters, 14 (3), S. 185-202.

Davis, Fred D. (1986): A Technology Acceptance Model for Empirically Testing New End-User Information Systems: Theory and Results. Bd. Doctoral Dissertation, Cambridge, MA: MIT Sloan School of Management.

Davis, Fred D. (1989): Perceived Usefulness, Perceived Ease of Use, and User Acceptance of Information Technology. In: MIS Quarterly, 13 (September), S. 319-340.

Davis, Fred F.; Bagozzi, Richard P.; Warshaw, Paul R. (1989): User Acceptance of Computer Technology: A Comparison of Two Theoretical Models. In: Management Science, 35 (8), S. 982-1003.

Davis, Fred D.; Bagozzi, Richard P.; Warshaw, Paul R. (1992): Extrinsic and Intrinsic Motivation to Use Computers in the Workplace. In: Journal of Applied Social Psychology, (22), S. 1111-1132.

de Mooij, Marieke; Hofstede, Geert (2002): Convergence and Divergence in Consumer Behavior: Implications for International Retailing. In: Journal of Retailing, 78 (1), S. 61-69.

Decisia (2002): The ESIS Project. Internet: http://www.decisia.com/pdf/ESIS_Brochure.pdf (Download vom 30.09.2004).

Dholakia, Utpal M.; Morwitz, Vicki G. (2002): The Scope and Persistence of Mere-Measurement Effects: Evidence from a Field Study of Customer Satisfaction Measurement. In: Journal of Consumer Research, 29 (2), S. 159-167.

Di Matteo, Livio (1999): Using Alternative Methods to Estimate the Determinants of Cross-border Trips. In: Applied Economics, 31 (1), S. 77-88.

Di Matteo, Livio; Di Matteo, Rosanna (1996): An Analysis of Canadian Cross-Border Travel. In: Annals of Tourism Research, 23 (1), S. 103-122.

Diamantopoulos, Adamantios (1999): Export Performance Measurement: Reflective versus Formative Indicators. In: International Marketing Review, 16 (6), S. 444-457.

Diamantopoulos, Adamantios; Winklhofer, Heidi M. (2001): Index Construction with Formative Indicators: An Alternative to Scale Development. In: 38 (May), S. 269-277.

Dickson, Peter R. (2000): Understanding the Trade Winds: The Global Evolution of Production, Consumption, and the Internet. In: Journal of Consumer Research, 27 (June), S. 115-122.

Diehl, Sandra (2002): Erlebnisorientiertes Internetmarketing: Analyse, Konzeption und Umsetzung von Internetshops aus verhaltenswissenschaftlicher Perspektive. 1. Aufl., Wiesbaden: Deutscher Universitäts-Verlag.

Dijkstra, Theo (1983): Some Comments on Maximum Likelihood and Pertial Least Squares Methods. In: Journal of Econometrics, (22), S. 67-90.

Diller, Hermann (2004): Das süße Gift der Kausalanalyse. In: Marketing ZFP, 26 (3), S. 177.

Dillman, D.A. (2000): Mail and Internet Surveys: The Taylored Design Method. 2. Aufl., New York: John Wiley.

Dinnie, Keith (2004): Country-of-Origin 1965-2004: A Literature Review. In: Journal of Customer Behaviour, 3 (2), S. 165-213.

Donthu, Naveen; Garcia, Adriana (1999): The Internet Shopper. In: Journal of Advertising Research, 39 (May-June), S. 52-58.

Drolet, Aimee L.; Morrison, Donald G. (2001): Do We Really Need Multiple-Item Measures in Service Research? In: Journal of Service Research, 3 (3), S. 196-204.

DTI (2002): Internet and Cross-border Shopping. London: Department of Trade and Industry.

Eagly, Alice H.; Chaiken, Shelly (1993): Thy Psychology of Attitudes. Fort Worth, TX: Harcourt Brace.

Easley, Richard W.; Madden, Charles S.; Dunn, Mark G. (2000): Conducting Marketing Science: The Role of Replication in the Research Process. In: Journal of Business Research, 48, S. 83-92.

East, Robert (1997): Consumer Behaviour: Advances and Applications in Marketing. Hemel Hempstead: Prentice Hall Europe.

Eastlick, Mary Ann; Lotz, Sherry (1999): Profiling Potential Adopters and Non-adopters of an Interactive Electronic Shopping Medium. In: International Journal of Retail & Distribution Management, 27 (6), S. 209-223.

ECIN (2004): Online-Einkauf gewinnt an Marktbedeutung. News vom 13.10.2004, Internet: http://www.ecin.de/news/2004/10/13/07599 (Download vom 15.10.2004).

Eckey, Hans-Friedrich; Kosfeld, Reinhold; Dreger, Christian (2001): Ökonometrie: Grundlagen, Methoden, Beispiele. 2. Aufl., Wiesbaden: Gabler.

Economist Intelligence Unit (2004): The 2004 E-Readiness Rankings. Internet: http://www.eiu.com (Download vom 25.05.2004)

Edwards, Jeffrey R.; Bagozzi, Richard P. (2000): On the Nature and Direction of Relationships Between Constructs and Measures. In: Psychological Methods, 5 (2), S. 155-174.

Efron, Bradley; Tibshirani, Robert J. (1993): An Introduction to the Bootstrap. New York: Chapman & Hall.

Eggert, Andreas (2004): Wertorientiertes Beziehungsmarketing in Kunden-Lieferanten-beziehungen. Angenommene Habilitationsschrift, Technische Universität Kaiserslautern: Fachbereich Wirtschaftswissenschaften.

Eggert, Andreas; Fassott, Georg (2003): Zur Verwendung formativer und reflektiver Indikatoren in Strukturgleichungsmodellen: Ergebnisse einer Metaanalyse und Anwendungsempfeh-lungen. Kaiserslauterer Schriftenreihe Marketing Nr. 20, Technische Universität Kaisers-lautern: Lehrstuhl für Marketing.

Eskildsen, Jacob; Kristensen, Kai; Juhl, Hans Jørn; Østergaard, Peder (2004): The Drivers of Customer Satisfaction and Loyalty: The Case of Denmark 2000-2002. In: Total Quality Management and Business Excellence, 15 (5-6), S. 859-868.

European Consumer Law Group (1998): Jurisdication and Applicable Law in Cross-Border Consumer Complaints: Socio-Legal Remarks on an Ongoing Dilemma Concerning Effec-tive Legal Protection for Consumer-Citizens in the European Union. In: Journal of Con-sumer Policy, (21), S. 315-337.

Falk, R. Frank; Miller, Nancy B. (1992): A Primer for Soft Modeling. Acron: University of Ac-ron Press.

Fantapié Altobelli, Claudia; Grosskopf, Ann-Kathrin (1998): Online-Distribution im Consumer- und Business-to-Business-Bereich: Eine empirische Analyse am Beispiel der Informations-technologie- und Telekommunikationsbranche. In: Der Markt, 37 (146/147), S. 146-160.

Farquhar, Bruce J.; Langmann, Gordon; Balfour, Adam (1998): Consumer Needs in Global Electronic Commerce: The Role of Standards in Addressing Consumer Concerns. In: Elec-tronic Markets, 8 (2), S. 9-13.

Fassott, Georg (2004a): Besonderheiten von Kundenbeziehungen im Internet. In: Hippner, Ha-jo; Wilde, Klaus D. (Hrsg.): Grundlagen des CRM: Konzepte und Gestaltung. Wiesbaden: Gabler, S. 245-263.

Fassott, Georg (2004b): CRM Tools and Their Impact on Relationship Quality and Loyalty in e-Tailing. In: International Journal of Internet Marketing and Advertising, 1 (4), S. 331-349.

Fassott, Georg (2006): Operationalisierung latenter Variablen in Strukturgleichungsmodellen: Eine Standortbestimmung. In: Zeitschrift für betriebswirtschaftliche Forschung, 58 (Febru-ar), S. 67-88.

Fassott, Georg; Eggert, Andreas (2005): Zur Verwendung formativer und reflektiver Indikatoren in Strukturgleichungsmodellen: Bestandsaufnahme und Anwendungsempfehlungen. In: Bliemel, Friedhelm; Eggert, Andreas; Fassott, Georg; Henseler, Jörg (Hrsg.): Handbuch PLS-Pfadmodellierung: Methode, Anwendung, Praxisbeispiele. Stuttgart: Schäffer-Poeschel, S. 31-47.

Feltham, Tammi S.; Moore, Patrick A. (1996): Outshopping Behavior: A Two Country Study. In: Berneman, Corinne (Hrsg.): Marketing: Proceedings of the Annual Conference of the Administrative Sciences Association of Canada - Marketing Division. Bd. 3, Montreal: École des Hautes Études Commerciales, S. 51-60.

Fishbein, Martin; Ajzen, Icek (1975): Belief, Attitude, Intention, and Behavior: An Introduction to Theory and Research. Reading, MA: Addison Wesley.

Fitzgerald, John D.; Quinn, T.P.; Whelan, B.J.; Williams, J.A. (1988): An Analysis of Cross-Border Shopping. Dublin: Economic and Social Research Institute.

Fletcher, Richard; Bell, Jim; McNaughton, Rod (2004): International E-Business Marketing. London: Thomson.

Forgas, Joseph P. (1999): Soziale Interaktion und Kommunikation: Eine Einführung in die Sozialpsychologie. 4. Aufl., Weinheim: Beltz.

Fornell, Claes; Bookstein, Fred L. (1982): Two Structural Equation Models: LISREL and PLS Applied to Consumer Exit-Voice Theory. In: Journal of Marketing Research, 19 (November), S. 440-452.

Fornell, Claes (1987): A Second Generation of Multivariate Analysis: Classification of Methods and Implications for Marketing Research. In: Houston, Michael J. (Hrsg.): Review of Marketing. Chicago: American Marketing Association, S. 407-450.

Fornell, Claes (1989): The Blending of Theoretical and Empirical Knowledge with Unobservables. In: Wold, Herman (Hrsg.): Theoretical Empiricism: A General Rationale for Scientific Model-Building. New York: Paragon House, S. 153-182.

Fornell, Claes (1992): A National Customer Satisfaction Barometer: The Swedish Experience. In: 56 (January), S. 6-21.

Fornell, Claes; Lorange, Peter; Roos, Johan (1990): The Cooperative Venture Formation Process: A Latent Variable Structural Modeling Approach. In: Management Science, 36 (10), S. 1246-1255.

Fornell, Claes; Cha, Jaesung (1994): Partial Least Squares. In: Bagozzi, Richard P. (Hrsg.): Advanced Methods of Marketing Research. Oxford: Blackwell, S. 52-78.

Fornell, Claes; Johnson, Michael D.; Anderson, Eugene W.; Cha, Jaesung; Everitt Bryant, Barbara (1996): The American Customer Satisfaction Index: Nature, Purpose, and Findings. In: Journal of Marketing, 60 (October), S. 7-18.

Fornell, Claes; Larcker, David F. (1981): Evaluating Structural Equation Models with Unobservable Variables and Measurement Error. In: Journal of Marketing Research, 1981 (February), S. 39-50.

Fornell, Claes; Robinson, William T. (1983): Industrial Organization and Consumer Satisfaction/Dissatisfaction. In: Journal of Consumer Research, 9 (March), S. 403-412.

Fornell, Claes; Robinson, William T.; Wernerfelt, Birger (1985): Consumption Experience and Sales Promotion Expenditure. In: Management Science, 31 (9), S. 1084-1105.

Fornell, Claes; Tellis, Gerard T.; Zinkhan, George M. (1982): Validity Assessment: A Structural Equations Approach Using Partial Least Squares. In: Walker, Bruce J. et al. (Hrsg.): An Assessment of Marketing Thoughts and Practice. 1982 Educators' Conference Proceedings. Aufl., Chicago: American Marketing Association, S. 405-409.

Förster, Friedrich; Fritz, Wolfgang; Silberer, Günther; Raffée, Hans (1983): Moderne Verfahren der Kausalanalyse und ihre Bedeutung für Marketingwissenschaft und -praxis: Bericht der Forschungsgruppe Konsumenteninformation. Mannheim: Universität Mannheim.

Frenzel, Tobias (2003): Akzeptanz von Systemen der digitalen Distribution im E-Commerce der Musikwirtschaft. Berlin: Logos.

Frey, Dieter; Stahlberg, Dagmar; Gollwitzer, Peter M. (1993): Einstellung und Verhalten: Die Theorie des überlegten Handelns und die Theorie des geplanten Verhaltens. In: Frey, Dieter; Irle, Martin (Hrsg.): Theorien der Sozialpsychologie: Bd. 1 Kognitive Theorien. 2. Aufl., Bern: Huber, S. 361-398.

Fuhrmann, Heiner (2001): Vertrauen im Electronic Commerce: Rechtliche Gestaltungsmöglichkeiten unter besonderer Berücksichtigung verbindlicher Rechtsgeschäfte und des Datenschutzes. Baden-Baden: Nomos.

Fullerton, Gordon L.; Navaux, Tricia (1994): A Profile of the Cross-Border Shopper: Some Preliminary Findings. In: Smith, Brock (Hrsg.): Looking South: The Canadian Perspective on North American Trade: Proceedings of the Annual Conference of the Administrative Sciences Association of Canada - Marketing Division. Bd. 3, Halifax: Dalhousie University, S. 75-85.

Ganesh, Jaishankar (1998): Converging Trends Within the European Union: Insights from an Analysis of Diffusion Patterns. In: Journal of International Marketing, 6 (4), S. 32-48.

GAO (2002): International Electronic Commerce: Definitions and Policy Implications. Report GAO-02-404, Washington, DC: United States General Accounting Office.

Gatignon, Hubert; Robertson, Thomas S. (1985): A Propositional Inventory for New Diffusion Research. In: Journal of Consumer Research, 11 (March), S. 849-867.

Gefen, David (2002): Customer Loyalty in E-Commerce. In: Journal of the Association for Information Systems, 3, S. 27-51.

Gefen, David; Karahanna, Elena; Straub, Detmar W. (2003): Trust and TAM in Online Shopping: An Integrated Model. In: MIS Quarterly, 27 (1), S. 51-90.

Gefen, David; Straub, Detmar (2000): The Relative Importance of Perceived Ease of Use in IS Adoption: A Study of E-Commerce Adoption. In: Journal of the Association for Information Systems, 1 (8), S. 1-30.

Gefen, David; Straub, Detmar W.; Boudreau, Marie-Claude (2000): Structural Equation Modeling and Regression: Guidelines for Research Practice. In: Communications of the Association for Information Systems, 4 (7), S. 1-77.

Geisser, Seymour (1974): A Predictive Approach to the Random Effect Model. In: Biometrika, 61 (1), S. 101-107.

George, Joey F. (2002): Influences on the Intent to Make Internet Purchases. In: Internet Research: Electronic Networking Applications and Policy, 12 (2), S. 165-180.

George, Joey F. (2004): The Theory of Planned Behavior and Internet Purchasing. In: Internet Research, 14 (3), S. 198-212.

Georges, Laurent; Eggert, Andreas (2003): Key Account Managers' Role Within the Value Creation Process of Collaborative Relationships. In: Journal of Business-to-Business Marketing, 10 (4), S. 1-22.

Geppert, Frank; Strohe, Hans Gerhard (2000): DPLS: Partial Least Squares Program. In: Härdle, Wolfgang; Hlávka, Zdenk; Klinke, Sigbert (Hrsg.): XploRe Application Guide. Berlin: Springer, S. 305-322.

Gerhards, Maria; Mende, Annette (2002): ARD/ZDF-Offline-Studie 2002: Nichtnutzer von Online: Kern von Internetverweigerern? In: Media Perspektiven, (8), S. 363-375.

Gerhards, Maria; Mende, Annette (2003): ARD/ZDF-Offline-Studie 2003: Offliner 2003: Stabile Vorbehalte gegenüber dem Internet. In: Media Perspektiven, (8), S. 359-373.

Gerhards, Maria; Mende, Annette (2004): ARD/ZDF-Offline-Studie 2002: Offliner 2004: Anpassungsdruck steigt, Zugangsbarrieren bleiben bestehen. In: Media Perspektiven, (8), S. 371-385.

Gesmann-Nuissl, Dagmar (2000): Rechtliche Aspekte des Electronic Commerce. In: Bliemel, Friedhelm; Fassott, Georg; Theobald, Axel (Hrsg.): Electronic Commerce: Herausforderungen, Anwendungen, Perspektiven. 3. Aufl., Wiesbaden: Gabler, S. 63-83.

GfK (2001): Nicht nur zur Weihnachtszeit: E-Commerce-Markt in Deutschland wächst im ersten Halbjahr 2001 weiter. Pressemeldung 12.09.2001, Internet: http://www.gfk.de/presse (Download vom 08.09.2004).

GfK (2004a): Online-Einkauf gewinnt an Marktbedeutung. Pressemeldung 06.09.2004, Internet: http://www.gfk.de/presse (Download vom 08.09.2004).

GfK (2004b): Der Krise zum Trotz: Online Shopping boomt! Ergebnisse des Online Shopping Survey 2004 (OSS). Pressemeldung 31.03.2004, Internet: http://www.gfk.de/presse (Download vom 08.09.2004).

Gierl, Heribert; Hammer, Claudia (2002): Angst vor Anonymitätsverlust im Internet und Reaktionen der Konsumenten: Eine empirische Untersuchung. In: Jahrbuch der Absatz- und Verbrauchsforschung, 48 (2), S. 172-190.

Gilly, Mary C. ; Graham, John L.; Wolfinbarger, Mary Finley; Yale, Laura J. (1998): A Dyadic Study of Interpersonal Information Search. In: Journal of the Academy of Marketing Science, 26 (2), S. 83-100.

Goldsmith, Ronald E. (2002): Explaining and Predicting Consumer Intention to Purchase Over the Internet: An Exploratory Study. In: Journal of Marketing Theory and Practice, 10 (Spring), S. 22-28.

Goldsmith, Ronald E.; Hofacker, Charles F. (1991): Measuring Consumer Innovativeness. In: Journal of the Academy of Marketing Science, 19 (Summer), S. 209-221.

Gopal, Abhijit; Bostrom, Robert P.; Chin, Wynne W. (1992): Applying Adaptive Structuration Theory to Investigate the Process of Group Support Systems Use. In: Journal of Management Information Systems, 9 (3), S. 45-69.

Göritz, Anja S. (2003): Online-Panels. In: Theobald, Axel; Dreyer, Marcus; Starsetzki, Thomas (Hrsg.): Online-Marktforschung: Theoretische Grundlagen und praktische Erfahrungen. 2. Aufl., Wiesbaden: Gabler, S. 227-240.

Göritz, Anja S.; Reinhold, Nicole; Batinic, Bernad (2000): Marktforschung mit Online-Panels: State of the Art. In: Planung & Analyse, (3), S. 62-67.

Götz, Oliver; Liehr-Gobbers, Kerstin (2004): Der Partial-Least-Squares (PLS)-Ansatz zur Analyse von Strukturgleichungsmodellen. Ifm - Arbeitspapier Nr. 2, Westfälische Wilhelms-Universität Münster: Institut für Marketing.

Grabner-Kräuter, Sonja (2000): Konsumentenverhalten Online: Ansatzpunkte für eine Integration des Internet in das Handelsmarketing. In: Foscht, Thomas (Hrsg.): Zukunftsperspektiven für das Handelsmanagement: Konzepte, Instrumente, Trends. Frankfurt am Main: Dt. Fachverlag, S. 313-329.

Grabner-Kraeuter, Sonja (2002): The Role of Consumers' Trust in Online-Shopping. In: Journal of Business Ethics, 39, S. 43-50.

Grajczyk, Andreas; Mende, Annette (2000): ARD/ZDF-OfflineStudie 2000: Nichtnutzer von Online: Zugangsbarrieren bleiben bestehen. In: Media Perspektiven, (8), S. 350-358.

Granzin, Kent L.; Olsen, Janeen E. (1998): Americans' Choice of Domestic over Foreign Products: A Matter of Helping Behavior? In: Journal of Business Research, (43), S. 39-54.

Granzin, Kent L.; Painter, John J. (2001): Motivational Influences on "Buy Domestic" Purchasing: Marketing Management Implications from a Study of Two Nations. In: Journal of International Marketing, 9 (2), S. 73-96.

Gray, H.L.; Schucany, W.R. (1972): The Generalized Jackknife Statistic. New York: Marcel Dekker.

Gräf, Lorenz (2003): Internet Access Panels in der Praxis. In: Theobald, Axel; Dreyer, Marcus; Starsetzki, Thomas (Hrsg.): Online-Marktforschung: Theoretische Grundlagen und praktische Erfahrungen. 2. Aufl., Wiesbaden: Gabler, S. 255-270.

Guillén, Mauro F. (2002): What is the Best Global Strategy for the Internet? In: Business Horizons, May-June, S. 39-46.

Ha, Young; Stoel, Leslie (2004): Internet Apparel Shopping Behaviors: The Influence of General Innovativeness. In: International Journal of Retail & Distribution Management, 32 (8), S. 377-385.

Hackl, Peter; Scharitzer, Dieter; Zuba, Reinhard (1996): The Austrian Customer Satisfaction Barometer (ACSB): A Pilot Study. In: Der Markt, 35 (2), S. 86-94.

Hackl, Peter; Westlund, Anders H. (2000): On Structural Equation Modelling for Customer Satisfaction Measurement. In: Total Quality Management, 11 (4/5&6), S. 820-825.

Hagen, Kornelia; Preißl, Brigitte (2004): E-Commerce in Einzelhandels- und Dienstleistungsunternehmen am Beispiel Berlins: Gegenwärtig noch relativ geringe Bedeutung. Wochenbericht des DIW Berlin 38/04, Internet: http://www.diw.de/deutsch/produkte/publikationen/wochenberichte/docs/04-38-1.html (Download vom 15.10.2004).

Hahn, Carsten H. (2002): Segmentspezifische Kundenzufriedenheitsanalyse: Neue Ansätze zur Segmentierung von Märkten. Wiesbaden: Dt. Universitäts-Verlag.

Hahn, Carsten; Johnson, Michael D.; Herrmann, Andreas; Huber, Frank (2002): Capturing Customer Heterogeneity Using a Finite Mixture PLS Approach. In: Schmalenbach Business Review, 54 (3), S. 243-269.

Hair, Joseph F.; Anderson, Rolph E.; Tatham, Ronald L.; Black, William C. (1998): Multivariate Data Analysis. 5. Aufl., Upper Saddle River: Prentice Hall.

Han, C. Min; Terpstra, Vern (1988): Country-of-Origin Effects for Uni-National and Bi-National Products. In: Journal of International Business Studies, 19 (2), S. 235-255.

Hansmann, Hans-Werner; Ringle, Christian M. (Hrsg.) (2004): SmartPLS Benutzerhandbuch: Version 1.0. 14.07.2004, Internet: http://www.smartpls.de/ressources/handbuch.pdf (Download vom 30.09.2004).

Harms, Ann-Kathrin (2003): Die Bedeutung von Inhibitoren im Adoptionsprozess technologiebasierter Self-Service-Innovationen. In: Marketing ZFP, 25 (4), S. 257-272.

Harris, Lloyd C.; Goode, Mark M.H. (2004): The Four Levels of Loyalty and the Pivotal Role of Trust: A Study of Online Service Dynamics. In: Journal of Retailing, 80, S. 139-158.

Harrison-Walker, L. Jean (2002): If You Build it, Will They Come? Barriers to International e-Marketing. In: Journal of Marketing Theory and Practice, 10 (Spring), S. 12-20.

Haukeland, Jan Vidar (1996): Norwegian and Foreign Tourist's Expenditures in Norway During the Summer of 1995. In: Revue de Tourisme, 51 (3), S. 45-52.

Hausruckinger, Gerhard (1993): Herkunftsbezeichnungen als präferenzdeterminierende Faktoren: Eine internationale Studie bei langlebigen Verbrauchsgütern. Bd. 1359, Frankfurt am Main: Lang.

Hausruckinger, Gerhard; Helm, Roland (1996): Die Bedeutung des Country-of-Origin Effekts vor dem Hintergrund der Internationalisierung von Unternehmen: Eine teilweise individualisierte Conjoint-Analyse. In: Marketing ZFP, 18 (4), S. 267-278.

Häubl, Gerald (1995): Standortentscheidungen und Konsumentenverhalten: Der Einfluss des Produktionsstandortes aud die Beurteilung eines neuen Automobiles. Bd. 14, Wien: Service-Fachverlag.

HDE (2004a): HDE Zahlenspiegel 2004: Daten zum Einzelhandel in Deutschland. Berlin: Hauptverband des Deutschen Einzelhandels.

HDE (2004b): Einzelhandelsumsatz 2004 bei minus 0,5 Prozent. Pressemitteilung vom 16.09.2004, Internet: http://www.hde.de/servlet/PB/menu/1040937/index.html (Download vom 15.10.2004).

HDE (2004c): E-Commerce-Umsatz 2005: 14,5 Milliarden Euro. Aktuelles vom 13.10.2004, Internet: http://www.hde.de/servlet/PB/menu/1041272/index.html (Download vom 15.10.2004).

Hellwig, Jörg Otto; von Heesen, Boris; Bouwmeester, René (2003): Rekrutierungsunterschiede bei Online-Panels und ihre Folgen. In: Theobald, Axel; Dreyer, Marcus; Starsetzki, Thomas (Hrsg.): Online-Marktforschung: Theoretische Grundlagen und praktische Erfahrungen. 2. Aufl., Wiesbaden: Gabler, S. 241-254.

Helm, Sabrina (2004): Die Reputation der Unternehmung und die Loyalität ihrer Stakeholder. Angenommene Habilitationsschrift, Heinrich-Heine-Universität Düsseldorf: Wirtschafts-wissenschaftliche Fakultät.

Henseler, Jörg (2005): Einführung in die PLS-Pfadmodellierung. In: WiSt Wirtschaftswissen-schaftliches Studium, 34 (2), S. 70-75.

Henseler, Jörg (2005): Wechselverhalten bei kontinuierlichen Austauschbeziehungen. Einge-reichte Dissertationsschrift, Technische Universität Kaiserslautern: Fachbereich Wirt-schaftswissenschaften.

Herrmann, Andreas; Huber, Frank; Kressmann, Frank (2006): Varianz- und kovarianzbasierte Strukturgleichungsmodelle: Ein Leitfaden zu deren Spezifikation, Schätzung und Beurtei-lung. In: Zeitschrift für betriebswirtschaftliche Forschung, 58 (Februar), S. 34-66.

Hershberger, Scott L. (1994): The Specification of Equivalent Models before the Collection Data. Latent Variables Analysis: Applications for Development Research. Thousand Oaks, California: Sage, S. 68-105.

Hildebrandt, Lutz (1999): Hypothesenbildung und empirische Überprüfung. In: Herrmann, And-reas; Homburg, Christian (Hrsg.): Marktforschung: Methoden, Anwendungen, Praxisbei-spiele. Wiesbaden: Gabler, S. 33-57.

Hildebrandt, Lutz (2004): Strukturgleichungsmodelle für die Konsumentenverhaltensforschung: Methodische Trends und Software-Entwicklungen. In: Gröppel-Klein, Andrea (Hrsg.): Konsumentenverhaltensforschung im 21. Jahrhundert. Wiesbaden: Deutscher Universitäts-Verlag, S. 541-564.

Hoffman, Donna L.; Novak, Thomas P. (1996): Marketing in Hypermedia Computer-Mediated Environments: Conceptual Foundations. In: Journal of Marketing, 60 (July), S. 50-68.

Hoffmann, Martin (2002): Die Übertragbarkeit des Country-of-Origin-Konzepts auf die Nut-zung des Internet. Diplomarbeit D111, Kaiserslautern: TU Kaiserslautern (Lehrstuhl für Marketing).

Holzmüller, Hartmut H.; Kasper, Helmut (1989): Psychostrukturelle Merkmale von Exportma-nagern, Organisationskultur und Exporterfolg: Eine kausalanalytische Untersuchung. In: Zeitschrift für Betriebswirtschaft, 59 (12), S. 1297-1323.

Holzmüller, Hartmut H.; Kasper, Helmut (1991): On a Theory of Export Performance: Personal and Organizational Determinants of Export Trade Activities Observed in Small and Me-dium-Sized Firms. In: Management International Review, 31 (Special Issue), S. 45-70.

Homburg, Christian; Baumgartner, Hans (1995a): Die Kausalanalyse als Instrument der Marke-tingforschung: Eine Bestandsaufnahme. In: Zeitschrift für Betriebswirtschaft, 65 (10), S. 1091-1108.

Homburg, Christian; Baumgartner, Hans (1995b): Beurteilung von Kausalmodellen: Be-standsaufnahme und Anwendungsempfehlungen. In: Marketing ZFP, 17 (3), S. 162-176.

Homburg, Christian; Dobratz, Andreas (1991): Iterative Modellselektion in der Kausalanalyse. In: Zeitschrift für betriebswirtschaftliche Forschung, 43 (3), S. 213-237.

Homburg, Christian; Giering, Annette (1996): Konzeptualisierung und Operationalisierung komplexer Kunstrukte: Ein Leitfaden für die Marketingforschung. In: Marketing ZFP, 18 (1), S. 5-24.

Homburg, Christian; Hildebrandt, Lutz (1998): Die Kausalanalyse: Bestandsaufnahme, Entwicklungsrichtungen, Problemfelder. In: Homburg, Christian; Hildebrandt, Lutz (Hrsg.): Die Kausalanalyse: Ein Instrument der empirischen betriebswirtschaftlichen Forschung. Stuttgart: Schäffer-Poeschel, S. 15-43.

Hoppe, Michael; Lamp, Rainer (2001): Die Qualität von Online Panel: Ein Methodentest. In: Planung & Analyse, (3), S. 46-51.

Hopper, Jo Anne Stilley; Budden, Michael (1989): Predicting Consumer Outshopping Activity: A Propensity to Outshop Scale. In: Akron Business and Economic Review, 20 (2), S. 40.

Howcroft, Barry; Hewer, Paul; Hamilton, Robert (2000): Consumer Behaviour and the Adoption of Home-Based Banking. In: Banking and Information Technology, (4), S. 33-41.

Hribek, Günther; Schmalen, Helmut (2000): Konzeptualisierung und Operationalisierung der Patientenzufriedenheit mit stationärer Versorgung: Entwicklung multiattributiver Messinstrumente für Krankenhäuser und Rehabilitationseinrichtungen. In: Marketing ZFP, 22 (3), S. 209-227.

Hruschka, Harald (1985): Abgrenzung und Segmentierung von Märkten auf der Grundlage unscharfer Klassifikationsverfahren. Frankfurt a. Main: Thun/Deutsch.

Hubbard, Raymond; Armstrong, J. Scott (1994): Replications and Extensions in Marketing: Rarely Published but Quite Contrary. In: International Journal of Research in Marketing, 11, S. 233-248.

Hubbard, Raymond; Vetter, Daniel E. (1996): An Empirical Comparison of Published Replication Research in Accounting, Economics, Finance, Management, and Marketing. In: Journal of Business Research, 35, S. 153-164.

Huber, Frank; Herrmann, Andreas; Peter, Sibylle (2003): Ein Ansatz zur Steuerung der Markenstärke: Grundidee, Methodik und Implikationen. In: Zeitschrift für Betriebswirtschaft, 73 (4), S. 345-370.

Hubig, Marc-André (2002): Global E-Commerce. Diplomarbeit D109, Kaiserslautern: TU Kaiserslautern (Lehrstuhl für Marketing).

Hulland, John (1999): Use of Partial Least Squares (PLS) in Strategic Management Research: A Review of Four Recent Studies. In: Strategic Management Journal, 20, S. 195-204.

Hulland, John; Kleinmuntz, Don M. (1994): Factors Influencing the Use of Internal Summary Evalutations versus External Information in Choice. In: Journal of Behavioral Decision Making, 7 (2), S. 79-102.

Hunt, Shelby. D.; Sparkman, Richard D. Jr.; Wilcox, James B. (1982): The Pretest in Survey Research: Issues and Preliminary Findings. In: Journal of Marketing Research, 19 (May), S. 269-273.

Iacobucci, Dawn; Duhachek, Adam (2003): Mediation Analysis. Roundtable Presentation at Association of Consumer Research Conference.
Internet: http://www.acrweb.org/acr2003/pr_saturday.html (Download vom 15.8.2004)

Insch, Gary S.; McBride, J. Brad (2004): The Impact of Country-of-Origin Cues on Consumer Perceptions of Product Quality: A Binational Test of the Decomposed Country-of-Origin Construct. In: Journal of Business Research, 57 (3), S. 256-265.

Jacobs, Siegfried (1991): City-Marketing: Die Anwendung der Marketing-Technologie zur Erhöhung der Einkaufsattraktivität von Innenstädten. In: Marketing ZFP, 13 (2), S. 121-130.

Jagpal, Harsharanjeet S. (1982): Multicollinearity in Structural Equation Models With Unobservable Variables. In: Journal of Marketing Research, 19 (November), S. 431-439.

Jarratt, Denise G. (1996): A Comparison of Two Alternative Interviewing Techniques Used within an Integrated Research Design: A Case Study in Outshopping Using Semi-structured and Non-directed Interviewing Techniques. In: Marketing Intelligence & Planning, 14 (6), S. 6-15.

Jarratt, Denise (2000): Outshopping Behaviour: An Explanation of Behaviour by Shopper Segment Using Structural Equation Modelling. In: International Review of Retail, Distribution and Consumer Research, 10 (3), S. 287-304.

Jarvenpaa, Sirkka L.; Todd, Peter A. (1997): Is there a Future for Retailing on the Internet? In: Peterson, Robert A. (Hrsg.): Electronic Marketing and the Consumer. Thousand Oaks/London: S. 139-154.

Jarvenpaa, Sirkka L.; Tractinsky, Noam (1999): Consumer Trust in an Internet Store: A Cross-Cultural Validation. In: Journal of Computer--Mediated Communication, 2 (5), Internet: http://www.ascusc.org/jcmc/vol5/issue2/jarvenpaa.html (Download vom 12.06.2001).

Jarvis, Cheryl Burke; MacKenzie, Scott. B.; Podsakoff, Philip M. (2003): A Critical Review of Construct Indicators and Measurement Model Misspecification in Marketing and Consumer Research. In: Journal of Consumer Research, 30 (September), S. 199-218.

Javalgi, Rajshekhar G.; Cutler, Bob D.; Winans, William A. (2001): At Your Service! Does Country of Origin Research Apply to Services? In: Journal of Services Marketing, 15 (7), S. 565-582.

Johansson, Johny K.; Nebenzahl, Israel D. (1986): Multinational Production: Effect on Brand Value. In: Journal of International Business Studies, 17 (3), S. 101-126.

Johansson, Johny K.; Yip, George S. (1994): Exploiting Globalization Potential: U.S. and Japanese Strategies. In: Strategic Management Journal, 15 (8), S. 579-601.

Johnson, Michael D.; Lehmann, Donald R.; Fornell, Claes; Horne, Daniel R. (1992): Attribute Abstraction, Feature-Dimensionality, and the Scaling of Product Similarities. In: International Journal of Research in Marketing, (9), S. 131-147.

Johnson, Michael D.; Horne, David A. (1992): An Examination of the Validity of Direct Product Perceptions. In: Psychology and Marketing, 9 (3), S. 221-235.

Johnston, Kevin; Johal, Parminder (1999): The Internet as a "Virtual Cultural Region": Are Extant Cultural Classification Schemes Appropriate? In: Internet Research: Electronic Networking, Applications and Policy, 9 (3), S. 178-186.

Jöreskog, K.G. (1982): The LISREL Approach to Causal Model-Building in the Social Sciences. In: Jöreskog, K.G.; Wold, Herman (Hrsg.): Systems under Indirect Observation: Causality, Structure, Prediction. Bd. Part I, Amsterdam: North-Holland, S. 81-100.

Jöreskog, Karl G.; Goldberger, Arthur S. (1975): Estimation of a Model with Multiple Indicators and Multiple Causes of a Single Latent Variable. In: Journal of the American Statistical Association, 10 (351), S. 631-639.

Jöreskog, K.G.; Wold, Herman (1982): The ML and PLS Techniques for Modeling with Latent Variables: Historical and Comparative Aspects. In: Jöreskog, K.G.; Wold, Herman (Hrsg.): Systems under Indirect Observation: Causality, Structure, Prediction. Bd. 1, Amsterdam: North-Holland, S. 263-270.

Jöreskog, K.G.; Wold, Herman (Hrsg.) (1982a): Systems under Indirect Observation: Causality, Structure, Prediction. Bd. 1, Amsterdam: North-Holland.

Jöreskog, K.G.; Wold, Herman (Hrsg.) (1982b): Systems under Indirect Observation: Causality, Structure, Prediction. Bd. 2, Amsterdam: North-Holland.

Kaplan, David (1995): Statistical Power in Structural Equation Modeling. Structural Equation Modeling: Concepts, Issues, and Applications. Thousand Oaks, California: Sage, S. 100-117.

Karahanna, Elena; Straub, Detmar W. (1999): The Psychological Origins of Perceived Usefulness and Ease-of-Use. In: Information & Management, 35, S. 237-250.

Keillor, Bruce D.; D'Amico, Michael; Horton, Veronica (2001): Global Consumer Tendencies. In: Psychology & Marketing, 18 (1), S. 1-19.

Kepper, Gaby (1994): Qualitative Marktforschung: Methoden, Einsatzmöglichkeiten und Beurteilungskriterien. Wiesbaden: DUV.

Kirkman, Geoffrey S.; Osorio, Carlos A.; Sachs, Jeffrey D (2002). The Networked Readiness Index: Measuring the Preparedness of Nations for the Networked World. Internet: http://www.cid.harvard.edu/cr/pdf/gitrr2002_ch02.pdf (Download vom 16.05.2003).

Klein, Jill Gabrielle (2002): Us Versus Them, or Us Versus Everyone? Delineating Consumer Aversion to Foreign Goods. In: Journal of International Business Studies, 33 (2), S. 345-363.

Klein, Jill Gabrielle; Ettenson, Richard; Morris, Marlene D. (1998): The Animosity Model of Foreign Product Purchase: An Empirical Test in the People's Republic of China. In: Journal of Marketing, 62 (January), S. 89-100.

Kleinbaum, David G.; Kupper, Lawrence L.; Muller, Keith E.; Nizam, Azhar (1998): Applied Regression Analysis and Other Multivariable Methods. 3. Aufl., Pacific Grove: Duxbury Press.

Klemz, Bruce R. (1999): Assessing Contact Personnel/Customer Interaction in a Small Town: Differences Between Large and Small Retail Districts. In: Journal of Services Marketing, 13 (3), S. 194-207.

Klemz, Bruce R.; Boshoff, Christo (2001): Environmental and Emotional Influences on Willingness-to-Buy in Small and Large Retailers. In: European Journal of Marketing, 35 (1/2), S. 70-91.

Ko, Hanjun; Jung, Jaemin; Kim, Joo Young; Shim, Sung Wook (2004): Cross-Cultural Differences in Perceived Risk of Online Shopping. In: Journal of Interactive Advertising, 4 (2), Internet: http://jiad.org/vol4/no2/ko (Download vom 15.07.2004).

Kollmann, Tobias (1998): Akzeptanz innovativer Nutzungsgüter und -systeme: Konsequenzen für die Einführung von Telekommunikations- und Multimediasystemen. Wiesbaden: Gabler.

Kotler, Philip; Bliemel, Friedhelm (2001): Marketing-Management: Analyse, Planung und Verwirklichung. 10. Aufl., Stuttgart: Schäffer-Poeschel.

Koufaris, Marios; Kambil, Ajit; LaBarbera, Priscilla Ann (2002): Consumer Behavior in Web-Based Commerce: An Empirical Study. In: International Journal of Electronic Commerce, 6 (2), S. 115-138.

Köhler, Helmut (1998): Die Rechte des Verbrauchers beim Teleshopping (TV-Shopping, Internet-Shopping). In: Neue Juristische Wochenschrift, 51 (4), S. 185-190.

Köppen, Bernhard (2000): Auswirkungen des Einkaufstourismus im nordböhmischen Grenzraum: Beispiele zu Sonderformen des tertiären Sektors. In: Europa Regional, 8 (2), S. 19-31.

Krafft, Manfred; Litfin, Thorsten (2002): Adoption innovativer Telekommunikationsdienste: Validierung der Rogers-Kriterien bei Vorliegen potenziell heterogener Gruppen. In: Zeitschrift für betriebswirtschaftliche Forschung, 54 (Februar), S. 64-83.

Kratena, Kurt; Wüger, Michael (1997): Economic Effects of Cross-Border Purchases in Austria. In: Austrian Economic Quarterly, 2 (1), S. 43-52.

Kreller, Peggy (2000): Einkaufsstättenwahl von Konsumenten: Ein präferenztheoretischer Erklärungsansatz. Wiesbaden: Gabler.

Kristensen, Kai; Grønholdt, Lars; Martensen, Anne (2000): Customer Satisfaction and Customer Loyalty in the Danish Banking Sector: Theory, Application and Benchmarking. In: Proceedings 44th Annual EOQ Congress, Band 2, , S. 54-62.

Kroeber-Riel, Werner; Weinberg, Peter (2003): Konsumentenverhalten. 8. Aufl., München: Vahlen.

Krueger, Richard A. (1998a): Developing Questions for Focus Groups: Focus Group Kit 3. Thousand Oaks, CA: Sage.

Krueger, Richard A. (1998b): Moderating Focus Groups: Focus Group Kit 4. Thousand Oaks, CA: Sage.

Krueger, Richard A. (1998c): Analyzing & Reporting Focus Group Results: Focus Group Kit 6. Thousand Oaks, CA: Sage.

Krueger, Richard A.; Casey, Mary Anne (2000): Focus Groups: A Practical Guide for Applied Research. 3. Aufl., Thousand Oaks, CA: Sage.

Kuester, Sabine; Homburg, Christian; Robertson, Thomas S. (1999): Retaliatory Behaviour to New Product Entry. In: Journal of Marketing, 63 (October), S. 90-106.

Kuester, Sabine; Homburg, Christian; Robertson, Thomas S.; Schäfer, Heiko (2001): Verteidigungsstrategien gegen neue Wettbewerber: Bestandsaufnahme und empirische Untersuchung. In: Zeitschrift für Betriebswirtschaft, 71 (10), S. 1191-1215.

Kuhn, Andreas (2001): The Treatment Of E-Commerce And Software In German Foreign Trade Statistics. OECD Working Paper STD/NA/ITS(2001)8, Internet: http://www.destatis.de/download/mv/mv1.pdf (Download vom 15.10.2004).

Kujala, Jouni T.; Johnson, Michael D. (1993): Price Knowledge and Search Behaviour for Habitual, Low Involvement Food Purchases. In: Journal of Economic Psychology, 14 (2), S. 249-265.

Kühn, Richard (1993): Das "Made-in-Image" Deutschlands im internationalen Vergleich. In: Marketing ZFP, 15 (2), S. 119-127.

LaForge, Raymond W.; Reese, Richard M.; Stanton, Wilbur W. (1984): Identifying and Attracting Consumer Outshoppers. In: Journal of Small Business Management, January, S. 22-29.

Lascu, Dana-Nicoleta; Giese, Thomas (1995): Exploring Country Bias in a Retailing Environment: Implications of Retailer Country of Origin. In: Journal of Global Marketing, 9 (1/2), S. 41-58.

Lee, Don Y. (2000): Retail Bargaining Behaviour of American and Chinese Customers. In: European Journal of Marketing, 34 (1/2), S. 190-206.

Lee, Don Y.; Tsang, Eric W. K. (2001): The Effects of Entrepreneurial Personality, Background and Network Activities on Venture Growth. In: Journal of Management Studies, 38 (4), S. 583-602.

Lee, Jungki; Allaway, Arthur (2002): Effects of Personal Control on Adoption of Self-service Technology Innovations. In: Journal of Services Marketing, 16 (6), S. 553-572.

Lee, Eun-Ju; Lee, Jinkook; Eastwood, David (2003): A Two-Step Estimation of Consumer Adoption of Technology-Based Service Innovations. In: The Journal of Consumer Affairs, 37 (2), S. 256-282.

Lee, Soonmook; Hershberger, Scott (1990): A Simple Rule for Generating Equivalent Models in Covariance Structure Modeling. In: Multivariate Behavioral Research, 25 (July), S. 313-334.

Liefeld, John P. (1993): Experiments on Country-of-Origin Effects: Review and Meta-Analysis of Effect Size. In: Papadopoulos, Nicolas; Heslop, Louise A. (Hrsg.): Product-Country Images: Impact and Role in International Marketing. New York: International Business Press, S. 117-156.

Lindsay, R. Murray; Ehrenberg, A.S.C. (1993): The Design of Replicated Studies. In: The American Statistician, 47 (3), S. 217-228.

Lingenfelder, Michael (2001): Die Identifikation und Bearbeitung von Online-Käufersegmenten: Ergebnisse einer empirischen Untersuchung. In: Fritz, Wolfgang (Hrsg.): Internet-Marketing: Marktorientiertes E-Business in Deutschland und den USA. 2. Aufl., Stuttgart: Schäffer-Poeschel, S. 373-398.

Lingenfelder, Michael; Ballhaus, W. (1993): Deutsche Filialbetriebe des Lebensmitteleinzelhandels in Frankreich: Eine Studie zum Country-of-Origin-Effekt. In: Trommsdorff, Volker (Hrsg.): Handelsforschung 1993/94: Systeme im Handel. Jahrbuch der Forschungsstelle für den Handel. Wiesbaden: Gabler, S. 199-200.

Loeffler, Michael (2001): A Multinational Examination of the "(Non-) Domestic Product" Effect. In: International Marketing Review, 19 (5), S. 482-498.

Loevenich, Peter (2002): Substitutionskonkurrenz durch E-Commerce: Messung, Determinanten, Auswirkungen. Wiesbaden: Deutscher Universitäts-Verlag.

Loevenich, Peter; Lingenfelder, Michael (2004): Kundensegmentierung im E-Commerce: Eine verhaltenswissenschaftliche Typisierung von Online-Käufern. In: Bauer, Hans H.; Rösger, Jürgen; Neumann, Marcus M. (Hrsg.): Konsumentenverhalten im Internet. München: Vahlen, S. 41-58.

Lohmöller, Jan-Bernd (1989a): Latent Variable Path Modeling with Partial Least Squares. Heidelberg: Physica.

Lohmöller, Jan-Bernd (1989b): Basic Principles of Model Building: Specification, Estimation, Evaluation. In: Wold, Herman (Hrsg.): Theoretical Empiricism: A General Rationale for Scientific Model-Building. New York: Paragon House, S. 1-25.

Lohmöller, Jan-Bernd (1992): Die PLS-Methode für Pfadmodelle mit latenten Variablen: Analysen zur Nutzung ökologischer Information. In: Hildebrandt, Lutz; Rudinger, Georg; Schmidt, Peter (Hrsg.): Kausalanalysen in der Umweltforschung. Stuttgart: S. 345-372.

Lopez-Tarruella, Aurelio (2001): Cross-Border Disputes on On-line Consumer Contracts in the European Union: The Brussels Convention, the Brussels Regulation anf the Role of Alternative Dispute Resolution Systems. In: Journal of Network Industries, 2 (2), S. 231-266.

Lord, Kenneth; Putrevu, Sanjay; Parsa, H.G. (2004): The Cross-Border Consumer: Investigation of Motivators and Inhibitors in Dining Experiences. In: Journal of Hospitality & Tourism Research, 28 (2), S. 209-229.

Luna, David; Gupta, Susan Forquer (2001): An Integrative Framework for Cross-Cultural Consumer Behaviour. In: International Markting Review, 18 (1), S. 45-69.

Luna, David; Peracchio, Laura A.; de Juan, María D. (2002): Cross-Cultural and Cognitive Aspects of Web Site Navigation. In: Journal of the Academy of Marketing Science, 30 (4), S. 397-410.

Luna, David; Peracchio, Laura A.; de Juan, María Dolores (2003): The Impact of Language and Congruity on Persuasion in Multicultural E-Marketing. In: Journal of Consumer Psychology, 13 (1&2), S. 41-50.

Luo, Xueming (2002): Uses and Gratifications Theory and E-Consumer Behaviors: A Structural Equation Modeling Study. In: Journal of Interactive Advertising, 2 (2), Internet: http://jiad.org/vol2/mo2/luo/index.html (Download vom 15.05.2002).

Lynch, Patrick D.; Kent, Robert J.; Srinivasan, Srini S. (2001): The Global Internet Shopper: Evidence from Shopping Tasks in Twelve Countries. In: Journal of Advertising Research, 41 (2), S. 15-23.

MacCallum, Robert C. (1995): Model Specification: Procedures, Strategies, and Related Issues. In: Holye, Rick H. (Hrsg.): Structural Equation Modeling: Concepts, Issues, and Applications. Thousand Oaks, California: Sage, S. 16-36.

MacCallum, Robert C.; Browne, Michael W. (1993): The Use of Causal Indicators in Covariance Structure Models: Some Practical Issues. In: Psychological Bulletin, 114 (3), S. 533-541.

MacCallum, Robert C.; Browne, Michael W.; Sugawara, Hazuki M. (1996): Power Analysis and Determination of Sample Size for Covariance Structure Modeling. In: Psychological Methods, 1 (2), S. 130-149.

MacCallum, Robert C.; Roznowski, Mary; Necowitz, Lawrence B. (1992): Model Modifications in Covariance Structure Analysis: The Problem of Capitalization on Chance. In: Psychological Bulletin, 111 (3), S. 490-504.

MacCallum, Robert C.; Wegener, Duane T.; Uchino, Bert N.; Fabrigar, Leandre R. (1993): The Problem of Equivalent Models in Applications of Covariance Structure Analysis. In: Psychological Bulletin, 114 (1), S. 185-199.

Mackay, David; Rosier, Malcolm (1996): Measuring Organizational Benefits of EDI Diffusion: A Case of the Australian Automotive Industry. In: International Journal of Physical Distribution & Logistics Management, 26 (10), S. 60-78.

MacKenzie, Herbert F.; Hardy, Kenneth G. (1996): Manage your Offering or Manage your Relationship? In: Journal of Business & Industrial Marketing, 11 (6), S. 20-37.

Mahajan, Vijay; Srinivasan, Raji; Wind, Jerry (2002): The Dot.com Retail Failures of 2000: Were There Any Winners? In: Journal of the Academy of Marketing Science, 30 (4), S. 464-486.

Markard, Morus (1984): Einstellung: Kritik eines sozialpsychologischen Grundkonzepts. Frankfurt am Main: Campus.

Mason, Charlotte H.; Perreault Jr., William D. (1991): Collinearity, Power, and Interpretation of Multiple Regression Analysis. In: Journal of Marketing Research, 28 (August), S. 268-280.

Mathieson, Kieran (1991): Predicting User Intentions: Comparing the Technology Acceptance Model with the Theory of Planned Behavior. In: Information Systems Research, 2 (3), S. 173-191.

Mathwick, Charla; Malhotra, Naresh K.; Rigdon, Edward (2002): The Effect of Dynamic Retail Experiences on Experimental Perceptions of Value: An Internet and Catalog Comparison. In: Journal of Retailing, 78, S. 51-60.

Mathwick, Charla; Rigdon, Edward (2004): Play, Flow, and the Online Search Experience. In: Journal of Consumer Research, 31 (September), S. 51-60.

Mayring, Philipp (2000): Qualitative Inhaltsanalyse: Grundlagen und Techniken. 7. Aufl., Weinheim: Deutscher Studien Verlag.

Mayring, Philipp (2002): Einführung in die qualitative Sozialforschung: Eine Anleitung zum qualitativen Denken. 5. Aufl., Beltz.

McConnell International (2001) Ready? Net. Go! Internet: http://www.mcconnellinternational.com (Download vom 17.03.2002).

McDonald, Roderick P. (1996): Path Analysis with Composite Variables. In: Multivariate Behavioral Research, 31 (2), S. 239-270.

Meehl, Paul E. (1990): Why Summaries of Research on Psychological Theories are often Uninterpretable. In: Psychological Reports, (66), S. 195-244.

Meissner, W.; Uhle-Fassing, M. (1982): PLS: Modeling and Estimation of Politometric Models. In: Jöreskog, K.G.; Wold, Herman (Hrsg.): Systems under Indirect Observation: Causality, Structure, Prediction. Bd. Part II, Amsterdam: North-Holland, S. 161-175.

Menon, Satya; Kahn, Barbara (2002): Cross-category Effects of Induced Arousal and Pleasure on the Internet Shopping Experience. In: Journal of Retailing, 78, S. 31-40.

Meuter, Matthew L.; Ostrom, Amy L.; Roundtree, Robert I.; Bitner, Mary Jo (2000): Self-Service Technologies: Understanding Customer Satisfaction with Technology-Based Service Encounters. In: Journal of Marketing, 64 (July), S. 50-64.

Mintu-Wimsatt, Alma; Graham, John L. (2004): Testing a Negotiation Model on Canadian Anglophone and Mexican Exporters. In: Journal of the Academy of Marketing Science, 32 (3), S. 345-356.

Moon, Ji-Won; Kim, Young-Gul (2001): Extending the TAM for a World-Wide-Web Context. In: Information & Management, 38, S. 217-230.

Moore, Gary C.; Benbasat, Izak (1991): Development of an Instrument to Measure the Perceptions of Adopting an Information Technology Innovation. In: Information Systems Research, 2 (3), S. 192-222.

Morgan, David L. (1998): The Focus Group Guide Book: Focus Group Kit 1. Thousand Oaks, CA: Sage.

Morgan, David L.; Scannell, Alice U. (1998): Planning Focus Groups: Focus Group Kit 2. Thousand Oaks, CA: Sage.

Morgan, Robert M.; Hunt, Shelby D. (1994): The Commitment-Trust Theory of Relationship Marketing. In: Journal of Marketing, 58 (July), S. 20-38.

Morris, Jon D.; Woo, Chongmoo; Geason, James A.; Kim, Jooyoung (2002): The Power of Affect: Predicting Intention. In: Journal of Advertising Research, (May-June), S. 7-17.

Möller, Thorsten (1997): Landesimage und Kaufentscheidung: Erklärung, Messung, Marketingimplikationen. Wiesbaden: Dt. Univ.-Verl.

Munuera-Alemán, José L. (Hrsg.) (2004): Worldwide Marketing. Proceedings of the 33rd EMAC Conference. Murcia: Universidad de Murcia.

Nacif, Roberta C. (2003): Online Customer Loyalty: Forecasting the Repatronage Behavior of Online Retail Customers. Wiesbaden: Deutscher Universitätsverlag.

Nazerali, Julie; Cowan, David (2000): E-Commerce and Cross-Border Shopping: Can the EU Untangle the Web? In: Business Law Review, 21 (May), S. 117-118.

Noonan, R.; Wold, H. (1982): PLS Path Modeling with Indirectly Observed Variables: A Comparison of Alternative Estimates for the Latent Variable. In: Jöreskog, K.G.; Wold, Herman (Hrsg.): Systems under Indirect Observation: Causality, Structure, Prediction. Bd. 2, Amsterdam: North-Holland, S. 75-94.

Novak, Thomas P.; Hoffman, Donna L.; Yung, Yiu-Fai (2000): Measuring the Customer Experience in Online Environments: A Structural Modeling Approach. In: Marketing Science, 19 (1), S. 22-42.

Nunnally, Jum C.; Bernstein, Ira H. (1994): Psychometric Theory. 3. Aufl., New York: McGraw-Hill.

O'Cass, Aron; Fenech, Tino (2003): Web Retailing Adoption: Exploring the Nature of Internet Users Web Retailing Behaviour. In: Journal of Retailing and Consumer Services, 10, S. 81-94.

o.V. (2002): Tips and Tools for International Merchants. Internet: http://www.merchantfraudsquad.com/Members/membpages/avs_intl.asp (Download vom 30.04.2002).

o.V. (2005): Stiftung gegen den Tanktourismus. In: Sonntag Aktuell, 12. Juni 2005, S. 2.

Obermiller, Carl; Spangenberg, Eric (1989): Exploring the Effects of Country of Origin Labels: An Information Processing Framework. In: Srull, Thomas K. (Hrsg.): Advances in Consumer Research. Ann Arbor, MI: Association of Consumer Research, S. 454-459.

OECD (1999): A Global Marketplace for Consumers: Simplifying Customs Clearance Procedures. OECD Working Paper DSTI/CP(99)5/FINAL, Paris: OECD.

OECD (2002): Measruing the Information Economy 2002. Paris: OECD.

Oehmichen, Ekkehardt; Schröter, Christian (2002): Zur Habitualisierung der Onlinenutzung: Phasen der Aneignung und erste Ausprägung von Nutzertypen. In: Media Perspektiven, (8), S. 376-388.

Okazaki, Shintaro (2004): Do Multinationals Standardise or Localise? The Cross-cultural Dimensionality of Product-based Web Sites. In: Internet Research, 14 (1), S. 81-94.

Olsen, Line Lervik; Johnson, Michael D. (2003): Service Equity,Satisfaction,and Loyalty: From Transaction-Specific to Cumulative Evaluations. In: Journal of Service Research, 5 (3), S. 184-195.

Olsen, Janeen E.; Nowak, Linda; Clarke, T.K. (2002): Country of Origin Effects and Complimentary Marketing Channels: Is Mexican Wine More Enjoyable when Served with Mexican Food? In: International Journal of Wine Marketing, 14 (1), S. 23-33.

Oxley, Joanne E.; Yeung, Bernard (2001): E-Commerce Readiness: Institutional Environment and International Competitiveness. In: Journal of International Business Studies, 32 (4), S. 705–723.

Papadopoulos, N.G. (1980): Consumer Outshopping Research: Review and Extension. In: Journal of Retailing, 56 (Winter), S. 41-58.

Papadopoulos, N.G. (1983): Consumer Outshopping Research in Canada. In: Forbes, J.D. (Hrsg.): Marketing: Proceedings of the Annual Conference of the Administrative Sciences Association of Canada - Marketing Division. Bd. 3, University of British Columbia: S. 288-297.

Papadopoulos, Nicolas (1993): What Product and Country Images Are and Are Not. In: Papadopoulos, Nicolas; Heslop, Louise A. (Hrsg.): Product-Country Images: Impact and Role in International Marketing. New York: International Business Press, S. 3-38.

Papadopoulos, Nicolas; Heslop, Louise A. (Hrsg.) (1993): Product-Country Images: Impact and Role in International Marketing. New York: International Business Press.

Papadopoulos, Nicolas; Heslop, Louise A.; Bamossy, Gary (1990): A Comparative Image Analysis of Domestic versus Imported Products. In: International Journal of Research in Marketing, 7, S. 283-294.

Papadopoulos, N. G.; Heslop, L. A.; Philips, Gerry (1988): A Longitudinal Perspective On Consumer Outshopping. In: Barker, Tansu (Hrsg.): Marketing: Proceedings of the Annual Conference of the Administrative Sciences Association of Canada, Marketing Division. Bd. 9, Halifax: S. 58-67.

Park, Cheol; Jun, Jong-Kun (2003): A Cross-cultural Comparison of Internet Buying Behavior: Effects of Internet Usage, Perceived risks, and Innovativeness. In: International Marketing Review, 20 (5), S. 534-553.

Parsons, Andrew G. (2002): Non-functional Motives for Online Shoppers: Why We Click. In: Journal of Consumer Marketing, 19 (5), S. 380-392.

Pavlou, Paul A.; Chai, Lin (2002): What Drives Electronic Commerce Across Cultures? A Cross-Cultural Empirical Investigation of the Theory of Planned Behavior. In: Journal of Electronic Commerce Research, 3 (4), S. 240-253.

Peterson, Robert A.; Jolibert, Alain J. P. (1995): A Meta-Analysis of Country-of-Origin Effects. In: Journal of International Business Studies, 26 (4), S. 883-900.

Pikkarainen, Tero; Pikkarainen, Kari; Karjaluoto, Heikki; Pahnila, Seppo (2004): Consumer Acceptance of Online Banking: An extension of the Technology Acceptance Model. In: Internet Research, 14 (3), S. 224-235.

Piron, Francis (2002): International Outshopping and Ethnocentrism. In: European Journal of Marketing, 36 (1/2), S. 189-210.

Pitt, Leyland; Berthon, Pierre; Watson, Richard T. (1999): Cyberservice: Taming Service Marketing Problems with the World Wide Web. In: Business Horizons, 42 (January-February), S. 1-18.

Polonsky, Michael Jay; Jarratt, Denise G. (1992): Rural Outshopping in Australia: The Bathurst-Orange Region. In: European Journal of Marketing, 26 (10), S. 5-15.

Presser, Stanley; Couper, Mick P.; Lessler, Judith T.; Martin, Elizabeth; Martin, Jean; Rothgeb, Jennifer M.; Singer, Eleanor (2004): Methods for Testing and Evaluating Survey Questions. In: Public Opinion Quarterly, 68 (1), S. 109-130.

Prüfer, Peter; Rexroth, Margrit (1996): Verfahren zur Evaluation von Survey-Fragen: Ein Überblick. In: ZUMA-Nachrichten, 20 (39), S. 95-115.

Puwein, Wilfried (1996): Das Problem des Tanktourismus. In: Monatsberichte Österreichisches Institut für Wirtschaftsforschung, (11), S. 719-727.

Qualls, William J. (1987): Houshold Decision Behavior: The Impact of Husbands' and Wives' Sex Role Orientation. In: Journal of Consumer Research, 14 (September), S. 264-279.

Quelch, John A.; Klein, Lisa R. (1996): The Internet and International Marketing. In: Sloan Management Review, 37 (Spring), S. 60-75.

Rao, S.R.; Thomas, Edward G.; Javalgi, Rajshekhar G. (1992): Activity Preferences and Trip-planning Behavior of the U.S. Outbound Pleasure Travel Market. In: Journal of Travel Research, 30 (Winter), S. 3-12.

Raymond, Louis (2001): Determinants of Web Site Implementation in Small Businesses. In: Internet Research, 11 (5), S. 411-422.

Reinartz, Werner; Krafft, Manfred; Hoyer, Wayne D. (2004): The Customer Relationship Management Process: Its Measurement and Impact on Performance. In: Journal of Marketing Research, 41 (August), S. 293-305.

Rettie, Ruth (2001): An Exploration of Flow During Internet Use. In: Internet Research: Electronic Networking Applications and Policy, 11 (2), S. 103-113.

Reynolds, Fred D.; Darden, William R. (1972): Intermarket Patronage: A Psychographic Study of Consumer Outshoppers. In: Journal of Marketing, 36 (4), S. 50-54.

Riecken, Glen; Yavas, Ugur (1988): A Taxonomy of Outbuyers: A New Perspective. In: International Journal of Retailing, 3 (1), S. 5-15.

Riemer, Kai; Klein, Stefan (2001): E-Commerce erfordert Vertrauen. In: WISU, (5), S. 710-717.

Rindskopf, David (1984): Using Phantom and Imaginary Latent Variables to Parameterize Constraints in Linear Structural Models. In: Psychometrika, 49 (1), S. 37-47.

Ringle, Christian Marc (2004a): Kooperation in Virtuellen Unternehmungen: Auswirkungen auf die strategischen Erfolgsfaktoren der Partnerunternehmen. Wiesbaden: DUV.

Ringle, Christian Marc (2004b): Messung von Kausalmodellen: Ein Methodenvergleich. Arbeitspapier Nr. 14, Universität Hamburg: Institut für Industriebetriebslehre und Organisation; Arbeitsbereich Industrielles Management.

Ringle, Christian Marc (2004c): Gütemaße für den Partial-Least-Squares-Ansatz zur Bestimmung von Kausalmodellen: Ein Methodenvergleich. Arbeitspapier Nr. 16, Universität Hamburg: Institut für Industriebetriebslehre und Organisation; Arbeitsbereich Industrielles Management.

Rökman, Maija (1984): Retail Patronage Behavior: An Empirical Analysis of Localshopping and Outshopping behavior. Tampere: Tampereen Yliopisto.

Rogers, Everett M. (1995): Diffusion of Innovations. 4. Aufl., New York: Free Press.

Rohrbach, Peter (1997): Interaktives Teleshopping: Elektronisches Einkaufen auf dem Informationhighway. Wiesbaden: Gabler.

Rossiter, John R. (2002): The C-OAR-SE Procedure for Scale Development in Marketing. In: International Journal of Research in Marketing, 19 (4), S. 305-335.

Roth, Martin S.; Romeo, Jean B. (1996): Matching Product Category and Country Image Perceptions: A Framework for Managing Country-of-Origin Effects. In: Journal of International Business Studies, 23 (3), S. 477-497.

Roy, Marie Christine; Dewit, Olivier; Aubert, Benoit A. (2001): The Impact of Interface Usability on Trust in Web Retailers. In: Internet Research: Electronic Networking Applications and Policy, 11 (5), S. 388-398.

Rudolph, Thomas; Schröder, Thomas (2004): Genderspezifisch begründete Unterschiede im Einkaufsverhalten von Mann und Frau: Eine genderspezifische Analyse der Ergebnisse von Online-Studien zum Internetverhalten. In: Bauer, Hans H.; Rösger, Jürgen; Neumann, Marcus M. (Hrsg.): Konsumentenverhalten im Internet. München: Vahlen, S. 159-172.

Ruff, Andreas (2003): Vertriebsrecht im Internet: Der Vertrieb und Fernabsatz von Waren und Dienstleistungen. Berlin: Springer.

Saban, Kenneth A.; McGivern, Elaine; Saykiewicz, Jan Napoleon (2002): A Critical Look at the Impact of Cybercrime on Consumer Internet Behavior. In: Journal of Marketing Theory and Practice, 10 (Spring), S. 29-37.

Samiee, Saeed (1998a): Exporting and the Internet: A Conceptual Perspective. In: International Marketing Review, 15 (5), S. 413-426.

Samiee, Saeed (1998b): The Internet and International Marketing: Is there a benefit? In: Journal of Interactive Marketing, 12 (4), S. 5-21.

Samli, A. Coskun (1995): International Consumer Behavior: Its Impact on Marketing Strategy Development. Westport, Connecticut: Quorum Books.

Samli, A. Coskun; Riecken, Glen; Yavas, Ugur (1983): Intermarket Shopping Behavior and the Small Community: Problems and Prospects of a Widespread Phenomenon. In: Journal of the Academy of Marketing Science, 11 (2), S. 1-14.

Sarkar, MB.; Echambadi, Raj; Cavusgil, S. Tamer; Aulakh, Preet S. (2001): The Influence of Complementarity, Compatibility, and Relationship Capital on Alliance Performance. In: Journal of the Academy of Marketing Science, 29 (4), S. 358-373.

Sattler, Henrik (1991): Herkunfts- und Gütezeichen im Kaufentscheidungsprozeß: Die Conjoint-Analyse als Instrument der Bedeutungsmessung. Stuttgart: Verlag für Wissenschaft und Forschung.

Schlinghoff, Axel; Backes-Gellner, Uschi (2002): Publikationsindikatoren und die Stabilität wirtschaftswissenschaftlicher Zeitschriftenrankings. In: Zeitschrift für betriebswirtschaftliche Forschung, 54 (Juni), S. 343-362.

Schmitt, Lars H. (2004): Die Messung des Konsumentenverhaltens der Internetnutzer: ein Methodenvergleich. In: Wiedmann, Klaus-Peter; Buxel, Holger; Frenzel, Tobias; Walsh, Gianfranco (Hrsg.): Konsumentenverhalten im Internet: Konzepte, Erfahrungen, Methoden. Wiesbaden: Gabler, S. 273-290.

Schneeweiß, H. (1990): Modelle mit Latenten Variablen: LISREL Versus PLS. In: Nakhaeizadeh, Gholamreza; Vollmer, Karl-Heinz (Hrsg.): Neuere Entwicklungen in der angewandten Ökonometrie: Beiträge zum 1. Karlsruher Ökonometrie-Workshop. Heidelberg: Physica-Verlag, S. 100-125.

Schneeweiss, H. (1991): Models with Latent Variables: LISREL versus PLS. In: Statistica Neerlandica, 45 (2), S. 145.

Scholzen, J.N. (2001): Der Einfluss moderierender psychographischer Variablen auf den Country of Origin-Effekt. Aachen: Shaker.

Schuckel, Marcus (2001): Einkaufen in der City - ein Erlebnis? Ergebnisse einer Sonderauswertung der BAG-Untersuchung Kundenverkehr 2000. In: Mitteilungen des Instituts für Handelsforschung an der Universität zu Köln, 53 (7), S. 113-122.

Schuckel, Marcus; Sondermann, Nikolaus (1998): Besucherstruktur und Besucherverhalten in der Innenstadt: Eine Längsschnittanalyse der BAG-Untersuchungen Kundenverkehr 1976 bis 1996. In: Mitteilungen des Instituts für Handelsforschung an der Universität zu Köln, 50 (2), S. 25-38.

Schuh, Arnold (1998): Die Auswirkungen der Euro-Einführung auf das Marketing. In: Der Markt, 37 (144), S. 29-41.

Schulze, Peter M. (1999): Strukturgleichungsmodelle mit beobachteten Variablen. In: Herrmann, Andreas; Homburg, Christian (Hrsg.): Marktforschung: Methoden, Anwendungen, Praxisbeispiele. Wiesbaden: Gabler, S. 607-632.

Schulze, Corinna; Baumgarten, Jeffrey (2001): Don't Panic! Do E-Commerce: A Beginner's Guide to European Law Affecting E-Commerce. Internet: http://europa.eu.int/ISPO/ecommerce/books/dont_panic.pdf (Download vom 05.03.2002).

Scribbins, Kate (1999): Consumers@shopping: An International Comparative Study of Electronic Commerce. London: Consumers International.

Scribbins, Kate (2001): Should I buy? Shopping Online 2001: An International Comparative Study of Electronic Commerce. London: Consumers International.

Sedlmeier, Peter; Gigerenzer, Gerd (1989): Do Studies of Statistical Power Have an Effect on the Power of Studies? In: Psychological Bulletin, 105 (2), S. 309-316.

Selivanova, Irina; Hallissey, Andrew; Letsios, Apostolos; Cassel, Claes; Eklöf, Jan (2002): The EPSI Rating Initiative. In: European Quality, 9 (2), S. 10-25.

Seltin, N.; Keeves, J. P. (1994): Path Analysis with Latent Variables. In: Torstein, Husen; Postlethwaite, T. Neville (Hrsg.): International Encyclopedia of Education. 2. Aufl., Oxford: Elsevier, S. 4352-4359.

Sharma, Subhash; Shimp, Terence A.; Shin, Jeongshin (1995): Consumer Ethnocentrism: A Test of Antecedents and Moderators. In: Journal of the Academy of Marketing Science, 23 (1), S. 26-37.

Sheppard, Blair H.; Hartwick, Jon; Warshaw, Paul R. (1988): The Theory of Reasoned Action: A Meta-Analysis of Past Research with Recommendations for Modifications and Future Research. In: Journal of Consumer Research, 15 (December), S. 325-343.

Sheth, Jagdish N.; Sethi, S. Prakash (1977): A Theory of Cross-Cultural Buyer Behavior. In: Woodside, Arch G.; Sheth, Jagdish N.; Bennett, Peter D. (Hrsg.): Consumer and Industrial Buying Behavior. Amsterdam: North-Holland, S. 369-386.

Shih, Ya-Yueh; Fang, Kwoting (2004): The Use of a Decomposed Theory of Planned Behavior to Study Internet Banking in Taiwan. In: Internet Research, 14 (3), S. 213-223.

Shim, Soyeon; Eastlick, Mary Ann; Lotz, Sherry L.; Warrington, Patricia (2001): An Online Prepurchase Intentions Model: The Role of Intention to Search. In: Journal of Retailing, 77, S. 397-416.

Shim, J.P.; Shin, Yong B.; Nottingham, Linda (2002): Retailer Web Site Influence on Customer Shopping: An Exploratory Study on Key Factors of Customer Satisfaction. In: Journal of the Association for Information Systems, 3, S. 53-76.

Shimp, Terence A; Sharma, Subhash (1987): Consumer Ethnocentrism: Construction and Validation of the CETSCALE. In: Journal of Marketing Research, 24 (August), S. 280-289.

Shiu, Eric C.C.; Dawson, John A. (2004): Comparing the Impacts of Internet Technology and National Culture on Online Usage and Purchase from a Four-country Perspective. In: Journal of Retailing and Consumer Services, 11 (6), S.

Shrout, Patrick E.; Bolger, Niall (2002): Mediation in Experimental and Nonexperimental Studies: New Procedures and Recommendations. In: Psychological Methods, 7 (4), S. 422-445.

Silberer, Günter; Engelhardt, Jan-Frederik; Wilhelm, Torsten (2001): Wie wandert der Blick auf der Website? In: Absatzwirtschaft, (10), S. 70-72.

Silberer, Günter; Yom, Miriam (2001): Das Verhalten und Erleben vom Webnovizen beim Online-Shopping. In: Fritz, Wolfgang (Hrsg.): Internet-Marketing: Marktorientiertes E-Business in Deutschland und den USA. 2. Aufl., Stuttgart: Schäffer-Poeschel, S. 433-452.

Singh, Nitish; Fassott, Georg; Chao, Mike C.H.; Hoffmann, Jonas A. (2006a): Understanding International Web Site Usage: A Cross-cultural Study of German, Brazilian, and Taiwanese Online Consumers. In: International Marketing Review, 23 (1), S. 83-97.

Singh, Nitish; Fassott, Georg; Zhao, Hongxin; Boughton, Paul D. (2006b): A Cross-Cultural Analysis of German, Chinese and Indian Consumers' Perception of Website Adaptation. In: Journal of Consumer Behaviour, 5 (2), S. 56-68.

Singh, Nitish; Kumar, Vikar (2003): Culture and the World Wide Web: A Cross-cultural Analysis of Web Sites for France, Germany, and U.S.A. In: Paper presented at 2003 AMA Winter Marketing Educators' Conference, Orlando: American Marketing Association.

Sinkovics, Rudolf (1999): Ethnozentrismus und Konsumentenverhalten. Wiesbaden: Deutscher Universitäts Verlag.

Six, Bernd; Eckes, Thomas (1996): Metaanalysen in der Einstellungs-Verhaltens-Forschung. In: Zeitschrift für Sozialpsychologie, 27, S. 7-17.

Smith, Michael F. (1999): Urban versus Suburban Consumers: A Contrast in Holiday Shopping Purchase Intentions and Outshopping Behavior. In: Journal of Consumer Marketing, 16 (1), S. 58-73.

Smith, J. Brock; Barclay, Donald W. (1997): The Effects of Organizational Differences and Trust on the Effectiveness of Selling Partner Relationships. In: Journal of Marketing, 61 (January), S. 3-21.

Smith, Donnavieve N.; Sivakumar, K. (2004): Flow and Internet Shopping Behavior: A Conceptual Model and Research Propositions. In: Journal of Business Research, 57, S. 1199-1208.

Sobel, Michael E. (1982): Asymptotic Confidence Intervals for Indirect Effects in Structural Equation Models. In: Leinhardt, Samuel (Hrsg.): Sociological Methodology 1982. San Francisco: Jossey-Bass, S. 290-312.

Sørensen, Olav Jull; Buatsi, Seth (2002): Internet and Exporting: The Case of Ghana. In: Journal of Business & Industrial Marketing, 17 (6), S. 481-500.

Steenkamp, Jan-Benedict E.M.; Baumgartner, Hans (1998): Assessing Measurement Invariance in Cross-National Consumer Research. In: Journal of Consumer Research, 25 (June), S. 79-90.

Steenkamp, Jan-Benedict E. M.; van Trijp, Hans C. M. (1991): The Use of LISREL in Validating Marketing Constructs. In: International Journal of Research in Marketing, 8, S. 283-299.

Steinbach, Josef (2000): Städtetourismus und Erlebniseinkauf. In: Tourismus Journal, 4 (1), S. 51-70.

Steinecke, Albrecht (2000): Tourismus und neue Konsumkultur: Orientierungen, Schauplätze, Werthaltungen. In: Steinecke, Albrecht (Hrsg.): Erlebnis- und Konsumwelten. München/Wien: R. Oldenbourg, S. 11-27.

Steinfield, Charles; Klein, Stefan (1999): Special Section: Local vs. Global Issues in Electronic Commerce. In: Electronic Markets, 9 (1/2), S. 45-50.

Stewart, David W.; Shamdasani, Prem N. (1990): Focus Groups: Theory and Practice. Newbury Park: Sage.

Stock, Ruth (2003): Der Einfluss der Kundenzufriedenheit auf die Preissensitivität von Firmenkunden: Transaktionstheoretische Betrachtung und empirische Analyse. In: Die Betriebswirtschaft, 63 (3), S. 333-348.

Stone, M. (1974): Cross-validatory Choice and Assessment of Statistical Procedures. In: Journal of the Royal Statistical Society, 36 (Series B), S. 111-133.

Storm, Diana (2001): The Paradox of Crossing Borders in a Border-less World. In: European Advances in Consumer Research, 5, S. 253-259.

Strohe, Hans Gerhard (1995): Dynamic Latent Variables Path Models: An Alternative PLS Estimation. Statistische Diskussionsbeiträge Nr. 1, Universität Potsdam,: Wirtschafts- und Sozialwissenschaftliche Fakultät.

Strohe, Hans Gerhard; Geppert, Frank (1997): DPLS: Algorithmus und Computerprogramm für dynamische Partial-Least-Squares Modelle. Statistische Diskussionsbeiträge Nr. 7, Universität Potsdam: Wirtschafts und Sozialwissenschaftliche Fakultät.

Strohe, Hans Gerhard; Härdle, Wolfgang; Geppert, Frank (1999): DPLS in XploRe: A PLS Approach to Dynamic Path Models. Discussion Paper #80, Humboldt-Universität Berlin: Wirtschaftswissenschaftliche Fakultät.

Sultan, Fareena (2002): Consumer Response to the Internet: An Exploratory Tracking Study of On-line Home Users. In: Journal of Business Research, 55, S. 655-663.

Sweeney, Jillian C.; Lapp, Wade (2004): Critical Service Quality Encounters on the Web: An Exploratory Study. In: Journal of Services Marketing, 18 (4), S. 276-289.

Szymanski, David M.; Hise, Richard T. (2000): e-Satisfaction: An Initial Examination. In: Journal of Retailing, 76 (3), S. 309-322.

Tan, Soo Jiuan (1999): Strategies for Reducing Consumers' Risk Aversion in Internet Shopping. In: The Journal of Consumer Marketing, 16 (2), S. 163-180.

Taylor, Shirley; Todd, Peter A. (1995): Understanding Information Technology Usage: A Test of Competing Models. In: Information Systems Research, 6 (2), S. 144-176.

Teia AG (2002): Recht im Internet. Berlin: SPC TEIA Lehrbuch Verlag.

Tenenhaus, Michel; Chatelin, Yves Marie; Esposito Vinzi, Vincenzo (2002): State-of-art on PLS Path Modeling Through the Available Software. Les Cahiers de Recherche - Groupe HEC No. 764, Internet: http://www.hec.fr/hec/fr/professeur_recherche/cahier/siad/CR764.pdf (Download vom 10.12.2002).

Tenenhaus, Michel; Esposito Vinzi, Vincenzo; Chatelin, Yves Marie; Lauro, Carlo (2004): PLS Path Modeling: Unterlagen zum PLS-Workshop. Unterlagen zum Workshop "Strukturgleichungsmodelle mit latenten Variablen: der PLS-Ansatz", Technische Universität Kaiserslautern: Lehrstuhl für Marketing.

Theobald, Axel (2000a): Das World Wide Web als Befragungsinstrument. Wiesbaden: Gabler.

Theobald, Axel (2000b): Marktforschung im Internet. In: Bliemel, Friedhelm; Fassott, Georg; Theobald, Axel (Hrsg.): Electronic Commerce: Herausforderungen, Anwendungen, Perspektiven. 3. Aufl., Wiesbaden: Gabler, S. 297-314.

Theobald, Axel; Dreyer, Marcus; Starsetzki, Thomas (Hrsg.) (2003): Online-Marktforschung: Theoretische Grundlagen und praktische Erfahrungen. 2. Aufl., Wiesbaden: Gabler.

Thorelli, Hans B.; Lim, Jeen-Su; Ye, Jongsuk (1989): Relative Importance of Country of Origin, Warranty and Retail Store Image on Product Evaluations. In: International Marketing Review, 6 (1), S. 35-46.

Timothy, Dallen J.; Butler, Richard W. (1995): Cross-Border Shopping: A North American Perspective. In: Annals of Tourism Research, 22 (1), S. 16-34.

Trommsdorff, Volker (2003): Konsumentenverhalten. 5. Aufl., Stuttgart: Kohlhammer.

Tzanetakis, Robert (2001): Ausprägung des Flow-Erlebnis beim Internetsurfverhalten in Abhängigkeit von persönlichen und situativen Faktoren. GOR 2001, Internet: http://www.psych.uni-goettingen.de/congress/gor-2001/contrib/tzanetakis-robert (Download vom 07.06.2004).

Ulgado, Francis M.; McIntyre, John R. (2000): E-Commerce and Country-of-Origin Effect. Working Paper 99/00-004, Atlanta: The Georgia Tech Center for International Business Education and Research.

Unland-Schlebes, Christiane (2004): B2C Online Dispute Resolution: Außergerichtliche Online-Streitbeilegung für Verbraucherkonflikte im E-Commerce. Köln: Eul.

Urban, Glen L.; Sultan, Fareena; Qualls, William J. (2000): Placing Trust at the Center of Your Internet Strategy. In: Sloan Management Review, Fall, S. 39-49.

Van den Poel, Dirk; Jeunis, Joseph (1999): Consumer Acceptance of the Internet as a Channel of Distribution. In: Journal of Business Research, 45, S. 249-256.

van Eimeren, Birgit; Gerhard, Heinz (2000): ARD/ZDF-Online-Studie 2000: Gebrauchswert entscheidet über Internetnutzung. In: Media Perspektiven, (8), S. 338-349.

van Eimeren, Birgit; Gerhard, Heinz; Frees, Beate (2001): ARD/ZDF-Online-Studie 2001: Internetnutzung stark zweckgebunden. In: Media Perspektiven, (8), S. 382-397.

van Eimeren, Birgit ; Gerhard, Heinz; Frees, Beate (2004): ARD/ZDF-Online-Studie 2004: Internetverbreitung in Deutschland: Potenzial vorerst ausgeschöpft? In: Media Perspektiven, (8), S. 350-370.

Vandenbosch, Mark B. (1996): Confirmatory Compositional Approaches to the Development of Product Spaces. In: European Journal of Marketing, 30 (3), S. 23-46.

Venkatesh, Viswanath; Davis, Fred D. (2000): A Theoretical Extension of the Technology Acceptance Model: Four Longitudinal Field Studies. In: Management Science, 46 (2), S. 186-204.

Venkatesh, Viswanath; Morris, Michael G.; Davis, Gordon B.; Davis, Fred D. (2003): User Acceptance of Information Technology: Toward a Unified View. In: MIS Quarterly, 27 (3), S. 425-478.

Verlegh, Peeter W.J. ; Steenkamp, Jan-Benedict E.M. (1999): A Review and Meta-Analysis of Country-of-Origin Research. In: Journal of Economic Psychology, (20), S. 521-546.

Vilares, Manuel José; Coelho, Pedro Simoes (2003): The Employee-Customer Satisfaction Chain in the ECSI Model. In: European Journal of Marketing, 37 (11/12), S. 1703-1722.

Wade, M. R.; Parent, M. (2002): Relationships Between Job Skills and Performance: A Study of Webmasters. In: Journal of Management Information Systems, 18 (3), S. 71-96.

Walsh, Gianfranco; Frenzel, Tobias; Wiedmann, Klaus-Peter (2002): E-Commerce-relevante Verhaltensmuster als Herausforderung für das Marketing: dargestellt am Beispiel der Musikwirtschaft. In: Marketing ZFP, 24 (3), S. 207-223.

Walsh, Gianfranco; Hennig-Thurau, Thorsten (2002): Wenn Konsumenten verwirrt sind: Empirische Analyse der Wirkungen eines vernachlässigten Konstruktes. In: Marketing ZFP, 24 (2), S. 95-109.

Wang, Cheng-Lu; Siu, Noel Y. M.; Hui, Alice S. Y. (2004): Consumer Decision-making Styles on Domestic and Imported Brand Clothing. In: European Journal of Marketing, 38 (1/2), S. 239-252.

Warden, Clyde A. (1999): Commercial Web Site Interface Language Components: Influence on Country of Origin Effect & Web Based Purchasing Decisions. Internet: http://www.cyut.edu.tw/~warden/papers/NSC98_Origin.pdf (Download vom 16.09.2002).

Warden, Clyde A.; Lai, Mengkuan; Wu, Wann-Yih (2002): How Worldwide is Marketing Communication on the World Wide Web. In: Journal of Advertising Research, 42 (September-October), S. 72-84.

Weiber, Rolf; Adler, Jost (2002): Hemmnisfaktoren im Electronic Business: Ansatzpunkte einer theoretischen Systematisierung und empirische Evidenzen. In: Marketing ZFP, 24 (Spezial-ausgabe "E-Marketing"), S. 5-17.

Weigand, Karl (1991): Grenzhandelstourismus zwischen Schleswig-Holstein und Dänemark. In: Glaesser, Hans-Georg (Hrsg.): Beiträge zur Landeskunde Schleswig-Holsteins und benach-barter Räume: Kieler Arbeitspapiere zur Landeskunde und Raumordnung. Bd. 24, Kiel: Christian-Albrechts-Universität Kiel, S. 51-65.

Westlund, Anders H.; Cassel, Claes M; Eklöf, Jan; Hackl, Peter (2001): Structural Analysis and Measurement of Customer Perceptions, Assuming Measurement and Specifications errors. In: Total Quality Management, 12 (7&8), S. 873-881.

White, Gregory K. (1997): International Online Marketing of Foods to US Consumers. In: International Marketing Review, 14 (5), S. 376-384.

Wiedmann, Klaus-Peter; Buxel, Holger; Frenzel, Tobias; Walsh, Gianfranco (Hrsg.) (2004b): Konsumentenverhalten im Internet: Konzepte, Erfahrungen, Methoden. Wiesbaden: Gabler.

Wiedmann, Klaus-Peter; Frenzel, Tobias (2004): Akzeptanz im E-Commerce: Begriff, Modell, Implikationen. In: Wiedmann, Klaus-Peter; Buxel, Holger; Frenzel, Tobias; Walsh, Gian-franco (Hrsg.): Konsumentenverhalten im Internet: Konzepte, Erfahrungen, Methoden. Wiesbaden: Gabler, S. 99-117.

Wiedmann, Klaus-Peter; Walsh, Gianfranco; Frenzel, Tobias; Buxel, Holger (2004a): Konsu-mentenverhalten im Internet: Eine Einführung. In: Wiedmann, Klaus-Peter; Buxel, Holger; Frenzel, Tobias; Walsh, Gianfranco (Hrsg.): Konsumentenverhalten im Internet: Konzepte, Erfahrungen, Methoden. Wiesbaden: Gabler, S. 11-32.

Wijnholds, Heiko de B.; Little, Michael W. (2001): Regulatory Issues for Global E-Tailers: Marketing Implications. Journal of the Academy of Marketing Science. Internet: http://www.vancouver.wsu.edu/amsrev/theory/wijnholds9-01.html (Download vom 17.01.2003).

Wildt, Albert R.; Lambert, Zarrel V.; Durand, Richard M. (1982): Applying the Jackknife Sta-tistic in Testing and Interpreting Canonical Weights, Loadings, and Cross-Loadings. In: Journal of Marketing Research, 19 (February), S. 99-107.

Williams, Larry J.; Bozdogan, Hamparsum ; Aiman-Smith, Lynda (1996): Inference Problems with Equivalent Models. In: Marcoulides, George A.; Schumacker, Randall E. (Hrsg.): Ad-vanced Strucural Equation Modeling: Issues and Techniques. Mahwah: Lawrence Erlbaum, S. 279-314.

Wilson, Thomas M. (1993): Consumer Culture and European Integration at the Northern Irish Border. In: European Advances in Consumer Research, 1, S. 293-299.

Winklhofer, Heidi M.; Diamantopoulos, Adamantios (2002): Managerial Evaluation of Sales Forecasting Effectiveness: A MIMIC Modeling Approach. In: International Journal of Re-search in Marketing, 19 (2), S. 151-166.

Wißmeier, Kilian (1997): Internationales Marketing im Internet. In: Jahrbuch der Absatz- und Verbrauchsforschung, 43 (2), S. 189-213.

Wochnowski, Holger (1995): Die Bedeutung der Skalierung bei Multiattribut-Modellen der Qualitätsmessung: Multiplikative Verknüpfung mit uni- oder bipolaren Skalen? In: Marketing ZFP, 17 (3), S. 195-201.

Wofford, J. C.; Goodwin, V. L.; Whittington, J. L. (1998): A Field Study of a Cognitive Approach to Understanding Transformational and Transactional Leadership. In: The Leadership Quarterly, 9 (1), S. 55-84.

Wold, Herman (1966): Nonlinear Estimation by Iterative Least Square Procedures. In: David, F. N. (Hrsg.): Research Papers in Statistics. London: John Wiley & Sons, S. 411-444.

Wold, Herman (1975): Path Models with Latent Variables: The NIPALS Approach. In: Blalock, H.M.; Aganbegian, A.; Borodkin, F.M.; Boudon, Raymond; Capecchi, Vittorio (Hrsg.): Quantitative Sociology: International Perspectives on Mathematical and Statistical Modeling. New York: Academic Press, S. 307-357.

Wold, Herman (1982): Soft Modeling: The Basic Design and Some Extensions. In: Jöreskog, K.G.; Wold, Herman (Hrsg.): Systems under Indirect Observation: Causality, Structure, Prediction. Bd. 2, Amsterdam: North-Holland, S. 1-54.

Wold, Herman (1985): Partial Least Squares. In: Kotz, Samuel; Johnson, Norman L. (Hrsg.): Encyclopedia of Statistical Sciences. Bd. 6, New York: Wiley, S. 581-591.

Wold, Herman (1989): Introduction to the Second Generation of Multivariate Analysis. In: Wold, Herman (Hrsg.): Theoretical Empiricism: A General Rationale for Scientific Model-Building. New York: Paragon House, S. VIII-XL.

Wolff, Hanno (2002): Internationale Nutzung des Internet: Eine Fokusgruppenuntersuchung. Diplomarbeit D112, Kaiserslautern: TU Kaiserslautern (Lehrstuhl für Marketing).

Wolfinbarger, Mary; Gilly, Mary C. (2001): Shopping Online for Freedom, Control, and Fun. In: California Management Review, 43 (2), S. 34-55.

Wolin, Lori D.; Korgaonkar, Pradeep (2003): Web Advertising: Gender Differences in Beliefs, Attitudes and Behavior. In: Internet Research: Electronic Networking Applications and Policy, 13 (5), S. 375-385.

Wood, Charles M. (2004): Marketing and E-commerce as Tools of Development in the Asia-Pacific Region: A Dual Path. In: International Marketing Review, 21 (3), S. 301-320.

WorldPay (2001): Leading Retailers Ignore Global Shoppers and E-Commerce Opportunity. 11.09.2001, Internet: http://www.worldpay.com/uk/news/2001/news_survey.shtml (Download vom 27.02.2002).

WorldPay (2002): Hey, Big Spender! Shopper Research Shows Healthy eTail Trends with Emphasis on Cross-border Purchases. 20.02.2002, Internet: http://www.worldpay.com/uk/news/2002/news_survey.shtml (Download vom 27.02.2002).

Wölm, Dieter (1981): Marktsegmentierung im Tourismus. In: Marketing ZFP, 3 (2), S. 99-107.

Yoo, Boonghee; Donthu, Naveen (2001): Developing a Scale to Measure the Perceived Quality of an Internet Shopping Site (SITEQUAL). In: Quarterly Journal of Electronic Commerce, 2 (1), S. 31-45.

Yoon, Sung-Joon (2002): The Antecedents and Consequences of Trust in Online-Purchase Decisions. In: Journal of Interactive Marketing, 16 (2), S. 47-63.

Yung, Yiu-Fai; Chan, Wai (1999): Statistical Analyses Using Bootstrapping: Concepts and Implementation. In: Hoyle, Rick H. (Hrsg.): Statistical Strategies for Small Sample Research. Thousand Oaks, California: Sage, S. 81-105.

Zarkada-Fraser, Anna; Fraser, Campbell (2002): Store Patronage Prediction for Foreign-owned Supermarkets. In: International Journal of Retail and Distribution Management, 30 (6), S. 282-299.

Zeithaml, Valarie A.; Parasuraman, A.; Malhotra, Arvind (2000): Service Quality Delivery Through Web Sites: A Critical Review of Extant Knowledge. In: Journal of the Academy of Marketing Science, 30 (4), S. 362-375.

Ziehe, Nikola (1998): Einzelhandel und Verkehrspolitik: Eine empirische Analyse der Bedeutung von Erreichbarkeit und Attraktivität für die Zentrenwahl der Verbraucher. Stuttgart: Kohlhammer.

Ziems, Dirk; Ohlenforst, Oliver (2000): Die psychologischen Motive der Internetnutzung und die Konsequenzen für Markenauftritte im Internet. In: Planung & Analyse, (1), S. 36-40.

Zinkhan, George M.; Fornell, Claes (1989): A Test of the Learning Hierarchy in High- and Low-Involvement Situations. In: Advances in Consumer Research, 16, S. 152-159.

Zinkhan, George M.; Joachimsthaler, Erich A.; C., Kinnear Thomas (1987): Individual Differences and Marketing Decision Support System Usage and Satisfaction. In: Journal of Marketing Research, 24 (May), S. 208-214.

Zugelder, Michael T.; Flaherty, Theresa B.; Johnson, James P. (2000): Legal Issues Associated with International Internet Marketing. In: International Marketing Review, 17 (3), S. 253-271.

If you have any concerns about our products,
you can contact us on
ProductSafety@springernature.com

In case Publisher is established outside the EU,
the EU authorized representative is:
**Springer Nature Customer Service Center GmbH
Europaplatz 3, 69115 Heidelberg, Germany**

Printed by Libri Plureos GmbH
in Hamburg, Germany